Philip Boyle

Englische
Möbel

Philip Boyle

Englische Möbel

Von der Jacobean Period bis zur
Edwardian Period
Stilrichtungen und Cabinet Makers

WILHELM HEYNE VERLAG

MÜNCHEN

REDAKTIONSLEITUNG: ROSWITHA HEYNE

Bearbeitung: Renate Schilling
Umschlaggestaltung: Atelier Bachmann, Reischach

Copyright © 1998 by Wilhelm Heyne Verlag GmbH & Co. KG, München
Printed in Germany 1998
Übersetzung des englischen Originalmanuskripts: Kathrin Jung und Lutz Schmökel
Umschlagfoto siehe Bildnachweis S. 372
Layout/Herstellung: Andrea Cobré
Satz: DTP
Lithographie: Premedia, Wels
Druck und Bindung: Westermann Druck Zwickau GmbH

ISBN 3-453-13861-9

INHALT

Einführung

Seite 9

Die Geschichte englischer Möbel

Seite 13

Englische Möbel sammeln

Seite 241

Anhang

Seite 302

Halbkreisförmige Kommode der Sheraton-Periode, Satinholz, um 1780. Bankwerk aus Palisander, Einlegearbeiten aus Buchsbaumholz. Stützen laufen in kleine, spitz zulaufende Beine aus, mit eingelegten Kanneluren in trompe-l´oeil-Manier. Aus der Sammlung des 9. Lord Walpole. H: 89 cm, B: 99 cm, T: 45 cm

Einführung

Dedicated to Joanna P. C. Holmes

Englische Möbel sind weltweit beliebt. Dies hat viele Gründe. Zum einen läßt es sich angenehm mit ihnen leben und zum anderen passen sie in fast alle Häuser und Wohnungen, sei es das alte Kolonialhaus einer neuseeländischen Schaffarm oder das moderne Stadthaus in Berlin. Auch lassen sie sich gut mit modernen Möbeln oder anderen Stilrichtungen kombinieren. Englische Möbel können sehr repräsentativ sein, sind in der Regel jedoch nicht überladen oder pompös. Der warme Schimmer von poliertem alten Mahagoni oder von Eiche wirkt gleichzeitig edel und zurückhaltend.

Der größte Anteil dieser Möbelstücke wurde für die bescheideneren Häuser der englischen Mittelklasse hergestellt und ist von zeitlosem Design und einer Größe, die heute auch in kleinere Wohnungen oder Häuser paßt. Im Gegensatz dazu kommen beispielsweise die europäischen Barockmöbel nur zur Geltung, wenn sie einen großen, freien Platz erhalten, an dem man sie einzeln präsentieren kann.

Entscheidende Faktoren waren dabei die Entwicklung und die Rolle der Möbel in Großbritannien.

In Ländern mit milderem Klima konzentrierte sich die soziale Interaktion häufig auf kommunikationsfreundliche Orte außerhalb der eigenen vier Wände, oft unter freiem Himmel. In Großbritannien hingegen war es traditionell eher das Heim, in dem sich der größte Teil des Soziallebens abspielte. Aus diesem Grunde wurde schon immer sehr viel Wert auf Wohnen, d.h. auf die Häuser und deren Einrichtung, gelegt. Die Möbel reflektieren dies: Hauptziele bei ihrer Herstellung waren immer häusliche Bequemlichkeit und ein angenehmes Erscheinungsbild. Die Briten waren gern von Möbeln umgeben, die elegant und wohlproportioniert, aber auch praktisch und vielseitig waren. Und aufgrund genau dieser Charakteristika passen die englischen Möbel so gut zu den heutigen Wohnidealen.

Mehr als in anderen Ländern wurden in England Möbelstücke aus massivem Holz oder furniertem Hartholz hergestellt, die auch Schubladeninnenteile aus Hartholz aufwiesen. Diese widerstehen wiederum den Einwirkungen moderner Zentralheizungen viel besser als zum Beispiel furnierte Kirschholzmöbel mit Korpus und Schubladeninnenteilen aus Weichholz.

Englische Möbel waren schon immer besonders populär in Norddeutschland, hauptsächlich in den Hansestädten und in Hannover, mit ihrer engen Anbindung an England. Ihre Beliebtheit erhöhte sich jedoch schlagartig in den späten sechziger und den siebziger Jahren, nicht nur in Deutschland, sondern weltweit. Neben der Tatsache, daß die Möbel als besonders attraktiv und qualitativ hochwertig angesehen wurden, spielte dabei eine Rolle, daß sie wesentlich billiger waren als gleichwertige zeitgenössische Möbel.

Im Laufe der siebziger Jahre und in den frühen Achtzigern fand deshalb ein allgemeiner Boom bei englischen Antiquitäten und alten Möbeln statt. Spezialgeschäfte, die nur englische Möbel führten, schossen wie Pilze aus dem Boden, Händler kündigten allwöchentlich Containerladungen mit Lieferungen englischer Möbel in den Zeitungen an, und spezielle Shopping-Touren zu verlängerten Wochenenden oder mehrtägige Trips zum Einkauf in den Antikzentren Londons wurden organisiert.

Die Käufer waren dabei häufig in solch einem »Rausch«, daß die Händler keine Chance hatten, neu angekommene Waren in ihre Läden zu übernehmen. Die Stücke wurden oft direkt vom Lieferwagen herunter verkauft. Dabei war es unwichtig, ob die Möbel restauriert waren oder nicht, ob sie von guter Qualität waren oder aus den Fabriken des späten 19. Jahrhunderts stammten. Alles wurde abgenommen, gleichgültig, ob es sich bei den Stücken um Seltenheiten oder gewöhnliche Gebrauchsmöbel handelte.

Bis Mitte der achtziger Jahre hatten die größeren Kaufhäuser spezielle Abteilungen für englische Möbel eingerichtet, und Versandhäuser brachten Kataloge heraus, in denen sie englische Möbel und Stilkopien anboten.

Anfang der neunziger Jahre änderte sich die Situation dann radikal: Die Nachfrage war so drastisch gestiegen, daß das Angebot nicht mehr befriedigt werden konnte. Die Preise stiegen dadurch dramatisch an und machten so die Möbel zu einer guten Geldanlage für jene, die bereits investiert hatten. Dabei wurde es immer schwieriger, gute antike Möbel zu finden. Ein Großteil der nach wie vor vorhandenen Nachfrage nach dem englischen »Look« wurde inzwischen von Großherstellern mit großen Werbebudgets befriedigt, die Reproduktionen in großer Masse und in einer Qualität herstellten, die nur den unkritischen Konsumenten befriedigte. Diese armselig gestalteten und konstruierten Produkte übernahmen dann Teile des Antikmarktes. Ein Ansteigen der Preise in England setzte außerdem den Shopping-Touren ein Ende, der versiegende Nachschub an lieferbaren Stücken von guter Qualität, die gleichzeitig einen Profit zuließen, zwang die Kaufhäuser, ihre Abteilungen wieder zu schließen, und die Versandhäuser, ihr Spezialangebot vom Markt zu nehmen. Viele der Händler, die auf den Zug des schnellen Profits und Geschäftserfolgs in den siebziger Jahren aufgesprungen waren, schlossen ihre Geschäfte, um sich einen neuen, profitableren Markt zu suchen, oder spezialisierten sich auf Stilmöbel.

Die heutige Situation ist demgegenüber weitaus anspruchsvoller, mit starker Gewichtung von Qualität und Authentizität, wobei gut gepflegte oder gut restaurierte Antiquitäten gefragt sind. Gesucht sind dekorative und ungewöhnliche Stücke. Gesteigertes Interesse gilt den Designern und Herstellern der Möbel. Abgesehen von den bekannteren Namen unter den englischen Möbelbauern, deren dokumentierte Stücke schon immer höhere Preise erzielten als jene von unbekannter Herkunft, werden nun zunehmend auch Werke von weniger wichtigen Designern und Firmen gesucht, die hochwertige Möbel bis einschließlich der Edwardian Period herstellten. Dies zeigt sich zum Beispiel in den relativ hohen Preisen von Möbeln von James Scholbred oder Maple & Co.

In den letzten Jahren entstand auch ein wachsendes Interesse an Möbeln, die zwar unter die Definition von »antik«, d.h. über 100 Jahre alt, jedoch nicht unter die Kategorie der Hausmöbel fallen. Gut gearbeitete Ausstattungen von Ladengeschäften und öffentlichen Gebäuden wurden in den späten Achtzigern bei Innenarchitekten in Amerika und England populär und sind mittlerweile als Bestandteil von Wohnungseinrichtungen weitgehend etabliert. Schubladenschränke aus Apotheken, die früher in Garagen oder Werkstätten verbannt wurden, werden nun restauriert und als Schränke in Küchen oder Wohnzimmern benutzt. Ausstellungskabinette aus Juweliergeschäften werden zu Eßzimmer-vitrinen für Porzellan oder Glas, und verglaste Bücherschränke aus Büros oder öffentlichen Bibliotheken sind heiß begehrt für den heimischen Gebrauch. Da diese Möbel für häufige Benutzung hergestellt wurden, sind sie meist sehr solide und praktisch, gleichzeitig aber auch dekorativ.

Ein weiterer Trend ist der Country-Stil, wie am Inhalt der meisten nationalen und internationalen Inneneinrichtungs-Magazine deutlich wird. Bereits in den frühen siebziger Jahren entstand eine starke Abkehr vom stressigen Leben in der Stadt, hin zu einem friedlichen und unverschmutzten Leben auf dem Land. Stadtbewohner kauften plötzlich alte Bauernhäuser, renovierten sie und zogen aufs Land. Dadurch entstand zwangsläufig eine große Nachfrage nach einfachen Landmöbeln. Nach den schnellen High-Tech-Tagen der stadtorientierten Yuppies der Achtziger scheint nun erneut ein Trend zum eleganten, entspannten Wohnen zu entstehen, der sich am Landleben orientiert. Es gibt Parallelen zum Trend der siebziger Jahre mit ihrem Bedarf an einfachen und simplen Landmöbeln, wobei im Unterschied zu damals dieser Trend heute hauptsächlich in den Städten stattfindet. Stadtwohnungen und -häuser werden nun mit stilvollen Landmöbeln eingerichtet. Während der Trend der Siebziger allerdings zurück zur Natur und zu Hüttenromantik ging, orientiert sich die neue Bewegung eher am eleganten Lebensstil der englischen Landvillen. Gleichzeitig geht der Trend in Richtung Unterhaltung zu Hause mit einer Betonung der Eß- und Wohnzimmermöbel.

Anliegen dieses Buches ist es daher, einen aktuellen Blick auf alte und antike englische Möbel zu werfen. Interessant sind in diesem Zusammenhang nicht nur ihre Geschichte, die unterschiedlichen Stile und Hersteller, sondern auch die richtige Pflege, die Einkaufsmöglichkeiten und die sachkundige Einschätzung ihrer Authentizität.

Welsh cupboard aus Eichenholz mit besonders schöner Farbe und Patina, ca. 1740 - 1750. Mit Konsolfüßen. Zur Aufbewahrung von Lebensmitteln gedacht: Das Gitterwerk in den oberen Türen ermöglicht das freie Zirkulieren von Luft. Es handelt sich hier um ein ländliches Stück aus der Mitte der Georgian Period, das noch in der Rahmen- und Füllwandtechnik hergestellt ist, die gut 70 Jahre vorher bereits abgelöst worden war.

THE AGE OF OAK –
DIE EICHENPERIODE

ca. 1500 – 1660

Das Zeitalter der Eiche hat seinen Namen, weil in dieser Periode vor allem Eichenholz zur Herstellung von Möbeln verwendet wurde. Die Wurzeln liegen im 12. Jahrhundert, das Ende reicht bis zum Ausgang des 17. Jahrhunderts.

Der düstere Einfluß der Puritaner unter Cromwell, der die letzten Jahrzehnte dieses Zeitalters prägte, ist wohl für die landläufige Annahme verantwortlich, daß dies eine Periode dunkler Lebensbedingungen gewesen sei. Das ist aber völlig falsch. Abgesehen von den etwa zwei Jahrzehnten unter Cromwellschem Einfluß war die Ausstattung in Mittelalter und Renaissance sehr farbenfroh und für die Wohlhabenden sogar recht bequem.

Ansicht eines Zimmers der elisabethanischen Ära um 1580. Wände mit Faltwerk-Paneelen verkleidet, Boden mit Binsenteppich bedeckt. Links Court cupboard aus Eiche mit Geschirr aus Zinn und vergoldetem Silber, rechts Truhe und Bible box aus Eiche, reich geschnitzt.

So waren die steinernen Wände großer Häuser mit hellen Farben bemalt und mit kostbaren Textilien behangen. In den Häusern der Wohlhabenden fanden sich Wandteppiche, Stickereien und importierte Seidenstoffe im Überfluß. Bemaltes Leinen ersetzte bei den Ärmeren diese kostbaren Textilien.

Die Eichenmöbel waren ebenfalls reich verziert. Im Mittelalter wurde das Mobiliar in hellen Farben bemalt, um einerseits das Holz zu schützen und andererseits Farbe in das Innere des Hauses zu bringen. Einzelne Beispiele mit Farbspuren sind erhalten. In dieser Periode wiesen die Möbel zudem Schnitzwerk auf und waren manchmal sogar stellenweise vergoldet. Vor allem die gotische Schnitzerei blieb während des 15. Jahrhunderts die bevorzugte Dekorationsart. Außerdem wurde das Faltwerk flämischen Ursprungs eingeführt.

Die Stilentwicklung

Die Entwicklung im Mittelalter (Romanik und Gotik)

In Britannien wurde das Leben vom Mittelalter bis zur Trennung von der römisch-katholischen Kirche unter Henry VIII. (im Jahre 1534) durch die Kirche und die Aristokratie bestimmt. Diese beiden Gruppen beherrschten den Wohlstand des Landes. Die Kirche war Hauptpatronin der Künste, Sitz des Geistes und Quell für neue Ideen.

Die ersten englischen Möbelstücke wurden zum einen für die Bedürfnisse der Kirche – zur Ausstattung von Kathedralen und Kapellen, von Klöstern und Schulen, von Verwaltungsgebäuden und Konventen etc. – und zum anderen für die Schlösser der Aristokratie angefertigt. Nur wenige dieser Möbelstücke sind uns heute noch erhalten. Feuer, Wasser, Hitze und Kriege haben den Großteil der Möbel, die vor dem Ende des 15. Jahrhunderts angefertigt wurden, zerstört.

Das Leben war damals so gefährlich, daß das Mobiliar beim täglichen Überlebenskampf kaum Beachtung fand. Es war weitaus wichtiger, sein Haus zu verteidigen und im Notfall unbelastet von schweren Besitztümern die Flucht zu ergreifen. Erst zum Ende der sogenannten Rosenkriege im Jahre 1485 wurde das Leben verhältnismäßig sicher.

Die Stücke, die nicht zerstört wurden, fielen meist dem feuchten Klima Britanniens zum Opfer, das dem Erhalt von hölzernen Objekten über Jahrhunderte hinweg nicht gerade zuträglich ist. Schlösser, Wohnhäuser, Klöster und andere Gebäude waren häufig kalt, feucht und zugig und weniger zur Bequemlichkeit als zum Schutz und zur Verteidigung der Bewohner errichtet.

Mobiliar war selten und beschränkte sich auf Betten, Tische, einige Stühle und Bänke sowie Truhen zur Aufbewahrung und für die Reise. Was es an Möbeln gab, wurde von Mitgliedern der Steinmetzgilde angefertigt, die zu dieser Zeit Steinmetze, Schnitzer und Schreiner umfaßte. Die Möbelherstellung entwickelte sich erst gegen 1500 zum eigenen Produktionszweig.

Eiche war dabei zusammen mit Ulme, Buche, Eibe und anderen heimischen Hölzern die am meisten verwendete Holzart.

In der Zeit vor 1400 war Britannien mit Eichenwäldern förmlich überzogen und hatte auch reiche Vorkommen an anderen heimischen Holzarten. Im Laufe der Zeit wurden die Wälder jedoch zur Ackerlandgewinnung gerodet, und zugleich wurde das Eichenholz dringend für den Bau von Schiffen und Wohnhäusern benötigt. Es kam oft zu Nachschubproblemen, so daß in dieser Periode große Mengen Eichenholz vor allem aus Deutschland importiert wurden. Auf Weisung Henrys VIII. wurde ein Programm zur Neupflanzung von Eichen und anderen Bäumen in die Wege geleitet, so daß Ende des 16. Jahrhunderts wieder ein ausreichender Vorrat zur Verfügung stand.

Die Werkzeuge für die Möbelherstellung waren begrenzt und sehr einfach. Der Schreiner hatte nur Säge, Beil, Axt und Meißel für die Holzbearbeitung zur Verfügung. Mit diesen Werkzeugen konnten natürlich nur einfachste Ziele verfolgt werden. Außerdem war die Arbeit langsam, ermüdend und ging stark auf Kosten der Muskelkraft.

Die Möbel wurden so hergestellt, daß sie Generationen überdauerten, und ihr Stil veränderte sich im Laufe von Jahrhunderten nur wenig.

Der Übergang von der Gotik zur Renaissance

Für die Möbelbauer gab es nur eine Inspirationsquelle, die Kirche.

So kopierte ein Schreiner, der beispielsweise einen Stuhl herstellte, einfach die Ornamente, die er in Kirchen vorfand. Dabei handelte es sich um in Stein gemeißelten gotischen Dekor. Daher findet man in der Schnitzarbeit oft Elemente, die eigentlich zur Steinmetztechnik gehören. Bis zum Beginn der Renaissance waren alle Schnitzarbeiten in Ornamentik, Form und Konstruktion gotisch.

Als die Renaissance sich ausbreitete, wußten die Menschen zuerst mit dieser Stilrichtung nichts anzufangen. Der Renaissancestil beschränkte sich zunächst auf wenige Ornamente, die dem gotischen Grundmuster aufgelegt wurden. Die Handwerker verstanden den Geist der Renaissance nicht und hielten deshalb die Einzelelemente für interessante neue Motive, die sie in beliebiger Weise einsetzen konnten.

Obwohl der Einfluß der italienischen Renaissance sich in England ausbreitete und auch oberflächliche Auswirkungen auf die Möbelgestaltung zeigte, waren diese außerhalb des Hofes nicht so groß, wie häufig angenommen wird. Der Großteil der englischen Handwerker hatte über den italienischen Stil nur sehr verzerrte Informationen aus zweiter Hand über Nordeuropa. Bei Möbeln für den Hausgebrauch waren das Bewußtsein für dekorative Werte und der sich entwickelnde lokale Stil viel bedeutender als der italienische Einfluß, dem eher die Rolle einer zusätzlichen Anregung zukam.

Dennoch etablierten sich im späten 16. Jahrhundert besonders in London und anderen großen Städten einige rein italienische Ornamente. Dort hielten sich nämlich einzelne italienische Künstler und Handwerker auf, die in England spezielle Aufträge ausführten. So hatte der neue Stil in den größeren Städten einen gewissen Einfluß auf die Möbelschreiner. Aber am meisten profitierten Architekten und Künstler, und es sollte noch lange dauern, bevor die Arbeit provinzieller Handwerker davon befruchtet wurde. Fortschritte bei Schnitzkunst, Intarsien und Vertäfelung waren die einzigen Entwicklungen, die direkt von der italienischen Renaissance hervorgerufen wurden.

Reich geschnitzte Ornamentik zeichnete die meisten größeren Möbelstücke wie auch Stühle, Kästen und Hocker dieser Zeit aus. Zu den gebräuchlichsten Ornamenten zählten Bandelwerk, das wie Lederbänder in dekorativen Mustern aussah, gotische Spitzbogen, Lünetten oder Halbkreise, stilisiertes Blattwerk, Porträtmedaillons im Profil, Faltwerk und geometrische Muster wie das Diamantwerk. Viele dieser Motive waren von den Steinmetzarbeiten gotischer Architektur übernommen. Dazu kamen Interpretationen aus dem Formenschatz der Renaissance, wie Pilaster, geschnitzte Profilleisten und stilisierte Akanthusblätter.

Die Entwicklung unter Tudor und Stuart

Im Laufe des 16. Jahrhunderts unter den Tudors fielen die englischen Möbel hinter den Standard der besten kontinentalen Stücke zurück, da die Weiterentwicklung durch das Fehlen eines direkten Kontaktes zu Italien als Heimat der Renaissance und ihrer innovativen Ideen behindert wurde.

An frühen Tudor-Möbeln zeigen sich vereinzelte Versuche mit klassischem Dekor. Derartige Einflüsse waren aber nur sporadisch und erwiesen sich als beschränkt und unvollkommen begriffen, da sie nach Belieben mit Faltwerk und anderen traditionellen Motiven kombiniert wurden.

Mit der Reformation 1530 riß die zarte Verbindung zu Italien endgültig ab.

Während des restlichen Jahrhunderts wurde die englische Ornamentik von der pompösen Interpretation der Renaissance in Nordeuropa, vor allem den protestantischen Gegenden Deutschlands und der Niederlande, geprägt. Aus diesen Regionen kamen einige Musterbücher für Architektur nach England, und die dort abgebildeten Einzelmotive wurden ohne Berücksichtigung des Kontextes auf die englischen Möbel übertragen. Das ionische Kapitell ist hierfür ein gutes Beispiel.

Die überladene Ornamentik entsprach deutlich dem nationalen Überfluß in der neureichen elisabethanischen Ära. Die Verzierungsmethoden, die ausländischen Quellen entliehen waren, umfaßten nicht nur die grotesk geschnitzten, ballonartigen Gebilde an den Tischbeinen und den Stützen der *Court cupboards*, sondern auch Schachbrettmuster und florale Muster, die in etwa 3 mm Tiefe in das solide Eichenholz eingelegt wurden, sowie Flachreliefschnitzereien wie Bandelwerk und Arabeske.

Gegen 1620 besaß der typische Stuhl Einlegearbeiten an der Rückenlehne sowie große Flächen mit flacher Schnitzerei an der oberen Querstrebe der Rückenlehne, die an jeder Seite etwa ein Viertel der Länge hinabreichte. Beine und Stützen erhielten allmählich gedrechselten Dekor. Im 17. Jahrhundert hatte sich die Drechselei als Dekor etabliert, und es entstand eine Vielzahl von Mustern und Formen.

Court cupboard, Eiche, um 1610. Geschlossenes Oberteil mit gedrechselten und geschnitzten Ecksäulen, offenes Unterteil.
B: 114,5 cm

Charles I. bemühte sich gegen 1625, England auf den neuesten Stand der Renaissancekultur zu bringen. So führte er die Architektur Palladios über seinen Architekten Inigo Jones ein, unterstützte das Aufgreifen italienischer Renaissancemotive und förderte die Produktion sorgfältig gearbeiteter Möbel mit Dekor. Außerdem holte er Maler wie Rubens und van Dyck an seinen Hof.

Der puritanische Stil
(1649 – 1660)

Nach der Ausbildung des Commonwealth unter Cromwell im Jahre 1649 beeinflußte der puritanische Standard sehr schnell die Möbelgestaltung. Die Ornamentik, die unter den Stuart-Königen, besonders unter Charles I., zunehmend reifer geworden war, wurde von Cromwell und seinen strengen Anhängern mit Mißbilligung als dekadent und überflüssig angesehen. Schnitzwerk und farbenfroher Dekor verschwanden in der Commonwealth-Periode. Als einziger Dekor war

Stuhl der puritanischen Periode, Eiche, um 1650. Einfache Drechselarbeit, Rückenlehne und Sitz mit Leder bezogen.

die Drechselei erlaubt. Die Kunst des Schnitzens, Vergoldens und vieles mehr starb in der Folge aus.

Das Handwerk litt generell unter dieser Entwicklung, da die Gestaltung durch die Drechselei nur streng und beschränkt war. Die Drechselei, die irgendwie das Einverständnis der Puritaner erlangt hatte, entwickelte sich allerdings in einer weniger ausgearbeiteten, dafür aber anmutigeren Form weiter.

Die Möbel unter Cromwell waren zwar schlicht und fast unverziert, aber in Konstruktion und Proportionen ausgereift. Die Energien der Tischler konzentrierten sich also, nachdem sie der künstlerischen Ausgestaltung beraubt waren, auf Details der Konstruktion und Proportion, wobei sie auch ihre traditionellen Fertigkeiten verbesserten.

Ein gelungenes Gestaltungsbeispiel unter der Diktatur Cromwells ist der Commonwealth-Stuhl für den Eßtisch, der bis in unsere Tage häufig nachgeahmt wurde. Er ist solide konstruiert und besitzt ausgereifte Proportionen. Beine und Stege sind gedrechselt, Sitz und Rückenlehne sind mit Leder überzogen, das mit großen, rundköpfigen Messingnägeln befestigt ist.

Die Entwicklung der Möbel

Die Möblierung der »Großen Halle«

Es gab im Mittelalter selbst in den Schlössern nur wenige separate Privaträume. Jeder arbeitete, schlief und aß im Hauptraum des Hauses, einem Mehrzweckraum, der »Große Halle« (*Great Hall*) genannt wurde.

Die Familien bestanden häufig aus zwei oder drei Generationen einschließlich Kusinen, Tanten und Onkeln. Die wohlhabenderen Familien hatten zudem so viele Bedienstete, daß etwa so viele Leute auf einem Herrensitz oder Schloß lebten wie heute in einem ganzen Mietshaus, allerdings mit dem Unterschied, daß sich die meisten Alltagstätigkeiten in einem einzigen großen Raum abspielten.

Die einfachen Häuser waren im Mittelalter und in der ersten Hälfte des 16. Jahrhunderts nur minimal möbliert: ein Möbelstück, das als Tisch diente, manchmal eine Holzplatte auf zwei Füßen als Stuhl, ein rudimentäres Regal als Schrank. In der Wand waren einige Haken für die Kleider, und eine Truhe aus sechs Brettern diente zugleich als Sitzgelegenheit und Tisch.

Nur in den Häusern von Adligen und reichen Kaufleuten gab es von Handwerkern angefertigte Möbel für den täglichen Gebrauch. Aber selbst hier bestand das Mobiliar nur aus rohen Tischen, einem thronartigen, ungepolsterten Stuhl für den Hausbesitzer, Bänken, Hockern und einer Truhe. Im Schlafzimmer des Hausherrn und seiner Frau befanden sich ein Bett und eine Truhe für die Kleidung. In den übrigen Schlafzimmern, falls solche überhaupt vorhanden waren, lagen nur Matratzen aus Binsen.

Die Aufteilung in einzelne Räume

Gegen Ende des Mittelalters, im späten 15. Jahrhundert, gaben wachsender Wohlstand und Sicherheit den Anstoß für das Verlangen nach mehr Privatsphäre und Bequemlichkeit. Die Funktionen der »Großen Halle« wurden auf mehrere Räume aufgeteilt. Es entstanden abgetrennte Küchen, Schlafzimmer, Vorratsräume, Arbeitszimmer, Wohnzimmer und weitere Räume mit eigener Funktion.

Daraus entstand das Verlangen nach entsprechendem Mobiliar. Dieses sollte nun dauerhaft für bestimmte Funktionen konzipiert und auf die Bedürfnisse der Bewohner von kleineren Zimmern mit speziellen Bestimmungen zugeschnitten sein.

Wegen des Mehrzweckcharakters der großen Halle mußten dort die Möbel und sonstige Gegenstände jedesmal entfernt werden, wenn man sie gerade nicht benötigte. Nur ein großer Tisch gehörte zum festen Inventar der Großen Halle. Alle anderen Tische, Bänke und Stühle wurden nach Gebrauch weggestellt. Gewöhnlich reihte man sie entlang der Wände auf.

In den kleineren Privaträumen dagegen konnten die Möbel nach der persönlichen Bequemlichkeit ihrer Bewohner aufgestellt werden und dauerhaft dort verbleiben.

Die Möbeltypen

Am Ende der Eichenperiode waren alle Möbel-Grundformen ausgebildet: Tisch, Stuhl, Bett, Truhe, Schubladenkommode, Schrank, Kabinett, Schreibtisch, Regal und Kästchen. Aus diesen sollte sich im Laufe des folgenden Jahrhunderts das Mobiliar entwickeln, das wir heute kennen. Es handelte sich dabei durchgehend um gebrauchsorientiertes Mobiliar, das zwar oft stark verziert war und repräsentativ zur Demonstration von Wohlstand und Rang des Besitzers eingesetzt wurde, aber immer funktional blieb.

Truhen

Die Ur-Truhe

Die **früheste Form der Truhe** wurde aus einem liegenden Baumstamm (engl. *trunk*) gefertigt: Das obere Viertel wurde abgeschnitten und das gesamte Innere ausgehöhlt. Anschließend wurde der obere Teil wieder aufgesetzt und mit Scharnieren befestigt, so daß er als Deckel dienen konnte. Die entstandene Truhe (*trunk*) wurde mit Eisenbeschlägen verstärkt. Diesen Typ fertigte man noch bis ins 17. Jahrhun-

*Truhe in Rahmen- und Füllwandkonstruktion, um 1675. Mit geschnitztem Bandwerk und stilisiertem Blattwerk verziert. Typisches Beispiel für Truhen zwischen 1550 und Anfang 18. Jh. Während die Vorderseite mit geschnitzten Motiven verziert ist, hat die Oberseite nie Verzierungen.
B: 112 cm*

dert an, und einige Beispiele aus kleinen Landkirchen haben sich bis heute erhalten. Die Nützlichkeit dieser Truhen war natürlich wegen ihrer sperrigen und gerundeten Formen beschränkt.

Das nächste Entwicklungsstadium war die **Sechsplankentruhe**: Ein Stück Holz wurde in einzelne Bretter zersägt, und diese nagelte man dann zusammen. Anfangs war das nur ein Kasten mit flachen Seitenteilen und flachem Deckel, der auf dem Boden stand. Später wurden die beiden Stirnbretter zu sogenannten Stollen verlängert, so daß die Truhe über dem feuchten Boden stand. Vorder- und Rückseite wurden mit den Stollen durch Nägel oder hölzerne Dübel verbunden. Ein weiteres Brett wurde als Boden zwischen den Seitenbrettern festgenagelt. Manche Stücke wurden durch Eisenbeschläge verstärkt, und doppelte Eisenklammern bildeten die Scharniere für das Deckelbrett. Einige der größeren und besser ausgeführten Truhen besaßen Scharniere aus schmiedeeisernem Bandelwerk.

Verziert wurden die Truhen mit Nägeln, roher Reliefschnitzerei, durch Bemalung und in einigen Fällen sogar durch Vergoldung.

Dieser Truhentypus war während des ganzen 16. Jahrhunderts gebräuchlich, bis sich ein großer Nachteil dieser Konstruktion herausstellte. Da die Bretter genagelt oder verdübelt wurden, konnten sie sich bei Veränderung der Luftfeuchtigkeit nicht ausdehnen oder zusammenziehen, so daß sie sich spalteten.

Dieses Problem wurde durch die **Rahmen- und Füllwandtechnik** aufgehoben, die aus Europa eingeführt wurde. Dabei wird mit Nut- und Zapfenverbindungen und hölzernen Dübeln ein Rahmen erstellt, der mit Brettern aufgefüllt wird, die in die Rahmennuten eingepaßt werden. Dadurch können sich die Füllbretter bewegen, ohne zu splittern.

Diese Technik war bald weit verbreitet und wurde bei allen Möbeltypen verwendet. Bis zum Jahre 1670 blieb sie in London und anderen großen Städten die Standard-

Ländliche Mule chest aus Eiche mit Vertäfelung in Bogenform und Pilastern. Obwohl die Kommode mit 1740 spät datiert ist, findet sich noch die Rahmen- und Füllwandkonstruktion. Zu den vier kleinen Schubladen im Unterteil kommen drei weitere Schubladen im Inneren des Oberteils hinzu. 109,5 x 147 x 55 cm

24

Schubladenkommode, Eiche, um 1670, Rahmen- und Füllwandkonstruktion. Verzierungen aus geometrischen Motiven in tiefer Reliefprofilierung. Zwei Teile (Ober- und Unterteil) mit zwei flachen und zwei doppelt so tiefen Schubladen. Die Messinggriffe in Form von fallenden Äxten müssen sicher 20 bis 30 Jahre später datiert werden. Die Füße sind moderne Ergänzungen, entsprechen aber dem Stil.

konstruktionsmethode für Möbel, auf dem Lande sogar bis gegen 1740. Beispiele für diese Technik lassen sich aber noch bis zum Ende des 19. Jahrhunderts finden.

Die Ornamentik wird in dieser Zeit zunehmend ausgearbeitet und verfeinert. Als Grundmuster setzt sich ein gotisches Ornament aus Bogen und sich durchflechtenden Halbkreisen durch, bis aus Europa das Faltwerk eingeführt wird.

Die Schubladentruhe

Der neue Typus der Truhe mit flachem Deckel bot vielfältigere Einsatzmöglichkeiten als der ältere Typus mit halbrund gewölbtem Deckel. Man konnte ihn zum Sitzen, als Tisch oder Schlafgelegenheit einsetzen. Doch hatte diese Truhe weiterhin den Nachteil, daß alle Dinge übereinander gestapelt werden mußten, so daß man alles herausnehmen mußte, um an Gegenstände zu kommen, die auf dem Boden der Truhe lagen.

Im 16. Jahrhundert wurde deshalb eine entscheidende Verbesserung entwickelt: Ein kleiner Kasten wurde entweder herausnehmbar in die Truhe gestellt oder fest in die Truhe integriert. Das hatte den Vorteil, daß einzelne Objekte getrennt aufbewahrt werden konnten. Allerdings bedeutete das auch, daß die Kästen herausgenommen werden mußten, um an das Darunterliegende zu kommen. Gegen Ende des 16. Jahrhunderts entfernte man deshalb den unteren Teil der Truhenvorderseite und zog direkt über dieser Öffnung einen zweiten Boden ein, so daß in den geschaffenen Platz eine oder mehrere kleine Kästen gestellt werden konnten. Diese konnte man dann auf der Vorderseite herausziehen, ohne den Deckel zu öffnen. Als Griffe wurden hölzerne Knöpfe angebracht, so daß aus der Truhe eine Schubladentruhe wurde. Dieser Übergangstyp zwischen Truhe und Kommode ist unter dem Namen *Mule chest* bekannt.

Man erkannte bald, daß die Schubladentruhe im Vergleich zur einfachen Truhe viel praktischer war. Daraus ergab sich als logische Entwicklung, daß die Truhe von oben bis unten mit Schubladen ausgestattet wurde.

Etwa in der Mitte des 17. Jahrhunderts hatte die Schubladentruhe die flache Truhe und die *Mule chest* überlebt, wobei die beiden älteren Typen in ländlichen Gegenden noch bis ins 18. Jahrhundert hinein hergestellt wurden. Die flache Truhe verlor allerdings nie ihre Bedeutung beim Transport von Gegenständen, also als Vorgänger unseres heutigen Koffers.

Cabinet/Tallboy

Ein weiteres Möbelstück, das aus der einfachen Truhe hervorging, war das *Cabinet* oder *Cabinet-on-stand*.

Das *Cabinet* entwickelte sich in den frühen sechziger Jahren des 17. Jahrhunderts. Es bestand aus einer Truhe mit vielen kleinen Schubladen, die häufig hinter einer Tür oder einem Türenpaar lagen. Die frühen Exemplare waren dazu bestimmt, auf einem Tisch zu stehen. Bald erhielt das *Cabinet* aber ein eigenes Gestell und entwickelte sich so zum **Cabinet-on-stand** .

Dieses Möbelstück war nicht zur Aufbewahrung von Haushaltstextilien oder Kleidung gedacht, sondern zur sicheren Verwahrung von Wertgegenständen, Papieren und

Cabinet-on-stand, um 1650. Reich mit Schnitz-, Auflage- und Einlegearbeiten verziert.

Schmuckstücken. Aus diesem Grund wurde es nur für die Wohlhabenden hergestellt, und dies auch nur in geringer Anzahl. Alle Exemplare zeichnen sich durch sorgfältigste Arbeit, kostbarste Materialien, höchste Kunstfertigkeit und verschwenderische Verzierung aus.

Einfacher, ländlicher Chest-on-stand oder Tallboy aus solidem Eichenholz auf Cabriole-Beinen und Kissenfüßen, um 1740. Jüngere, ländliche Version des anspruchsvolleren Chest-on-stand aus furniertem Nußholz im frühen 18. Jh. Das Unterteil hat eine ungewöhnliche Anzahl von Schubladen und eine sehr tiefe, geschweifte Blende. 171 x 104 x 52 cm

Das Gestell bot natürlich die Möglichkeit, weitere Schubladen einzufügen. Häufig wurden eine flache und zwei tiefe Schubladen darin untergebracht.

Eine Alternative zum *Cabinet-on-stand* aus der heimischen Herstellung war das aus dem Orient importierte **Lacquer cabinet,** das sich auf einem extra dafür in England gefertigten Gestell befand.

Das **Chest-on-stand** stellte ein imposantes Möbelstück dar, das zugleich praktisch und dekorativ war und in den repräsentativen Räumen eines Hauses aufgestellt werden konnte. Es wird auch als **Tallboy** bezeichnet. Gleichzeitig entstand die Idee der Kommode auf der Kommode, die ebenfalls als *Tallboy* bekannt ist. Dabei wurden einfach zwei Schubladenkommoden übereinandergestellt, wobei dies als ein Möbelstück konzipiert wurde, aber die beiden Teile zum leichteren Transport getrennt blieben. Ein Nachteil bestand darin, daß man bei höheren Stücken nur mit Hilfe eines Stuhls in die oberen Schubladen hineinsehen konnte oder sie komplett herausziehen mußte.

Auch Truhen und Schubladentruhen wurden mit einem Gestell kombiniert. Dadurch entstand ein Möbel, das eine komfortablere Arbeitshöhe aufwies und so gleichzeitig als Beistelltisch oder Anrichte (*Side table*) dienen konnte.

Der Schreibkasten

Kasten aus Eichenholz, um 1660. Einfache Sechsplankenkonstruktion, verziert mit Eisenschloß und geschnitzten S-Motiven. Dieser Kastentyp ist auch als Bible box bekannt.

Ein anderer Entwicklungsstrang, der von der einfachen Truhe ausgeht, führt über den Schreibkasten zum *Bureau* (Sekretär).

Im 16. Jahrhundert verwendete man kleine Truhen zur Aufbewahrung von Schreibutensilien, Papier, Siegel und wichtigen Dokumenten. Ab 1611, nach Einführung der englischen Bibelversion von King James, die auch des Lateinischen Unkundige lesen konnten, wurden diese Kästen in sehr großer Anzahl hergestellt, wahrscheinlich zur Aufbewahrung von Bibeln. Heute sind Kästen dieses Typs als **Bible boxes** bekannt und noch immer recht gebräuchlich.

Im späten 16. Jahrhundert erhielt die *Bible box* einen schrägen Deckel, so daß dort ein Buch oder Papier abgelegt werden konnte. Der Kasten war klein genug zum Transport und konnte

beispielsweise auch auf dem Tisch eines Gasthauses oder Marktplatzes abgestellt werden. Dies war wichtig für die professionellen Schreiber, die für die große Zahl von Analphabeten dieser Zeit Briefe oder andere Dokumente schrieben. Gegen Mitte des 17. Jahrhunderts nahm aber die Fähigkeit des Lesens und Schreibens im Bürgertum und der Kaufmannsschicht so zu, daß ein starkes Bedürfnis nach Schreibmöbeln entstand. Der **Schreibkasten** nahm an Größe zu und wurde zu einem festen Bestandteil in vielen Häusern. Anfangs stellte man ihn noch auf einen Tisch, aber bald wurde er zu einem eigenen Möbelstück mit Gestell (s. Abb. S. 31). Man integrierte kleine Schubladen in diesen Kasten und hängte die Klappe, die im offenen Zustand auf ausziehbaren Stützen ruhte, am Unterteil ein. Vorher hatte man die Klappe oben befestigt, so daß sie geschlossen werden mußte, wenn man die Schräge zum Lesen oder Schreiben

Früher ländlicher Sekretär, zweiteilig, aus Eiche, ca. 1715 bis 1730. Konsolfüße. Der ungewöhnlich große Zwischenraum zwischen der Klappe und den ersten Schubladen läßt auf ein Geheimfach im Boden der Schreibfläche schließen. Griffe und Schlüssellöcher sind spätere Ergänzungen. 100 x 95 x 55 cm

Bible box, Eiche, um 1670. Mit schräger Schreibplatte, auf Gestell mit Fuß. Übergangsphase vom einfachen Kasten zum Bureau.

benötigte. Bei der neuen Aufhängung konnte man nun die Platte zur Arbeit nutzen und hatte zugleich Zugang zum Inneren des Möbels.

Im nächsten Stadium, Ende des 17. Jahrhunderts, wurde der Schreibkasten auf eine Schubladenkommode gestellt, woraus sich später das **Bureau** (Sekretär) entwickelte, das bis heute praktisch unverändert geblieben ist. Ein Übergangsstadium findet sich bei Sekretären, bei denen der Schreibkasten nur lose auf die Schubladenkommode gestellt wurde (s. Abb. S. 30). Die meisten Beispiele sind aber in einem Stück gefertigt.

Tische

Vor dem 16. Jahrhundert bestanden die meisten Eßtische in größeren Haushalten nur aus vorübergehenden Konstruktionen: Es wurden einfach lange Bretter auf zwei oder drei Böcke gelegt. In reicheren Haushalten bedeckte man sie dann vor dem Gebrauch noch mit einem Leintuch. Nach dem Ende der Mahlzeit konnte der große Tisch weggetragen werden, um so Platz für andere Tätigkeiten zu schaffen.

In der »Großen Halle« mußte der Tisch auf jeden Fall entfernt werden, da sie gleichzeitig als Büro, Empfangsraum, Küche, Wohnraum, Schlafraum und zu vielen anderen Zwecken genutzt wurde. Der Hausherr besaß gewöhnlich einen eigenen, viel kleineren Tisch, der dauerhaft in der Halle stand und an dem er aß, seine Arbeit verrichtete, Spiele spielte und vieles mehr tat. Dieser Tisch wurde im rechten Winkel zum Haupttisch auf einem Podest aufgestellt, und die

Gestelle waren durch ein extra Brett knapp über dem Boden verbunden, das mit losen Keilen gehalten wurde, so daß es nach Bedarf abgebaut werden konnte.

In besonders großen Häusern und in Häusern, in denen ein eigenes Eßzimmer vorhanden war, gab es manchmal auch feste Tische. Diese waren meist sehr groß und standen am Kopf der »Großen Halle« oder in der Mitte eines separaten Raumes. Sie waren dem Hausherrn, seiner direkten Familie und seinen Gästen vorbehalten. Die permanenten Tische dieses Typs setzten sich aus fest verbundenen Ständern mit sechs bis acht kräftigen Beinen zusammen, auf denen lange und breite Bretter angebracht waren, so daß der ganze Tisch nicht abgebaut werden konnte. Man fand diese aber nur in den Häusern der Reichen. Zerlegbare Tische waren die Regel.

Der Ausziehtisch

Im frühen 16. Jahrhundert wurde die Unannehmlichkeit, jedesmal den Tisch nach einer Mahlzeit abzubauen, so groß, daß man nach einer Alternative suchte. So kam der *Draw leaf table* (Ausziehtisch) auf. Es ist unbekannt, wie, wann und wo er erfunden wurde, aber man findet ihn in England ab 1540, und am Ende des Jahrhunderts war er bereits weit verbreitet.

Das bedeutete, daß ein permanenter Tisch von mittlerer Größe an einer festen Stelle bleiben konnte und nach Bedarf ausgezogen wurde. Der Ausziehtisch war die Antwort auf die Notwendigkeit eines kleineren, festen Tisches in der Halle sowie auf das wachsende Bedürfnis nach einem vergrößerbaren Tisch für die kleineren Privaträume, die anstelle der »Großen Halle« immer beliebter wurden.

Diese Tische waren so konstruiert, daß zwei Platten fast in der ganzen Länge übereinanderlagen, unter der Tischplatte herausgezogen werden konnten und von Konsolträgern gestützt wurden. Diese platzsparende Methode hat sich bis in unsere Tage fast unverändert erhalten und ist auch heute noch gebräuchlich.

Die Erfindung des *Draw leaf table* beweist einen hohen Grad von Scharfsinn und kennzeichnet einen Sinneswandel in der häuslichen Bequemlichkeit. Er war besonders für kleinere Privaträume nützlich, wo ein großer Tisch zu viel Platz verbraucht hätte und nur für Gäste benötigt wurde.

Die frühen *Draw leaf tables* waren anfangs schlicht, wurden aber bald mit geschnitztem und gedrechseltem Dekor geschmückt. Die Gestaltung der Stücke aus der Tudor-Zeit ist bis zum heutigen Tag sehr beliebt. Sie werden oft fälschlicherweise als Refektoriumstische bezeichnet. Am leichtesten erkennt man diesen Typus an den großen, knollig gedrehten und geschnitzten Beinen. Diese werden meist von einer melonenartigen Form gekrönt, die – stilistisch unpassend – von einer Angleichung des ionischen Kapitells herrührt und reich mit geschnitzter Blattornamentik verziert ist.

Der Klapptisch

Als im fortgeschrittenen 16. Jahrhundert das Leben sicherer wurde und der Wohlstand stieg, waren die Häuser nicht länger auf die Verteidigung ausgerichtet, sondern stärker auf das bequeme Leben, zumindest bei der oberen Klasse. Ein wachsender Wunsch nach komfortableren und repräsentativeren Möbeln, die dem Lebensstandard entsprachen, kam auf.

Kleiner Gate leg table aus Eichenholz von schöner Färbung und Patina mit gedrechselten Säulenbeinen und vereinfachten Braganza-Füßen, um 1720. Die geringe Größe weist darauf hin, daß er als Teetisch konzipiert war. H: 69 cm, B: 82 cm, T: 33/96 cm

So wurde dann auch ein anderes komfortables und platz-
sparendes Möbel entwickelt, nämlich der *Gate leg table*
(Klapptisch). Dieser setzt sich zusammen aus einem rechteckigen Mittelteil mit fest fixierten Beinen und ein oder zwei
Platten, die mit Scharnieren an den Seiten angebracht wurden. Die Platten konnten hochgeklappt werden und wurden
dann von ein oder zwei Beinen getragen, die am Hauptteil
des Tisches mit Scharnieren befestigt waren und nach Bedarf
ausgeschwenkt werden konnten.

Der Klapptisch wurde in verschiedenen Größen herge-
stellt, beispielsweise als Beistelltisch, Arbeitstisch, kleiner
Eßtisch oder auch als Eßtisch für zwölf und mehr Personen.
Je nach Bedarf konnte er erweitert oder reduziert werden.
Außerdem konnte man ihn bequem zusammenklappen und
leicht durch die Türen von Zimmer zu Zimmer tragen.

Der Trend zu kleineren Tischen setzte sich durch das 17.
Jahrhundert hindurch fort. Der Klapptisch wurde immer beliebter, nur Form und Dekor wurden abgewandelt.

Die Oberseite der Tischplatte war immer schlicht, aber
Beine und Stege konnten sowohl schlicht als auch mit einer
ganzen Palette von Drechseleien verziert sein. Am beliebtesten war die Schneckensäule. Manchmal findet sich auch an
einem oder beiden Enden des Tisches eine Schublade.

Teilweise besaßen diese Tische nur eine klappbare Platte, die Regel waren aber zwei Platten, die auf ein bis vier her-

*Früher Gate leg table
aus Eiche, ca. 1670
bis 1680. Ovale
Tischplatte, Zargen-
schublade, Beine ku-
gelig gedreht.
69 x 154 x 114,5 cm*

ausschwingbaren Beinen ruhten. Bei besonders großen Tischen kam es vor, daß der Tisch auf bis zu zwölf Beinen stand.

Gegen Mitte des 17. Jahrhunderts hatte der *Gate leg table* in der Funktion des Speisetisches weitestgehend die ältere Form des Tisches ersetzt. Im Gegensatz zu den rechteckigen Formen des großen Tisches und des *Draw leaf table* zeichnet sich der Klapptisch im offenen Zustand meist durch eine runde oder ovale Form aus.

Ende des 17. Jahrhunderts, nach der Wiederherstellung der Monarchie unter Charles II., verlor der *Gate leg table* seine Beliebtheit bei der sozialen Oberschicht. Aus Frankreich wurde die neue Mode übernommen, an mehreren kleinen, nicht ausziehbaren Tischen zu speisen, die alle in einem Raum aufgestellt wurden. Gewöhnlich speiste man in London, den größeren Städten und den Landhäusern der Aristokratie nur zu zweit, dritt oder viert an einem Tisch. Bei der Landbevölkerung behielt der *Gate leg table* jedoch seinen Stellenwert bei und wurde bis weit in das 18. Jahrhundert aus den traditionellen Hölzern wie Eiche, Esche u.a. gefertigt.

Der Klapptisch ist auch heute noch gebräuchlich und beliebt. Die Gestaltung blieb, abgesehen von wenigen Verbesserungen in Details und Ornamentik, unverändert.

Sonstige Tische

Es wurden im 16. und frühen 17. Jahrhundert auch andere kleine Tische für kleinere Räume geschaffen, die gewöhnlich in Nut- und Zapfentechnik konstruiert waren. Sie erinnerten an Hocker in größerem Format oder an Miniaturversionen der früheren riesigen Eßtische.

Typisch für den Zeitstil im späten 17. Jahrhundert war ein kleiner rechteckiger Tisch, dessen Beine in Bodennähe durch in der Mitte gekreuzte und geschweifte Stege verbunden wurden. Diese Stege hatten keine statische Funktion, sondern waren rein dekorativ.

Sitzmöbel

Während des gesamten Mittelalters und bis in das 16. Jahrhundert hinein war das Sitzen sehr primitiv und karg. Stühle gab es nur für das Oberhaupt großer Häuser, wobei sie als Symbol für Wohlstand und Rang angesehen wurden. Aber selbst in wohlhabenden Häusern gab es wohl nur einen einzigen Stuhl. Für die Personen des übrigen Haushaltes standen nur Schemel, Hocker und Bänke von einfachster Konstruktion zur Verfügung.

Bei sämtlichen frühen Stühlen handelte es sich um Armlehnstühle, weshalb im Mittelalter die Begriffe Stuhl und Thron austauschbar waren.

Schemel/Hocker

Der dreibeinige Schemel war seit frühester Zeit der gebräuchliche Typus des Sitzmöbels. Er war bis weit in die elisabethanische Zeit hinein üblich und wurde in ländlichen Gegenden als Melkschemel bis in die ersten Jahrzehnte des 20. Jahrhunderts benutzt. Er hatte eine Platte aus grob gerundetem Holz, in die drei Löcher gebohrt und Stabbeine geführt wurden.

In elisabethanischer Zeit (ab 1558) kam der Hocker mit vier Beinen in Nut- und Zapfentechnik auf. Am Ende der elisabethanischen Ära war er allgemein verbreitet. Für uns sieht dieser Hocker wie ein Miniaturtisch aus: eine harte Platte mit vier Beinen, in Bodennähe durch Stege verbunden und mit einer Blende unter der Platte verstärkt. Die Blende ist gewöhnlich mit Schnitzerei und Profilen verziert. Gedrechselte Beine wurden erst später gebräuchlich. Mit dem Steg verfolgte man bei Hockern oder anderen Sitzmöbeln in dieser Zeit wohl zwei Ziele. Zum einen sollte die gesamte Konstruktion dadurch verstärkt werden, und zum anderen schuf man eine Abstellmöglichkeit für die Füße des Sitzenden. Wahrscheinlich hatte das gesundheitliche Gründe und sollte die Füße vom Boden entfernen. Die Fußböden waren nämlich selbst in vornehmen Häusern mit Binsen oder Stroh bestreut, das nur selten ausgetauscht wur-

Hocker aus Eiche, typisch für die Zeit von 1580 bis 1680.

de und sich mit dem Matsch der Stiefel, dem Schmutz der Hunde oder anderer Tiere, den vom Tisch gefallenen Resten und weggeworfenen Knochen vermischte. Obwohl Sauberkeit in Mittelalter und Renaissance keine große Rolle spielte, schien es doch wünschenswert, seine Füße nicht im Dreck zu haben.

Bänke

Die ersten Beispiele für Bänke sind aus dem 15. Jahrhundert bekannt. Dabei handelt es sich um Konstruktionen aus schlichten Brettern, deren Enden auf festen Gestellen fixiert und mit Stegen verstärkt wurden. Auch sie erinnern an eine Miniaturausgabe des damals üblichen Tisches. Manchmal verzierte man die Seitenteile, indem man ihnen eine gotische Silhouette verlieh. Einen gewissen Grad von Bequemlichkeit schuf man sich durch Kissen auf der Sitzfläche.

Die **Truhenbank** (*Settle*) entwickelte sich aus der Vorgabe der Rahmen- und Füllwandkonstruktion einer Truhe. Durch die Verlängerung des Truhenhinterteils nach oben zur Rückenlehne und der Verlängerung der Enden zu Armstützen wurde ein neues Möbelstück geschaffen. Durch Reduzierung der Truhenlänge und durch Hinzufügen einer seit-

Schlichte Sitzbank aus Eiche, ca. 1710 bis 1730. Dieser Typus wurde während des frühen 18. Jh. in ländlichen Gegenden häufig hergestellt. 135 x 132 x 45 cm

lichen und hinteren Verlängerung erhielt man einen einzigen thronartigen Sitz. Auf eine sehr lange Truhe übertragen, konnte eine massive vier- oder fünfsitzige Bank geschaffen werden. Wenn man das Sitzbrett an der Rückwand einhing, erhielt man ein Mehrzweckmöbel: eine Truhe für die Aufbewahrung und einen Stuhl.

Allmählich entfielen die Bretter direkt unter dem Sitz und unter den Armlehnen, so daß nur noch das Rahmenwerk übrigblieb. Bei der Rückenlehne blieben die Bretter erhalten, um den Rücken des Sitzenden zu stützen.

Eine weitere Entwicklung bestand darin, daß die gesamte Rückenlehne leicht nach hinten gekippt und die Armstützen zur Vorderseite hin leicht nach unten gebogen wurden. Dadurch wurde der Komfort noch erhöht. So etablierte sich der **Armlehnstuhl**, der noch nicht besonders bequem war, aber doch deutliche Verbesserungen gegenüber seinen Vorgängern aufwies (s. Abb. S. 38 links).

Links: Armlehnstuhl, Eiche, um 1665. Rückenlehne mit Schnitzereien, Armlehnen gedrechselt, Blende mit geometrischen Mustern. Diesen Stuhltypus gibt es seit 1560. Dieses Exemplar zeigt mit geneigter Rückenstütze und nach vorne abfallenden Armstützen die Entwicklung in Richtung Komfort.

Rechts: ungewöhnliches Mehrzweckmöbel aus Eiche. Dieser Stuhl dient zum Aufbewahren von geräuchertem Speck und Schinken. Im 17. und 18. Jh. in ländlichen Gegenden hergestellt.
H 175, B 64 cm

Stühle

Erst Anfang des 17. Jahrhunderts wurden zumindest wichtigen Gästen Stühle angeboten. Ob es sich dabei dann um einen Stuhl oder einen Hocker handelte, hing vom Ansehen ab, das der Gast genoß. Dies wird heute noch im englischsprachigen Raum in dem Begriff *Chairman* (Vorsitzender) deutlich, also die Person, der ein Stuhl vorbehalten war.

In den späteren Jahren der Regierungszeit von Königin Elisabeth hatte der Durchschnittshaushalt eine größere Anzahl von Stühlen. Diese waren im allgemeinen häßlich, schwer und unbequem, besaßen geschnitzten und gedrechselten Dekor und hatten teilweise bestickte Kissen.

Der einzige Stuhl dieser Zeit, der ein gewisses Maß an Komfort und Eleganz bot, war der **Scherenstuhl**, der sich aus einem sehr alten Modell entwickelt hatte. Dieser Stuhl, der aus Europa eingeführt wurde, besaß eine hölzerne, x-förmige Beinkonstruktion und hölzerne Arme. Auf dem Sitz lag ein dickes Kissen, und ein weiteres war an der Lehne befestigt.

Ein einfacher Typus ist der **Back-stool** (Hocker mit Lehne). Er wird nicht als Stuhl (*Chair*) bezeichnet, da er nie Armlehnen besaß – wohl, um die umfangreichen Kleider der Damen in der Mitte des 16. Jahrhunderts unterzubringen. Er war der Vorläufer des *Single chair* oder *Side chair*, der heute

unter dem Namen Speisestuhl oder einfach Stuhl bekannt ist.

Dabei war an einem einfachen Hocker eine Rückenlehne angebracht, um ihn etwas bequemer zu machen. In ähnlicher Weise, wie man beim dreibeinigen Schemel die Beine in die Löcher des Sitzes steckte, führte man mehrere senkrechte Stäbe in den Sitz, die eine Rückenlehne bildeten. Am oberen Ende wurden sie durch eine Querstange verbunden.

Alternativ bestand bei Schemeln in Nut- und Zapfentechnik die Möglichkeit, zwei Beine nach oben zu verlängern, die dann die Rückenstütze bildeten und durch Querstangen verbunden wurden.

Im Laufe des 16. Jahrhunderts wurden in den Häusern wohlhabender Leute **Close stools** eingeführt. Sie wurden entworfen, um die Unannehmlichkeit auszuräumen, daß man das Haus zur Toilette verlassen mußte. Unter dem aufklappbaren Sitz des Stuhles befand sich ein Topf, auf dem man sich erleichtern konnte. Man muß sich dabei vor Augen führen, daß nicht einmal sehr reiche Leute zu dieser Zeit fließendes Wasser oder Toiletten im Inneren ihres Hauses zur Verfügung hatten.

Gegen 1600 kam eine Stuhl-Tisch-Kombination auf, die man als Anfangsstück einer langen Reihe von typisch englischen Mehrzweckmöbeln betrachten kann. Diese Kombination, gewöhnlich unter der Bezeichnung **Mönchsbank** (*Monk's bench*) geläufig, ist ein Mehrzweckmöbel mit platzsparender Funktion. Zusammengeklappt sieht sie wie ein kleiner Tisch aus, wobei die Oberseite des Tisches an einer Seite mit Scharnieren befestigt ist und in eine aufrechte Lage geklappt werden kann, so daß sie die Stuhlrückenlehne bildet. Die zwei Beine wurden so zu den Stuhlseiten und waren durch ein oder mehrere breite Bretter verbunden, die den Sitz bildeten. Es konnte auch je nach Anlaß ein passendes

Side chair aus Eiche, um 1690. Rückenlehne aus Paneelen mit bogenförmig geschnitztem Rückenblatt.

Brett unter der Tischplatte aufgelegt werden. Die Mönchs-bank war vor allem in kleineren Häusern beliebt und wurde in der Begeisterung des späten 19. Jahrhunderts für frühe englische Möbel häufig reproduziert.

Im frühen 16. Jahrhundert wurde die Stuhlherstellung zu einem eigenen Berufszweig, bei dem die Fertigkeiten eines Tischlers, Drechslers und Polsterers kombiniert wurden. Langsam richtete sich die Aufmerksamkeit stärker auf die Entwicklung des Stuhles. Die Stühle wurden weniger kastenartig und näherten sich in der Gestalt stärker den Bedürfnissen des menschlichen Körpers an. Es wurden Stühle angefertigt, die leichter waren als die thronartigen und schweren Exemplare früherer Zeit. Sie waren leichter zu transportieren und hatten geformte Armstützen und Rückenlehnen, die so geneigt waren, daß man nicht länger völlig aufrecht sitzen mußte, sondern sich zurücklehnen konnte. Die Polsterungen waren luxuriöser gestaltet, und geschnitzte, gedrechselte, gemalte und vergoldete Dekoration war im Überfluß vorhanden.

Bei einigen Beispielen wurde das Aufpolstern von Stühlen ins Extrem getrieben, wie beispielsweise bei einem Satz von Eichenstühlen, die in Knole um 1605 gefertigt wurden. Alle Teile dieser Stühle, selbst die Beine, waren aufgepolstert und mit einer Mischung aus Brokat, Samt und Damast bezogen.

Gegen Mitte des 17. Jahrhunderts wurde Leder als Material zum Beziehen von Sitzen und Stuhlrücken sehr beliebt. Es wurde mit großen Messingnägeln oder vergoldeten Nägeln befestigt und teilweise bossiert oder bemalt.

Unter Cromwell und den Puritanern wurde das Sitzen für kurze Zeit wieder etwas unbequemer und das Sitzmöbel eines Großteils seiner Polsterungen und Verzierungen beraubt. Die Aufpolsterung wurde auf ein dünnes Polster aus unbemaltem und unverziertem Leder oder schmucklosem Leinen reduziert.

Kurz vor dem Ende der Eichenperiode wurde aus China und Indien ein Material eingeführt, das bezüglich Bequemlichkeit und Mobilität mit der Aufpolsterung konkurrierte: das geflochtene Rohrwerk. Es bestand aus Palmrohr, das in dünne Streifen zerteilt und so verwoben wurde, daß es ein leichtes, offenes Netz bildete, das dann an Stuhlrücken und

Sitzen angebracht werden konnte. Obwohl man es bereits bei Eichenmöbeln verwendete, hat der Einsatz von Rohrgeflecht seinen Höhepunkt aber erst im späten 17. Jahrhundert in der Nußbaumperiode erreicht.

Schränke

Mit dem Wort **Cupboard** (Schrank) ist heute ein verschließbares Möbelstück mit Türen und möglicherweise Schubladen gemeint. Im mittelalterlichen England war es ein Regal aus zwei oder drei Brettern (*board*), das an der Wand angebracht war und auf das man Tassen (*cups*) u.a. stellen konnte.

Das ursprüngliche primitive Brett wurde weiterentwickelt, so daß daraus eine Folge von drei bis fünf Brettern wurde. Es handelte sich dabei um derbe Regalbretter in einem Rahmen, der anfangs an der Wand hing oder auf einem Tisch stand und später auf gedrechselte oder geschnitzte Beine gestellt und so zu einem eigenen Möbelstück wurde, das je nach Zeitgeschmack oder Herkunftsort verziert war.

Es wurde dann im späten 15. Jahrhundert **Court cupboard** genannt, womit ein niedriger offener Schrank gemeint war.

Im Laufe des 16. Jahrhunderts fügte man Türen, meist vor einem oder mehreren der oberen Regale, über einem breiten Mittelteil hinzu. Die zwei unteren Regale blieben meist offen. Die Türpaneele wurden mit reichem Schnitzwerk, meist aus Rauten, Halbkreisen, stilisiertem Blattwerk und Faltwerk, verziert. Das Rückenteil war massiv. Im späten 16. Jahrhundert wurden die vorderen Ecken von fetten, knollig gedrechselten und geschnitzten Säulen des elisabethanischen Typs gestützt, denen vielleicht noch ein ionisches Kapitell aufgesetzt wurde, um ihnen – unpassenderweise – einen höfischen Anstrich zu verleihen.

Der nächste logische Schritt bestand darin, den Schrank von oben bis unten hinter Türen zu verschließen, so daß der *Court cupboard* zu dem Namen **Press cupboard** oder einfach *Cupboard* kam. Um etwas von der großartigen Erscheinung des *Court cupboard* aufrechtzuerhalten, wurden die oberen Regale meist in der Tiefe reduziert, um Platz für zwei Säulen zwischen dem oberen und unteren Teil zu machen und um die Präsentation von Silber- oder Zinngeschirr, einem Zeichen von Rang und Wohlstand, zu ermöglichen. Viele dieser Schränke sind in unterschiedlichen Ausführungen bis heute erhalten.

Im späten 16. Jahrhundert wurden Schränke in einer Vielzahl von Größen und Formen hergestellt.

In ärmeren Häusern gab es sehr kleine, einfache Schränke, meist auf Beinen, die **Hutches** genannt wurden und als Vorratsschränke dienten.

Größere Versionen diesen Schrankes, sogenannte **Liveries** oder *Dole cupboards*, wurden zur Aufbewahrung von Gegenständen und Speisen genutzt, die an Reisende oder Arme verschenkt werden konnten. Schränke, die zur Aufbewahrung von Speisen dienten, waren mit einer Luftzufuhr in

Livery cupboard, Eiche, ca. 1580 bis 1620. Geschnitztes Fluting und Perlleisten, einfache geometrische Einlegearbeiten an den Türen.

43

Form von dekorativen Laubsägearbeiten oder Gitterwerk versehen, deren Öffnungen für die zahlreichen und allgegenwärtigen Mäuse und Ratten zu klein waren.

Kredenzen (*Credence*) wurden als Anrichte in der Nähe des Eßtisches aufgestellt und als Ablage für Platten und andere Utensilien für das Mahl genutzt sowie für die Gerichte, die vorgekostet werden mußten, bevor sie dem Hausherrn und seinen Gästen serviert wurden. Vergiftetes Essen war im 16. Jahrhundert ein beliebtes Mittel, um ungeliebte Personen aus dem Weg zu schaffen. Verunreinigtes Essen war ebenfalls ein dauerhaftes Problem.

Ursprünglich war die Kredenz Teil der Kirchenausstattung und wurde neben dem Altar zur Aufbewahrung von Gerätschaften für die heilige Kommunion genutzt.

Betten

Während des Mittelalters waren Betten ein Luxus, den sich nur die ganz Reichen leisten konnten. Jahrhundertelang schliefen die Menschen auf Truhen und Sitzbänken. Bauern, Bedienstete und Kinder schliefen auf Säcken, die mit Stroh, Binsen, Farn oder Heidekraut gefüllt waren und entlang der Wände oder rund um das Feuer im Zentrum eines Raumes ausgelegt wurden. Wie man illustrierten Manuskripten dieser Zeit entnehmen kann, schliefen die Menschen im Sommer nackt, im Winter trugen sie ihre Alltagskleidung.

Die ersten Betten waren an einer Wand gebaut und waren strukturell ein Teil des Gebäudes. Sie waren von einem Baldachin überdacht und von dichten Vorhängen umgeben, aus dem besten Material, das sich der Besitzer leisten konnte. Die Matratze lag auf Seilen, die durch Löcher im Rahmen gezogen waren. Diese Betten wirkten fast wie ein abgeschlossener Raum im Zimmer. Alte Abbildungen zeigen, daß die Vorhänge tagsüber verknotet und als Aufbewahrungssäcke für Bettzeug und andere Utensilien verwendet wurden.

Ein Bett war so wertvoll, daß es als ein wichtiger Teil des Nachlasses galt und an die Frau oder den ältesten Sohn weitergegeben wurde. So vermachte Richard, Earl of Arundel, im Jahre 1392 in seinem Testament sein Bett seiner Frau.

Court cupboard, Eiche, um 1740, Rahmen- und Füllwandkonstruktion mit Nut- und Zapfentechnik. Typus, der von etwa 1650 bis 1800 gefertigt wurde. Dieses Stück stammt aus Wales und ist als »Tridarn« (drei Etagen) bekannt: oben ein offenes Regal, um Zinn oder Keramik zu präsentieren, ein mittlerer Teil, bei dem zwei kleine Schränke ein dekoratives Mittelpaneel flankieren, und ein Unterteil mit zwei bis drei kurzen Schubladen über zwei Türen.
B: 130 cm

45

Auch Shakespeare vermachte seiner Frau »mein zweitbestes Bett mit allem, was dazugehört«. Bei Bauern und in den ärmeren Klassen hielt sich diese Sitte noch bis Ende des 19. Jahrhunderts.

Das **Kastenbett** (*Box bed*) war auf drei Seiten von Wänden in Rahmen- und Füllwandkonstruktion umgeben. Die offene Seite ließ sich durch Vorhänge verschließen, die etwas Wärme und Abgeschiedenheit gaben, wenn das Bett benutzt wurde. Üblicherweise schliefen Kinder und Bedienstete im selben Raum. Die Bediensteten schliefen auf Binsenmatten auf dem Boden oder auf einem niedrigen Gestell auf Rädern, das unter dem großen Bett verstaut werden konnte. Hochgestellte Herrschaften empfingen ihre Besucher, während sie im Bett lagen. Das war angenehmer und wärmer, als auf einem der harten Kastenstühle zu sitzen.

Im 16. Jahrhundert wurde das Kastenbett allmählich durch das **Baldachinbett** (*Four poster bed*) ersetzt. Es bestand aus einem einfachen Rahmengestell, wobei die vier Beine auf eine Höhe von 2 m oder mehr verlängert und oben mit Pfosten verbunden waren. Es war von einem Baldachin überdacht, der an Wand und Decke befestigt war, und von Vorhängen aus edlem Material umschlossen. Das Holz war reich mit Schnitzereien oder Intarsien verziert, manchmal auch vergoldet. Die Matratze aus Schafwolle lag auf dünnen Holzbrettern oder auf verknoteten Seilen. Darüber befanden sich eine zweite, mit Federn gefüllte Matratze, Wolldecken, Betttücher und eine reich bestickte Bettdecke.

Ein Handbuch für Bedienstete aus dem Jahre 1588 gibt einige Hinweise auf die damaligen Gepflogenheiten. Offensichtlich war es zu dieser Zeit bereits üblich, daß die Wohlhabenden in einem speziellen Nachthemd schliefen. Zu den Anweisungen zählten frisches Wasser beim Bett, ein Feuer im Raum, frisches und trockenes Bettzeug und ein angewärmtes Nachthemd. Beim Beziehen des Bettes war es üblich, die Vorhänge, die Matratze und den Raum zwischen Matratze und Bettgestell auf versteckte Gefahren zu prüfen.

Das niedrige Bett auf Rädern war bei den weniger Wohlhabenden allgemein üblich, da sie keine gesonderten Schlafräume besaßen. Es wurde tagsüber einfach beiseite gerollt.

Prächtiges Baldachinbett, Eiche, ca. 16. bis frühes 17. Jh. Reich geschnitzt und mit exotischen Hölzern eingelegt. Mischung traditioneller und von der Renaissance inspirierter Motive, z.B. bei den Fußpfosten: ionisches Kapitell über einer bauchigen Säule unklarer Herkunft, Enden in traditionellen melonenförmigen Knollen, die wiederum auf einer klassischen Plinthe ruhen.

Auch im 17. Jahrhundert blieb das Bett das wichtigste Möbelstück im Haus, für die Armen wie für die Reichen. Bei den Wohlhabenden waren die Betten reich verziert und mit Samt und Seide, Litzen und Posamenten geschmückt. Sie besaßen weiterhin vier Pfosten und einen Baldachin, doch waren die Holzteile jetzt nicht mehr geschnitzt, sondern mit Stoffen verkleidet, die auf das Holz geleimt wurden. Die Pfosten waren schlank und endeten in Abschlüssen in Ananas-, Vasen- oder Knopfform mit Büscheln von Straußenfedern.

Während der puritanischen Periode unter Oliver Cromwell wurde dieser modischen Extravaganz vorübergehend Einhalt geboten. Die Betten bestanden nun aus einfachen Gestellen aus Eiche mit schlichten Pfosten. Die üppigen Vorhänge wurden entfernt, als schmückende Details waren nur Drechseleien und bestickte Bettdecken üblich.

Wiegen waren wichtige Möbelstücke. Die Kinder der Wohlhabenden wurden in Windeln gewickelt und in hölzerne Wiegen gelegt, die meist eine Schutzhaube gegen die Kälte besaßen. Die besseren Exemplare waren aus geschnitzter Eiche und mit Samt und Seide ausgeschlagen. Teilweise wurden die Initialen des Kindes an einem Ende eingeschnitzt. Häufig wurden Löcher durch die Seitenteile gebohrt, durch die die losen Enden der Windeln gezogen werden konnten, um das Kind damit festzubinden.

THE AGE OF WALNUT –
DIE NUßBAUMPERIODE

ca. 1660 – 1720

Nach fast zwei Jahrzehnten des Bürgerkriegs und der Unterdrückung unter Cromwell und den Puritanern bewirkte die Rückkehr König Charles II. aus dem Exil eine dramatische Veränderung des Zeitstils. Nach den etwa zwölf Jahren unter Cromwells düsterer Herrschaft war England vom pompösen Stil, der nach der Wiederherstellung der Monarchie unter dem französisch beeinflußten König Charles II. 1660 aufkam, natürlich begeistert.

Die Rückkehr des englischen Hofes aus dem Exil brachte luxuriöse Verbesserungen mit sich, die schnell von der englischen Öffentlichkeit übernommen wurden, die nach Komfort hungerte. Die aus dem Exil Zurückkehrenden hatten fast zwei Jahrzehnte im Überfluß des europäischen Luxus gelebt und vor allem neue Ideen aus Frankreich aufgenommen, das unter Ludwig XIV. zum kulturellen Zentrum Europas wurde. Die Wiederbelebung der Kultur ging von London aus und verbreitete sich als natürliche Reaktion auf die Befreiung von Kargheit und Strenge schnell über das ganze Land.

Das Ornament wurde nicht mehr als grundsätzlich überflüssig und nutzlos betrachtet, so daß der Entfaltung der Handwerkskunst wieder freier Raum gegeben war. Die traditionellen Fertigkeiten wurden außerdem durch die Einführung neuer Möbel aus Frankreich und Holland angeregt. Holland, das die neuen französischen Techniken beherrschte, unterstützte England mit Handwerkern für die Ausbildung englischer Lehrlinge.

Nachdem Landbesitzer und Kaufleute das Spartanertum hinter sich gelassen hatten und die Wohltaten der aufkommenden wirtschaftlichen Blüte durch Handel, Industrie und Kolonialisierung genossen, folgten sie dem Beispiel König Charles II. und seines luxuriösen Hofes und begehrten den neuesten Stil und Dekor.

Trotz all der neu eingeführten Möbelstile entwickelten die ländlichen Schreiner ihre individuellen und regionalen Abwandlungen der aktuellen Modeformen, wobei sie häufig Traditionelles mit den neuen Ideen vermischten und so einige Jahre hinter der Zeitmode lagen. Viele ältere Stile waren

Jahrzehnte, nachdem sie in den großen Zentren aus der Mode gekommen waren, auf dem Land noch ganz gebräuchlich. Wohlstand und die konsequenten Veränderungen bei den häuslichen Lebensgewohnheiten kamen in den kleineren Städten, Dörfern und Farmgemeinschaften viel langsamer zum Tragen. Das Leben wurde dort noch immer wesentlich durch das Überleben von einer Erntezeit zur nächsten bestimmt. Dabei waren Veränderungen im Haus nur zweitrangig.

Die Entwicklung der Möbel

Die Einführung von Nußholz

Kaum hatte sich die Wirkung der Wiederherstellung der Monarchie niedergeschlagen, als der Handel durch die große Pest von 1665 kurzfristig zum Stillstand kam. Ein Jahr später brach in London das große Feuer aus und zerstörte große Teile der Stadt. Daraus entstand aber nun ein Bedarf an neuen Häusern und Mobiliar in nie dagewesenem Ausmaß.

Dies geschah genau zu der Zeit, als man in England auf der Suche nach neuen Ideen für Gestaltung, Dekor und Konstruktion von Möbeln war. Tausende von kleinen, dunklen Häusern, Läden und Werkstätten des Mittelalters und der Tudorzeit, meist aus Fachwerk, waren durch das große Feuer zerstört worden, und mehrere hundert waren so stark beschädigt, daß man sie abreißen mußte. Sie wurden durch Ziegelbauten mit großen Fenstern ersetzt, die großen Räume in hellen Farben ausgemalt. In diesen Häusern wirkten die dunklen Eichenmöbel düster und altmodisch. Deshalb suchte man nach einem leichteren Aussehen für die Möbel, wie es in den Niederlanden und Frankreich bereits üblich war. In diesen Ländern war die Furniertechnik nämlich schon entwickelt, bei der auf eine Basis aus gebräuchlichem Holz ein dünn gesägtes Holzblatt aus Zierholz oder einer seltenen Holzart aufgeleimt wurde.

Man brauchte also ein neues Material, das dekorativer, moderner und geeigneter für die Möbelherstellung war. Dies wurde auch von der zurückgekehrten herrschenden Klasse verlangt, die an europäische Möbel von feinerer Ausführung

Wohnzimmer aus der Zeit der Restauration Charles II., ca. 1660 - 1685. Auffallend sind der Armlehnstuhl aus Nußbaum mit den neu eingeführten s-förmigen Vorderbeinen und die klaren, schlichten Wandpaneele.

51

gewöhnt war, wie sie mit dem rustikalen Eichenholz vergangener Zeiten nicht machbar gewesen waren.

Außerdem war das traditionelle Eichenholz durch Schiffbau, Hausbau und Rodung beinahe erschöpft. Tatsächlich mußte Eichenholz aus Deutschland und anderen europäischen Vorkommen importiert werden, um den Bedarf Englands zu decken.

Wegen seiner allgemeinen Verfügbarkeit, der dekorativen Maserung, der leichten Handhabung und des hellen, honigfarbenen Tons wurde Nußholz zur bevorzugten Holzart. Nußholz ersetzte also bei der Möbelherstellung die Eiche als Modeholz. Es war nicht nur heller und leichter zu bearbeiten, sondern man hielt auch Aussehen und Farbe geeigneter für den neuen, eleganten Stil, den man jetzt bevorzugte. Die Oberfläche von Nußholz brachte zudem feine und detaillierte Schnitzereien besser zur Geltung.

Material und Techniken

Der frühe Abschnitt der Nußbaumperiode wird durch den Gebrauch vieler neuer Hölzer mit dekorativen Maserungen bereichert, sowohl heimischer wie Eibe, Stechpalme und verschiedener Obstbaumhölzer als auch importierter wie Ebenholz, Olive und Coromandel. Sie alle dienten als Material für die neu geschaffene Furniertechnik und die Marketerie.

Eichenholz wurde natürlich weiterhin vor allem in provinziellen Gegenden häufig eingesetzt. Der neu entstehende Zweig der Stuhltischler dagegen entdeckte die heimische Buche als besonders geeignet für ihren Zweck.

Bis gegen 1660 basierten die Effekte des Oberflächendekors auf dem dreidimensionalen Gebrauch des Eichenholzes in Form von tiefen Schnitzereien, aufgelegtem Reliefdekor, Füllungen und Aushöhlungen.

Die **Furniertechnik** ist dagegen flach und lebt von der zarten Gestaltung des benutzten Holzes, den malerischen Effekten der Parketerie und der Marketerie sowie der Rahmenbildung durch die Randintarsie.

Die Furniertechnik hatte auch Auswirkungen auf die Grundkonstruktion der Möbel, denn das Furnier verlangt einen planen und glatten Untergrund, der sich nicht verzieht, damit es nicht splittert oder bricht.

Offensichtlich war die Rahmen- und Füllwandkonstruktion mit einem Rahmen, der die Holzbewegung ermöglichen sollte, Holzdübeln, die leicht über die Oberfläche hervortreten konnten, und lose verbundenen Brettern gänzlich ungeeignet für das Furnier. Auch wenn die handgeschnittenen Furniere dieser Zeit eine Stärke von mindestens 3 bis 4 mm hatten, so zeigte sich doch die kleinste Unregelmäßigkeit im Basisholz oder in der Konstruktion sofort an der Oberfläche. Hinzu kommt, daß furnierte Möbel stark poliert wurden, um Art und Farbe des Holzes bestmöglich zum Ausdruck zu bringen, so daß eine unebene Oberfläche denselben Effekt hatte wie ein verzerrter Spiegel.

Damit ging in dieser Phase die Ära des Schreiners zu Ende, und die Ära des Kunsttischlers nahm zumindest bei der Herstellung anspruchsvoller Möbel ihren Anfang. Der Unterschied zwischen Schreiner und Kunsttischler liegt in den verwendeten Techniken und in der Verfeinerung. Das bedeutet nicht, daß der Schreiner Möbel von schlechterer Qualität herstellte, sondern daß das Aussehen der Möbel des Kunsttischlers am Ende verfeinerter war als bei den rustikalen Möbeln des Schreiners.

Der Schreiner fertigte ja nicht nur Möbel, sondern auch Paneele, Türen, Fensterrahmen, Treppen, Kutschen und vieles mehr an. Der Kunsttischler befaßte sich dagegen ausschließlich mit Möbeln und vor allem mit den qualitätvollen Möbeln für die Oberschicht.

Der Schreiner bediente sich traditioneller Techniken wie Nut- und Zapfentechnik oder Nageln. Der Kunsttischler, der mit der neuen Technik des Furniers vertraut war, entwickelte und verbesserte die existierende Schwalbenschwanztechnik.

Obwohl die **Schwalbenschwanztechnik** schon seit dem Mittelalter bekannt war, wurde sie bis zu diesem Zeitpunkt nur selten angewandt. Die Verbindung von zwei Holzstücken durch eine Schwalbenschwanzkonstruktion und Leim garantierte jedoch die plane Oberfläche, die der Kunsttischler brauchte. Anfangs wurde noch der offene Schwalbenschwanz eingesetzt. Als man entdeckte, daß diese Technik durch das Furnier sichtbar wurde, ersetzte man ihn bald durch den verdeckten Schwalbenschwanz.

Die Technik der **Marketerie** war in England schon sehr früh bekannt, wurde aber erst gegen 1670 durch den Einfluß niederländischer Handwerker, die die Technik verbessert und bekanntgemacht hatten, eingesetzt.

Die Qualität der **Drechselei** verbesserte sich in dieser Periode zunehmend und wurde zusätzlich durch Neuerungen vom Festland beeinflußt.

Der **geschnitzte Dekor** kam wieder in Mode, jetzt allerdings naturalistisch und nicht stilisiert wie früher. Er wurde, gleichfalls durch Neuerungen aus Europa angeregt, schnell zu einer eleganten und ausgereiften Dekorationsform. Grinling Gibbons, der zwar englische Eltern hatte, aber in den Niederlanden aufwuchs, gilt als der Meister in der Geschichte der englischen Schnitzkunst. Er war nicht nur Hofschnitzer von König George I., sondern auch Vorbild für eine ganze Generation von Kunstschnitzern. Sein Einfluß auf Englands Möbeldekor dauerte nahezu ein Jahrhundert an.

Die modischen Kombinationen von Ornamentschnitzerei und reicher Vergoldung verlangten den Einsatz von **Gesso**, einem Gips-Harz-Gemisch. Bei allen Möbelarten, vom kleinen Spiegelrahmen bis zum ausgearbeiteten Konsoltisch, wurde dieses Material benutzt. Bloßes Holz lieferte nämlich keine ausreichende Grundlage für die Vergoldung und wurde deshalb mit einer Schicht dieses Materials bedeckt. Manchmal wurde das Gemisch dick aufgetragen, modelliert und geschnitzt, um das gewünschte Ornament zu bilden, bevor man es vergoldete.

Wichtige Stilmerkmale

Einige der am leichtesten erkennbaren Merkmale dieser Epoche lassen sich jeweils an Form und Stil der Beinstützen ablesen.

Die traditionelle Schneckensäule, die unter der Regierung Charles I. sehr beliebt war, erfreute sich weiterhin solcher Beliebtheit, daß Handwerker vom Lande, die nicht die Ausrüstung für das Drechseln der Schneckensäule hatten, sie von Hand schnitzten, um der großen Nachfrage zu entsprechen.

Das s-förmig geschwungene Cabriole-Bein tauchte zum ersten Mal in England auf, und die Übernahme von gedrechselten und geschnitzten Mustern aus Europa wurde typisch für den herrschenden Geschmack. S-förmige Beine waren ab den 60er Jahren des 17. Jahrhunderts vor allem bei reich gestalteten Möbelstücken weit verbreitet.

Es wurde ein Bein mit quadratischem Grundriß eingeführt, das sich nach unten verjüngt und säulenähnlich geschnitzt ist, sowie ein gedrechseltes, spitz zulaufendes Bein
mit Drechselei von größerem Durchmesser, die dem Rand einer umgekehrten Tasse ähnelt und daher auch als umge-
drehte Tassenform bezeichnet wurde.
Die dekorative Wirkung der Stuhlbeine wurde durch zusätzlich gestaltete Füße erhöht. Viele hatten die Form einer
Tiertatze oder eines Hufes. Spätere Entwicklungen sind der
Kissenfuß (*Pad foot*) und der Ball- und Klauenfuß (*Ball and
claw foot*), der im ganzen nächsten Jahrhundert in Mode bleiben sollte und von der Mitte bis zum späten 19. Jahrhundert
wiederbelebt wurde.

Die Stilentwicklung

Gestaltung und Kunstschreinerei reiften und veränderten
sich während der ganzen Nußbaumperiode kontinuierlich, so
daß sich diese Periode in verschiedene Stilrichtungen unter-
gliedern läßt. Die Stilrichtungen entsprechen grob den Re-
gierungszeiten der einzelnen Monarchen.

- Die extravagante Möblierung nach Wiederherstellung der
  Monarchie unter Charles II. (1660 - 1685) und seinem
  Nachfolger James II. (1685 - 1688) wird allgemein als *Re-
  storation, Carolean* oder *late Stuart* klassifiziert.
- Die Regierungszeit des königlichen Paares William III.
  und Mary II. von Oranien (1689 - 1694, König William
  alleine 1694 - 1702) gab dem zurückhaltenden und nie-
  derländisch geprägten Stil dieser Zeit den Namen *William
  and Mary*.
- *Queen Anne* (1702 - 1714), die letzte aus dem Hause
  Stuart, gab ihren Namen dem ebenfalls sehr zurückhaltenden und geschmackvoll eleganten Stil, der während
  der ersten zwei Jahrzehnte des 18. Jahrhunderts herrschte.

Carolean/Restoration

Eine beträchtliche Anzahl neuer Möbelstücke und Adaptionen älterer Typen kamen unter Charles II. auf: Schubladen-
tische, Tische für ganz spezielle Zwecke, Vitrinen, Schreibtische mit kleinen Schubladen und Fächern, Kaminschirme,

Fußschemel, Konsoltische und eine große Vielfalt von reich verzierten Luxusgegenständen wie Bilder- und Spiegelrahmen mit Schnitzwerk, Kerzenhalter und reich verzierte Kästen für alle möglichen Zwecke.

Das Vergolden oder Versilbern wurde beliebt, und man griff bei Marketerie und Intarsien vermehrt auf Perlmutt, Elfenbein und Schildpatt zurück. Auf der Suche nach neuen Effekten setzte man jedes verfügbare Material ein.

Auch das Tagesbett wurde vom zurückkehrenden Hof Charles II. aus Frankreich eingeführt. Es handelte sich dabei um ein Möbelstück, das auf der Insel bisher mehr oder weniger unbekannt gewesen war. Schon bald wurde es aber in der modebewußten Gesellschaft sehr beliebt. Es bestand aus einem langen Sitz mit einer leicht geneigten Rückenlehne, beide aus Rohrgeflecht und mit Kissen bedeckt. Obwohl

Zimmer im Stil von Queen Anne, um 1710. Auffallend die eingebaute Eckvitrine mit teurem und modischem, blau-weißem chinesischem Porzellan. Die Beine des Hockers vorne links besitzen die für die späte Nußbaumperiode typische Cabriole-Form. Die Fenster sind größer als früher, die Möbel insgesamt viel leichter.

Armlehnstuhl aus Nußbaum aus der Zeit Charles II., um 1670. Üppig geschnitzte Rückenlehne und Steg, Rohrgeflecht an Sitz und Rückenlehne.

sich aus dieser Periode nur wenige Tagesbetten erhalten haben, gibt es auf den zeitgenössischen Gemälden zahlreiche Nachweise für ihre weite Verbreitung. Außerdem läßt sich ihr Einfluß an der Entwicklung des Sofas ablesen.

Die Entwicklung der Ornamentik in den Jahren direkt nach der Restauration läßt sich gut an der Form und dem Aussehen des gewöhnlichen Stuhls aufzeigen.

In krassem Gegensatz zu der Strenge und Einfachheit des Cromwell-Stuhles steht der Überfluß an Schnitzereien zusammen mit der gedrehten Drechselei und der Einführung des Rohrgeflechts an Sitz und Rückenlehne. Die teuren Stühle wurden zu dieser Zeit aus Nußholz gefertigt, wobei dunkel gebeizte Buche noch stärker verbreitet war.

Stühle, die in den größeren Zentren gefertigt wurden, sind mit fein gearbeiteten Schnitzereien, Drechselei und Rohrgeflecht möglichst stark verziert.

Ländliche Stühle waren weniger verziert, meist mit soliden Holzsitzen und Kissen ausgestattet und besaßen nur eine kleine Fläche mit Rohrgeflecht an der Rückenlehne. Sie waren gewöhnlich viel weniger fein ausgearbeitet und altmodischer als die in der Stadt gefertigten Stücke. In den Provinzen wurde noch viel Eichenholz verwendet. Außerdem ist die Balusterdrechselei für einen Stuhl von ländlicher Herkunft kennzeichnend, besonders für Nordengland.

Fuß- und Sitzschemel, die in Form und Aussehen den Stühlen glichen, waren gleichfalls mit reichen Schnitzereien versehen und häufig mit Samt oder Gobelin aufgepolstert, der mit Besatz und Fransen versehen war.

Bei einigen Stühlen waren die Beine mit so vielen Schnecken-, Blumen-, Früchte- und Puttischnitzereien geschmückt, daß sie sich weiter erstreckten als der Sitz, so daß es fast unmöglich gewesen sein muß, darauf bequem zu sitzen. Eine der wichtigsten Neuerungen in der Stuhlkonstruktion trat während der Restauration auf. Dabei handelte es sich um die nach außen gerichteten hinteren Stuhlbeine. Bis zur Restauration waren Stühle nämlich so schwer, daß sie fest auf allen vier Beinen standen, auch wenn sich der Sitzende nach hinten lehnte. Selbst als der Rückenlehne der bequemere Rückwärtsschwung verliehen worden war und der Ruhepunkt der Last, die der Stuhl tragen mußte, sich nach hinten verschob, war vorne noch genügend Gewicht, um den Stuhl unten zu halten. Die leichteren Stuhlmodelle, die in der Restauration eingeführt wurden, bildeten jedoch einen Problemfall. Der Stuhl neigte jetzt dazu, nach hinten zu fallen, wenn der Sitzende sich in diese Richtung lehnte.

Anfangs wurden an den hinteren Beinen Klötze oder Füße angebracht, um den Stuhl auszubalancieren. Diese Methode erwies sich aber in vieler Hinsicht als nicht befriedigend. Es mußte eine andere Methode gefunden werden, um den Stuhl am Umkippen zu hindern.

Es ist nicht bekannt, wie die Lösung gefunden wurde, aber in den späten 80er Jahren des 17. Jahrhunderts wurde der erste Stuhl mit abgewinkelten Beinen hergestellt. Auf diese Weise wurde der Gleichgewichtspunkt des Stuhles stärker nach hinten verlegt und so ein Umkippen des Stuhles beim Zurücklehnen verhindert.

Obwohl strukturell nicht notwendig, entstand in den 80er Jahren ein völlig neuer Typus von verziertem Steg, der bald zum kennzeichnenden Zug an kleinen Tischen, Ständern, Sekretären und einigen Schubladenkommoden des späten 17. Jahrhunderts wurde. Als Grundform verbanden x-förmig gekreuzte, geschweifte Stege mit flachem Querschnitt alle vier Beine in Nähe des Fußbodens. Der Schnittpunkt des Kreuzes wurde häufig mit einem ornamentalen Finial oder Marketerie verziert oder war als Ständer für orientalisches Porzellan konzipiert. Obwohl der Steg aus konstruktiven Gründen aufkam, erfüllte er bald eher einen dekorativen Zweck und wurde bei Stühlen eingesetzt wie auch bei fast allen Möbeln mit Beinen, die für eine solche Ausstattung vom ästhetischen Gesichtspunkt aus groß genug waren.

Einfacher Stuhl aus Eichenholz, ca. 1680 bis 1690. Schulterbrett mit Schnitzereien verziert, hölzerner Sitz.
H: 112 cm

Gegen Ende der 80er Jahre wurde der Überschwang der frühen Nußbaumperiode etwas zurückgenommen, und die Regierungszeit von William III. und Mary II. brachte einen zurückhaltenderen Ausdruck in die englischen Möbel.

Die Stühle bewahrten zwar ihren extrem hohen Rücken, aber das Ausmaß an Schnitzereien und Ornamentik ging zurück. Langsam verschwand auch das Rohrgeflecht und wurde durch eine massive Holzplatte mit geschweiftem Umriß ersetzt. Auch die Oberkante der Rückenlehne wies keine Schnitzereien mehr auf, sondern hatte eine glatte, geschweifte Form. Die Rückenlehne, die einst mit einer unbequemen senkrechten Linie begonnen hatte, bildete erst eine Rückwärtsbewegung und schließlich eine Kurve aus, die sich der Anatomie des menschlichen Körpers anpaßte.

Einer der in dieser Periode neu eingeführten Möbeltypen war der *Display cabinet* (Vitrine).

Wegen der Popularität der zwei neuen Sitten, des Tee- und Kaffeetrinkens, begannen modebewußte Leute, chinesisches Porzellan zu sammeln. Queen Mary II. war eine begeisterte Porzellansammlerin und stellte ihre umfangreiche Sammlung in extra angefertigten Vitrinen aus. Da die Mitglieder der königlichen Familie damals in der Mode tonangebend waren, folgte die Aristokratie dem Beispiel Marys, so daß die Reichen in ganz England Porzellan zu sammeln begannen und sich zur Aufbewahrung Vitrinen anfertigen ließen. Auch kleine Eckschränke mit verglasten Türen wurden zur Präsentation von Porzellan genutzt.

Queen Anne

Gegen Ende des 17. Jahrhunderts hatten sich die Techniken des Aufpolsterns rasch weiterentwickelt. In den Stuhl eingelassene Aufpolsterungen treten gegen 1690 an die Stelle von losen Kissen. Um 1700 herum gibt es bereits verschiedene Formen des aufgepolsterten Stuhles. Es handelte sich dabei um hochrückige Stühle mit Armlehnen, deren Sitzflächen und Arme dick aufgepolstert und mit Samt oder feiner Stickereiarbeit bezogen waren.

Die frühen Armstühle standen auf hohen Cabriole-Beinen, die zwar elegant, aber strukturell für das Gewicht der Aufpolsterung und des großen Rahmens ungeeignet waren. Zuerst versuchte man dieses Problem durch den Einsatz von Stegen zu lösen, die jedoch den Nachteil hatten, daß sie stilistisch nicht zu den Cabriole-Beinen paßten. Später ging man dazu über, das Cabriole-Bein zurückzunehmen und es durch Reduzierung der Höhe zu verstärken. Stühle dieses Typs werden heute noch hergestellt und gemeinhin als *Queen Anne armchairs* bezeichnet.

Alternativ kam das Lackmöbel, bekannt als *Japanning*, in Mode. Orientalische Formen in reichem Lack wurden mit Gold noch aufgewertet und zeigen einen neuen Grad von Pracht. Boullearbeiten, teure Marketerie aus Schildpatt und Metall, die nach ihrem französischen Erfinder benannt wurden, finden sich auf einigen seltenen und besonders wertvollen Stücken.

Tische

Abgesehen vom zusätzlichen Dekor veränderte sich die Grundform des Tisches in den Jahren nach der Restauration nur sehr wenig.

Der **Klapptisch** (*Gate leg table*) war weiterhin beliebt, nur der Dekor der Beine und Stege veränderte sich. Manchmal waren die Beine sehr schmucklos und im Querschnitt fast quadratisch, manchmal waren sie in Säulenform, Balusterform oder der kunstvollen Schneckensäulenform gedrechselt. In den letzten Jahren des Jahrhunderts entwickelte sich der *Gate leg table* zum Eßtisch. Sätze von mehreren *Gate leg tables*, meist drei oder vier Stück verschieder Größe, wurden so konzipiert, daß sie zusammen in einem Zimmer aufgestellt werden konnten. Nach dem Mahl ließen sie sich zusammenklappen und dienten als Beistelltische oder Konsoltische.

Für die alte Form des schweren **Ausziehtisches** (*Draw leaf table*) bestand nach wie vor ein konstanter Bedarf. In der Zeit nach 1680 wurde jedoch auf Eleganz größerer Wert gelegt als auf dessen schwere Festigkeit. Seine Konstruktion wurde deshalb leichter, seine Beine dünner, und die Stege verschwanden mit dem zunehmenden Aufkommen der Cabriole-Beine bei Eßtischen.

Entsprechend der Orientierung der Mode an kleinen, stark verzierten Möbelstücken verlief die Entwicklung des **Beistelltisches** (*Side table*) sehr schnell. Dieser wurde in großer Anzahl für alle möglichen Zwecke hergestellt. Viele von ihnen waren kunstvoll mit Furnier und Marketerie geschmückt und hatten eine vergoldete Basis. Dekorative Aussparungen ersetzten die ehemals geraden Ränder, und auf den Oberflächen befanden sich Randintarsien.

Das Kartenspiel wurde in den letzten 35 Jahren des 17. Jahrhunderts zu einer äußerst beliebten Freizeitbeschäftigung. Unter der Regentschaft von William und Mary wurden denn auch die ersten **Spieltische** speziell für das Kartenspiel entworfen. Sie bestanden aus zusammenklappbaren Platten, die im offenen Zustand auf die gleiche Art gestützt wurden wie die *Gate leg tables*. Wenn man sie nicht für das

Spieltisch, frühes 18. Jh., Padoukholz. Umklappbare Tischplatte mit kleinen Schubladen für die Karten an jedem Ende. Typisch für diese Zeit sind die Cabriole-Beine mit Ball- und Klauenfüßen und geschnitzten Muschelmotiven an den Knien. Bemerkenswert die runden Ecken zum Halten von Kerzenständern und die Vertiefungen für Spielmarken und Münzen.
B: 84 cm

Kartenspiel benötigte, wurden die Tische zusammengeklappt und dienten als Konsol- oder Beistelltische.

Obwohl die meisten Entwürfe außerhalb der Hauptzentren einen stark regionalen Anstrich hatten, so gab es zumindest eine Ausnahme: den **Tripod table**. Er wurde im ganzen Königreich in nahezu unveränderter Form hergestellt. Dieses nützliche und schöne Stück erfreute sich allgemeiner und lang andauernder Beliebtheit seit seinem Erscheinen im 17. Jahrhundert. Mit nur wenigen Abwandlungen in Holzart,

Tripod-Teetisch mit »Birdcage«-Konstruktion, ca. 1775 bis 1800. Diese Technik findet sich bei besseren Exemplaren - dadurch läßt sich die Tischplatte leicht drehen oder auseinanderbauen und entfernen.

Größe, Qualität der Endbearbeitung und Dekor sollte der *Tripod table* in den nächsten 250 Jahren in großen Mengen hergestellt werden. Er wurde in einer Bandbreite eingesetzt, die von der Abstellmöglichkeit für einen Kerzenständer bis zum Eßtisch für mehrere Personen reichte. Einer seiner Vorteile lag darin, daß er wegen seiner drei Füße nicht wackeln konnte. Das war die Hauptüberlegung, als man mit ihm die Tee- und Kaffeehäuser ausstattete, die im 18. Jahrhundert in England überall entstanden. Wegen ihrer großen Menge wie auch wegen ihrer guten Einsatzmöglichkeiten und der standfesten Konstruktion haben sich *Tripod tables* in großer Anzahl erhalten und erfreuen sich heute noch derselben Beliebtheit wie damals, als sie entstanden.

Bei vielen Tischen kamen noch **Schubladen** hinzu. Gegen Ende der *William and Mary*-Periode hatte sich die Konstruktionstechnik der Schublade (und der Kastenmöbel allgemein) durch die Entwicklung der offenen und später der verdeckten Schwalbenschwanzverbindung verbessert. Die Schubladenfronten wurden schließlich noch mit sorgfältig ausgewählten Hölzern furniert und mit halbrunden Profilleisten abgerundet. Diese Profilleisten konnten auf der Schublade selbst angebracht sein oder auf dem Rahmen, in den die Schublade eingepaßt wurde.

Zusätzlich zu neuen Abwandlungen früherer Stile zeigt sich an den **Tischbeinen** ein starker flämischer Einfluß, wie zum Beispiel bei der Pilzsilhouette, wobei das Oberteil des Beines so gedrechselt ist, daß es einem Champignon ähnelt, und der lange Mittelteil des Beines relativ frei von Verzierungen nach unten spitz zuläuft, wobei der Fuß mehrere gedrechselte Formen aufweist. Die späteren Beispiele waren trotz Beibehaltung ihrer originalen Grundform bald den europäischen Gegenstücken an Verfeinerung und Formschönheit überlegen.

Truhen und Kommoden

Die traditionelle **Aufbewahrungstruhe**, die weiterhin beliebt war und ihre Form und Funktion beibehalten hatte, wurde verschönert und aufgewertet. Sie besaß nun Nußbaumfurnier und war mit Einlegearbeiten, Randintarsien,

Links: Eckschränkchen zum Aufhängen, späte Nußbaumperiode. Tür mit Furnier aus Nußholz mit reicher Maserung, Fischgrätenintarsie und Bandintarsie. Ungewöhnlich ist die Kerzenablage in der Basis, die sich sonst nur bei Schreibmöbeln dieser Zeit findet. Die Unterteilung des Furniers in vier Teile, die einen Spiegeleffekt erzeugt und als »quartering« bekannt ist, ist für die hochwertigen Stücke dieser Periode kennzeichnend. H: 55 cm
Rechts: Schubladenkommode, William and Mary, um 1690. Nußbaum mit Hirnholzfurnier (»Oysterfurnier«). Drei lange und zwei kurze Schubladen, Platte und Front mit Bandintarsien und Bandwerk aus Stechpalmenholz verziert. Die originalen Knotenfüße wurden durch Konsolfüße ersetzt, die etwa 40 Jahre später zu datieren sind.

Schnitzereien und Vergoldung verziert. Einige besonders kostbare Exemplare wurden auf reich geschmückte Ständer gestellt und besaßen kostbaren Lackdekor. Diese Truhen fanden sich jedoch meist nur in den Häusern des Provinzadels. Bei den modebewußten Schichten verlor die Truhe zugunsten der viel praktischeren Schubladenkommode an Wertschätzung.

Der **Tallboy**, der aus zwei übereinander stehenden Schubladenkommoden oder einer Schubladenkommode und einem Gestell mit Schubladen besteht, war in den letzten Jahren des 17. Jahrhunderts und den ersten Jahrzehnten des 18. Jahrhunderts eine beliebte Form. Obwohl er später an Wertschätzung verlor, wurde er auch während des restlichen Jahrhunderts und im frühen 19. Jahrhundert noch hergestellt. Seine Bedeutung im Haushalt war eher funktional als dekorativ, obwohl in der Nußbaumperiode viele qualitätvolle und sehr schöne Stücke angefertigt wurden, von denen einige sich zu monumentaler Größe entwickelten und architektonisch gestaltete Gesimse sowie hervorragend gearbeitetes Furnier aufwiesen. Einige besonders schöne Beispiele auf hohen Cabriole-Beinen wurden in der Zeit unter *Queen Anne* gefertigt.

Passender und praktischer als der *Tallboy* war die **einfache Schubladenkommode**, die im frühen 18. Jahrhundert die klassische Form mit fünf Schubladen ausbildete, die ihr bis heute geblieben ist. Dabei liegen zwei schmalere Schubladen über drei Schubladen von voller Breite. Dieser Typus der Schubladenkommode übertraf allmählich den *Tallboy* an Beliebtheit. Daneben wurden Exemplare mit unterschiedlich vielen Schubladenreihen hergestellt, wobei man alle Beinarten verwendete, die bei Tischen und Stühlen in Gebrauch waren.

Schubladenkommoden gehörten oft, wenn auch nicht immer, zum Schlafzimmermobiliar, wobei kleinere Exemplare zusätzlich die Funktion des Toilettentisches hatten.

Der **Toilettentisch**, auch **Lowboy** genannt, war gewöhnlich ein kleiner Tisch, der extra zu diesem Zweck konzipiert wurde und oftmals hohe Cabriole-Beine hatte. Er war so groß, daß eine Person bequem daran sitzen konnte, und bot Platz für Spiegel und andere Schminkutensilien. Meist hatte er drei kleine Schubladen, eine flache in der Mitte und jeweils eine tiefere an den Seiten. Diese Anordnung ermöglichte ein be-

Tallboy aus Fichtenholz mit Walnußfurnier, um 1720, mit Ergänzungen aus dem späten 18. Jh. Einlegearbeiten in Fischgrätmuster und Crossbanding an den Schubladenfronten. An den abgeschrägten Ecken des Oberteils befanden sich gekehlte Pilaster. Das Stück müßte eigentlich Cabriole-Beine haben, wahrscheinlich zwischen 1770 und 1780 durch gerade Beine ersetzt. Die schwanenhalsförmigen Griffe stammen gleichfalls aus dieser Zeit (ursprünglich birnenförmige Hängegriffe). Typisch für einen Tallboy des frühen 18. Jh. sind die drei kleinen oberen Schubladen. Sie werden durch hölzerne Laschen am Boden der Schubladen verschlossen, was teure Eisenschlösser erspart. 170 x 99 x 50 cm

quemes Sitzen nahe am Tischrand, so daß Puder und andere Dinge nicht auf den teuren importierten Teppich verschüttet werden konnten.

Gerahmte Toilettenspiegel auf Ständern, die klein genug waren, um auf den kleinen Toilettentischen zu stehen, kamen in den späten 70er Jahren auf. Die teureren Exemplare hatten eine große Basis, in der sich mehrere kleine Schubladen zur Aufbewahrung von Kosmetik und Schmuck befanden. Diese Neuerung erfreute sich sofort großer Beliebtheit. Sie blieb, abgesehen von oberflächlichen Veränderungen, in den nächsten 200 Jahren in Mode und wurde nur durch die Frisierkommode mit integriertem Spiegel und Schubladen im späten 19. Jahrhundert übertroffen.

Schreibmöbel

Die Entwicklung des Sekretärs und des Schreibtisches in der späten Restaurations- und Stuart-Zeit zeigt einen der spektakulärsten Fortschritte eines Möbels für den Hausgebrauch. Unter der Regierungszeit Charles II. erfuhr die frühere *Bible box* auf Beinen eine beträchtliche Weiterentwicklung und Verfeinerung, und im letzten Viertel des 17. Jahrhunderts entstanden dann Schreibmöbel in vielen Variationen, von kleinen Schlafzimmerstücken bis zu großen imposanten Tischkombinationen, Schubladenkommoden und Aufsatzvitrinen.

Die zunehmende Verbesserung der Verbindungen auf dem Land- und Wasserweg sowie die Ausbildung eines relativ effektiven Postsystems ließen ein stärkeres Verlangen nach schriftlicher Kommunikation aufkommen. Die Mode

Mahagonisekretär auf Konsolfüßen, ca. 1780 - 1810. Schubladenfronten mit Furnier aus hochwertigem und schön gemasertem Mahagoni. Innenausstattung aus Fächern und kleinen Schubladen mit einem zentralen Schränkchen, von Pilastern gerahmt, hinter denen zwei Geheimfächer liegen. Ledereinlage und Füße sind spätere Ergänzungen (Unterschied in Farbe und Art des Holzes!). Einlegearbeiten aus Buchsbaum und Satinholz sind wohl eine Ergänzung der Edwardian Period. 109 x 103 x 57 cm

des Briefeschreibens zog wiederum den verstärkten Wunsch nach Schreibmöbeln nach sich. Hierbei bevorzugte man den dekorativen Typus, den man stolz in den Repräsentationsräumen aufstellen konnte, um so das Bildungsniveau und den sozialen Status des Besitzers deutlich zu machen.

Handwerker und Designer nutzten die Möglichkeit, ihre Begabung und ihren Einfallsreichtum zu zeigen, und stellten Stücke her, die komplizierte Kunsttischlerei erforderten, wie man an der Vielzahl von kleinen Schubladen und Fächern sehen kann. Sorgfältig ersonnene Geheimfächer fanden sich bei Exemplaren fast aller Größen, bei denen von höchster Qualität und auch bei einfachen ländlichen Möbeln. Abschließend rundete man das Stück auf höchstem Niveau mit kostbaren und exotischen Materialien ab.

Schreibkabinette, die *Escritoires* genannt wurden, bestanden aus einer großen Rahmenkonstruktion, die zahlreiche Schubladen und Fächer enthielt. Der obere Teil, der von einem profilierten Giebel überragt wurde, ruhte auf vier oder manchmal sechs Beinen im typischen Zeitstil. Eine große, klappbare Pultplatte bedeckte im geschlossenen Zustand die oberen Kompartimente und diente offen als Schreibfläche. Die Vorderseite der Schreibtischplatte war meist auf schönste und kostbarste Weise mit Marketerie und sorgfältig ausgesuchtem Furnier verziert.

Die hohe Schreibplatte des *Escritoire* bietet zwar viel Platz zum Schreiben, ist aber ungünstig, weil sie in geöffnetem Zustand zu weit in den Raum reicht und zum Schließen alles von der Platte genommen werden muß, da sie auf einer Ebene mit den dahinterliegenden Fächern schließt. So waren nach Beginn der Arbeit am Tisch keine Unterbrechungen möglich.

Es entstand also der Wunsch nach einem geeigneteren Schreibmöbel, was zur Entstehung des (*Bureau*) **Klappsekretärs** führte, einer Kombination aus Schreibkasten mit schrägem Klappdeckel und einem Unterteil mit Schubladen. Diese Form ist bis heute gebräuchlich.

Dabei erhebt sich ein Schreibkasten von gemäßigter Höhe über einem Satz von Schubladen, wobei die Klappenscharniere von oben nach unten versetzt und die Schubladen und Fächer in der Rückwand hinter der Klappe angeordnet wurden. Die geöffnete Klappe und der Platz dahinter bieten genügend Arbeitsraum. Sollte man in der Arbeit unterbro-

Bureau bookcase in Lackarbeit, um 1710. Chinoiserien und andere Motive in Gold auf rotem Grund. Knotenfüße, durchbrochener Giebel und vergoldete, urnenförmige Abschlüsse. Oberteil mit zentralem Schrank, von imitierten Marmorsäulen, Fächern und Schubladen gerahmt, durch zwei Türen verschließbar, Unterteil ähnlich ausgestattet, mit zwei kleinen und zwei großen Schubladen. 227,5 x 113 x 59 cm

chen werden, können die Schreibutensilien schnell auf der Fläche vor den Schubladen verstaut werden, und die geschlossene Klappe ermöglicht ein aufgeräumtes und ordentliches Aussehen. Die Arbeit konnte durch einfaches Öffnen der Klappe aber auch schnell wieder aufgenommen werden. Ein weiterer Vorteil dieses Möbels war, daß man im Sitzen über das Möbelstück blicken konnte, was beim *Escritoire* nicht möglich war.

Obwohl der Sekretär eine vollständige Einheit bildete, wurde er manchmal zur Aufnahme von Büchern erweitert. Dazu wurde ein zweites Stockwerk aufgesetzt, das einem Schrank ähnelte. Dieses Möbelstück in doppelter Höhe wird **Bureau bookcase** (Aufsatzsekretär) oder *Bureau cabinet* genannt.

Die Türen des oberen Schrankes bestanden manchmal aus Holzpaneelen, oft wurden aber an Stelle von Paneelen Spiegel eingesetzt, die den Vorteil hatten, daß sie das Kerzenlicht widerspiegelten und verstärkten. Eine weitere Variante waren verglaste Türen, so daß dieser Aufsatz sowohl als Bücherschrank wie auch als Vitrine genutzt werden konnte. Diese Variante setzte sich im Laufe der Zeit durch.

Große *Bureau bookcases* gehören zu den prachtvollsten Stücken, die in der Nußbaumperiode angefertigt wurden. Sie zeichnen sich durch hohe handwerkliche Qualität, gelungene Proportionierung und geschmackvollen Dekor aus. Die traditionell gerade profilierten Gesimse verloren nicht an Bedeutung, aber auch elegant geschweifte Giebel in Form von zwei oder drei Bögen, die der Architektur entliehen wurden, waren für dieses Möbelstück charakteristisch.

Betten

Die puritanische Schlichtheit endete abrupt mit der Rückkehr Charles II. aus dem Exil. Die üppigen, schweren Vorhänge und Decken kehrten zurück. Vergoldungen und geschnitzte Ornamente waren wiederum sehr beliebt.

Betten waren wieder repräsentative Möbelstücke, die Reichtum und Position ihrer Besitzer spiegelten. Es war üblich, daß Frauen ihre Besucher im Bett liegend empfingen, vor allem vor und nach der Geburt oder während Trauerzei-

Vierpfostenbett, um 1700. Das Holzgestell ist nicht mehr sichtbar, statt dessen ist das ganze Bett mit teuren und arbeitsaufwendigen Stickereien verkleidet.

71

ten. So ist in einem historischen Bericht aus dem Jahre 1668 das Bett beschrieben, in dem die *Countess of Salisbury* nach der Geburt einer Tochter ihre Besucher empfing. Es war verkleidet mit weißem Satin und eingehüllt von weißen Seidenvorhängen, die mit Silberfäden bestickt und mit einem Blumenmuster aus Tausenden kleiner Perlen verziert waren. Die Pfosten waren mit Büscheln weißer Straußenfedern bekrönt.

Diese üppig verkleideten und dekorierten Betten hatten jedoch einen Nachteil: Sie waren eine Brutstätte für Läuse, Flöhe und Wanzen. Häufig vergessen wir, daß unsere Vorfahren, die auf den Porträts so elegant und vornehm wirken, kaum Hygiene kannten und in schmutzigen Häusern mit Mäusen, Ratten und Ungeziefer lebten.

Die unteren Schichten schliefen weiterhin auf Binsenmatratzen auf dem Boden, auf Truhen oder auf niedrigen Gestellen.

Zusammenfassung

Am Ende des 17. Jahrhunderts war der englische Geschmack hinsichtlich der Inneneinrichtung weit entwickelt. Es war eine Vielzahl unterschiedlicher Möbeltypen erhältlich, und vor allem bewirkte der steigende Wohlstand der Mittelklasse, daß die neuen Strömungen und die Dienste der Kunsttischler nicht mehr einer privilegierten Minderheit vorbehalten waren.

Die wenigen Kunsttischler, die es vor der Wende zum 18. Jahrhundert gab, hatten fast ausschließlich für den Hof und eine winzige Minderheit von Wohlhabenden gearbeitet. Mit dem 18. Jahrhundert beginnt nun das Zeitalter der Kunsttischler.

Die deutliche Verfeinerung der Architektur schlug sich in vielen kleineren Häusern nieder, die im Hinblick auf einen eleganten Lebensstil und vornehmes Aussehen konzipiert wurden, was sich auch in der Gestaltung der Innenräume spiegelte. Der zunehmende Wohlstand des Landes, der stark durch die Kolonien gefördert wurde, verbesserte auch die Möglichkeiten gewöhnlicher Leute. Ihrem Verlangen nach Komfort und Luxus kam die Tatsache entgegen, daß sowohl heimische wie auch importierte Möbel für den Haushalt leicht erhältlich waren.

Die Schreiner aus dem ländlichen Raum stellten auch weiterhin ihren hybriden Stil her, bei dem qualitätvollere Züge des älteren Formenschatzes mit freien Adaptionen von neueren Stilen kombiniert wurden. Obwohl deren Form und Material im Vergleich zu Stücken aus London weniger verfeinert waren, zeigen erhaltene Exemplare aus dem ländlichen Raum den hohen Standard des Handwerks, wie er zu dieser Zeit in England anzutreffen war.

Auch wenn die Möbelherstellung in der Nußbaumperiode sehr fruchtbar war, erwiesen sich die Nußbaummöbel im Vergleich zu den älteren Eichenmöbeln oder den späteren Mahagonimöbeln als weniger haltbar. Die beiden Hauptprobleme des Holzes sind, daß es zum einen sehr leicht fault und zum anderen sehr anfällig für den Holzwurm ist. Deshalb ist ein großer Teil des Mobiliars, das von etwa 1660 bis 1730 angefertigt wurde, heute nicht mehr erhalten. Nußbaummöbel aus dieser Zeit sind generell recht selten.

Gegen Ende der Nußbaumperiode hatten die englischen Kunsttischler sich nicht nur die fortschrittlichsten Techniken aus Europa angeeignet, sondern sie auch in eine nationale Form umgesetzt, die sich im folgenden »Goldenen Zeitalter« der englischen Möbel im 18. Jahrhundert noch weiterentwickeln sollte.

Außerdem wurden ab ca. 1700 englische Möbel in beträchtlichen Mengen in ganz Europa, in das Türkische Reich, nach Nordamerika und nach Westindien exportiert. Diese Exporte waren grundsätzlich von einfachem und nutzorientiertem Charakter, wurden aber offensichtlich wegen ihrer handwerklichen Qualität und der Abstimmung auf ein Mittelklasse-Haus im Ausland sehr geschätzt.

THE AGE OF MAHOGANY –
DIE MAHAGONIPERIODE
1. GEORGIAN PERIOD
ca. 1720 -1820

Die Georgian Period wird zu Recht als das »Goldene Zeitalter« der englischen Möbel bezeichnet. Das Geheimnis ihres Erfolges kann nicht nur einfach den hervorragenden handwerklichen Fähigkeiten, den wohlhabenden Auftraggebern und den ausgezeichneten Materialien zugeschrieben werden, da sich all diese Merkmale auch zu anderen Zeiten finden, beispielsweise in der Victorian Period. Es liegt wohl eher in einer einzigartigen Kombination dieser Faktoren.

Zu einer Zeit, in der die Klassik wiederauflebte, wurde der Geschmack von einer kultivierten Oberschicht bestimmt, deren Erziehung sich auf das Studium der Klassiker gründete und zugleich eine ganz praktische Seite hatte, die durch ausgedehnte Reisen (*Grand Tours*) durch Europa zu den Sehenswürdigkeiten der klassischen Antike und der Renaissance erfüllt wurde. Diese Umstände ermöglichten ein grundlegendes Basiswissen über Architektur, Malerei, Skulptur und Innenausstattung.

Die Tischler führten im 18. Jahrhundert nicht einfach die Entwürfe aus, die ihnen von Auftraggebern oder Architekten gegeben wurden, sondern waren darin ausgebildet, Möbel unabhängig zu entwerfen und herzustellen. Dabei wurde eine Übereinstimmung mit dem Stil des Hauses angestrebt, für das sie produziert wurden. Es war viel Raum für Talent, für das Experiment, und auch neue Stile wurden begierig aufgenommen. Einige, wie Barock und Klassizismus, waren Variationen des klassischen Themas, während andere, wie Rokoko, Gotik und der chinesische Stil, im Gegensatz dazu standen.

Der aufkommende nationale Wohlstand erlaubte es den reicheren Klassen, ihrem Geschmack zu frönen. Die Georgian Period war eine Zeit, in der man sein Glück machen und die soziale Position sich dramatisch verändern konnte. Die Handwerker profitierten oft davon, wie in dem Fall von William Hallett, der 1707 geboren wurde und sein Leben als einfacher Möbelschreiner begann. Er war so erfolgreich, daß er in seinen frühen Vierzigern die Ruinen des Herrschaftssitzes

Canon in Middlessex von Herzog Chandos erwarb und diesen in großem Stil wieder aufbaute. Er selbst ließ sich als Gentleman mit einem Landsitz nieder und ermöglichte seinen Kindern so eine gute Heirat und seinen Enkelkindern das Leben des Landkleinadels. Sein Enkel William und dessen Frau sind auf Thomas Gainsboroughs berühmtem Gemälde »Der Morgenspaziergang« (1786) porträtiert.

Ein guter Teil des Wohlstandes gründete sich im 18. Jahrhundert auf den Verkauf enormer Mengen von Möbeln und Einrichtungsgegenständen in die Kolonien, nach Nordamerika, Indien, Westindien und genauso auf den europäischen Markt von den Niederlanden bis nach Rußland.

England befand sich zwar während eines Großteils des 18. Jahrhunderts im Krieg, doch spielten sich die Schlachten meist außerhalb des Landes ab. Die letzte erfolgreiche Invasion hatte sich 1066 ereignet, und der letzte Krieg auf englischem Boden war der Bürgerkrieg in den 40er Jahren des 17. Jahrhunderts gewesen.

Abgesehen von einigen internen Machtkämpfen war es eine Zeit des Friedens und des Überflusses, was der Entwicklung von Häusern und Möbeln zugute kam. Hinzu kam eine Situation am Hof, die sich positiv auf die Möbelindustrie in den Provinzen auswirkte. England wurde nämlich ab 1714 von einem Deutschen regiert, von George I., der weder Englisch sprach noch sonderlich an England interessiert war. Als Kurfürst von Hannover war es für ihn zu Hause viel bequemer, und er verbrachte so wenig Zeit wie möglich in England, dessen Thron er widerstrebend geerbt hatte. Wenn er in England war, verlangte er, daß man am Hof Deutsch sprach – eine Sprache, die von der großen Mehrheit der Hofmitglieder und der Aristokratie nicht beherrscht wurde. Auf König George folgte 1727 sein Sohn George II., der wenig Englisch sprach und genausowenig an dem Land interessiert schien wie sein Vater. Das führte dazu, daß am Hof kaum Leben war und sich dort nichts abspielte. So ließen sich die reichen, mächtigen und aristokratischen Führer der englischen Gesellschaft auf ihren Landsitzen nieder und konzentrierten ihre Kräfte auf den Aufbau ihres Lebenszentrums auf dem Lande.

Dies stand in krassem Gegensatz zur Situation in Frankreich. Dort hatte Ludwig XIV. eine streng zentralistische Regierung aufgebaut, die ihren Sitz in Versailles hatte, wo er die gesellschaftlichen Führer um sich sammelte, die dort dauerhaft leben mußten und so nicht in der Lage waren, ihren eigenen Landsitz zu betreuen und auszubauen. Die Engländer verbrachten dagegen die meiste Zeit auf ihren Landsitzen und genossen es, am Leben des Ortes teilzuhaben. Sie brachten auch neue Ideen aufs Land mit. Sie beschäftigten die ansässigen Handwerker, und ihr modischer Geschmack hatte auf die lokale Arbeit eine stimulierende Wirkung.

Der Übergang zu Mahagoni

Obwohl sich ein Stil kontinuierlich und nicht plötzlich ändert und George I. seine Regierungszeit bereits 1714 begann, wird 1720 als Beginn der Georgian Period angesetzt. Zu diesem Zeitpunkt setzte sich nämlich Mahagoni als bevorzugtes Holz in der Möbelherstellung durch.

Das genaue Datum, das das Aufkommen von Mahagoni als Modeholz der Georgian Period kennzeichnet, läßt sich nicht festmachen. Natürlich verschwand das Nußholz nicht auf einmal in den 20er Jahren, aber man kann sicher sagen, daß es spätestens 1735 selbst in den Provinzen nur noch sehr begrenzt verwendet wurde. Möbelhersteller wie Konsumenten waren im 18. Jahrhundert für einen Stilwechsel bereit.

Die Handwerker schätzten am Mahagoniholz die großen Ausmaße, den Reichtum der Farben, die großartige Härte, die enge Maserung und die Leichtigkeit, mit der man es verarbeiten und schnitzen konnte. Außerdem war es weniger anfällig gegen den Holzwurm und faulte nicht so schnell.

Es kommen jedoch noch andere Faktoren hinzu. Ab dem Jahre 1709 kam es bei Nußholz zu einem Engpaß, weil ein besonders kalter Winter die meisten Walnußbäume in Europa zerstört hatte. Die Franzosen gingen sogar so weit, den Export im Jahre 1720 zu verbieten. Die Engländer verstärkten den Import des Nußholzes aus ihren Kolonien in Nordamerika, begannen aber gleichzeitig große Mengen von Mahagoni zu importieren, so daß den Kunsttischlern eine Auswahl an Holzarten zur Verfügung stand.

Durch die Notwendigkeit des Imports aus fernen Ländern war das Nußholz fast genauso teuer geworden wie Mahagoni. Letzteres hatte jedoch den Vorteil, daß es leichter zu bearbeiten, fester, reichlich vorhanden und in größeren Bohlen erhältlich war als das Nußholz. Diese Tatsache sollte Einfluß auf die Breite der Tischplatten, der Schranktüren und Bücherregale haben und trug zu der breiten, großzügigen Proportionierung der Stücke aus der Mitte des 18. Jahrhunderts bei.

Der Gebrauch von Mahagoni ist ein gutes Beispiel dafür, welche Auswirkungen das Material auf die Gestaltung haben kann. Es ist dokumentiert, daß dieses Holz schon 1699 importiert wurde, und es wurde tatsächlich seit den 70er Jahren eingeführt, aber nur wie andere exotische Hölzer für Intarsien und Furnier bei kleinen Stücken genutzt. Außerdem hatte es einen sehr hohen Importzoll und war deshalb sehr teuer, obwohl es aus den Wäldern der britischen Kolonie Jamaika stammte. Diese Situation änderte sich 1721, als die Regierung das jamaikanische Mahagoni vom Zoll ausnahm, so daß der freie Import möglich wurde.

Innerhalb weniger Jahre wurde Mahagoni zum begehrtesten Holz für die Kunsttischlerei, obwohl es auch weiterhin viele Leute gab, die Nußholz wegen seiner schönen Maserung und seiner dekorativen Möglichkeiten verlangten. Erst als das »Spanische Mahagoni« mit seiner großen Vielfalt an Maserungsbildern wie Federn, Schildpatt und *plum pudding* in größeren Mengen importiert wurde, hatten die Kunsttischler wieder eine Holzart mit schöner Maserung, die für das Furnieren größerer Flächen geeignet war.

Von den vielen Mahagoniarten, die in den frühen Jahren der Georgian Period verwendet wurden, war das jamaikanische am weitesten verbreitet. Der Grund dafür war wohl, daß es am billigsten war. Da die Maserung dieser Sorte aber uninteressant war, wurde es häufig für den Korpus verwendet. Während Nußmöbel immer Furnier hatten (außer an Stellen, die solide sein mußten, wie den Beinen), wurde Mahagoni anfangs massiv eingesetzt, was zu Veränderungen bei Stil und Technik führte. Schnitzereien, für die dieses Holz bestens geeignet war, ersetzten das Furnier als Dekoration.

Der Importzoll auf kubanisches Mahagoni und andere Sorten, die nicht aus britischen Kolonien stammten, wurde schließlich 1732 gesenkt, wenn auch nicht ganz abgeschafft. »Spanisches« Mahagoni aus Kuba, Puerto Rico und Santo Domingo war, obwohl es teurer als die jamaikanische Art war, sehr beliebt, da es eine abwechslungsreichere Maserung besaß und man es leichter bearbeiten konnte. Eine andere Art, die ab 1770 in großen Mengen aus Honduras eingeführt wurde, hatte eine viel hellere Farbe und ein geringeres Gewicht. Diese Art wurde vor allem für die Korpuskonstruktion verwendet, die daraufhin mit Mahagoni aus Santo Domingo oder Kuba furniert wurde.

Während den Möbeln aus Nußholz abschließend starker Glanz verliehen wurde, um die Charakteristika des Holzes hervorzuheben, wurden Mahagonimöbel in der Georgian Period nach der Fertigstellung mit Leinöl eingerieben, das über längere Zeit in das Holz einziehen und trocknen sollte, bevor es mit einem Stück Kork und Ziegelmehl poliert wurde.

Das Jahrhundert der Kunsttischler

Mehr als jede andere Periode in der Möbelgeschichte kann das 18. Jahrhundert als Jahrhundert der Kunsttischler (*Cabinet maker*) und Designer bezeichnet werden. Die vorhergehenden Jahrhunderte hatten sicher auch Kunsttischler von hohem Standard hervorgebracht, wie beispielsweise den Architekten und Designer Inigo Jones. Deren Arbeit beschränkte sich jedoch auf Aufträge für den Hof und für die Wohlhabenden, wohingegen in der Georgian Period der Einfluß der Möbeldesigner das ganze Land, selbst die kleinstädtischen Stuhlmacher, einschloß.

Die Namen Adam, Chippendale, Hepplewhite und Sheraton stehen für Möbeldesign und Ausführung von höchstem Standard. Die Arbeiten dieser Männer sollten einen weitreichenden Einfluß auf Form und Dekor der Möbel des 18. Jahrhunderts haben.

Chippendale war zweifellos einer der bedeutendsten Kunsttischler im 18. Jahrhundert, aber es gab auch andere, die seinem Standard entsprachen, deren Namen und Werke jedoch anonym geblieben sind. Er war ein geschickter Geschäftsmann, und sein dauerhafter Ruhm gründete sich zu einem großen Teil auf die Tatsache, daß er 1754 den *Gentleman and Cabinet-Maker´s Director* verfaßte und publizierte, eine Art Katalog mit den Möbelentwürfen von ihm und seinen Angestellten. Damit hatte er praktisch als erster ein Musterbuch für diesen Handwerkszweig geschaffen. Sein legendärer Ruf gründet sich sehr stark auf diese Publikation und seine laufenden Neudrucke.

Die Bedeutung der vielen Musterbücher, die seit Mitte des 18. Jahrhunderts veröffentlicht wurden, kann nicht genug betont werden. Sie wurden in großen Mengen im ganzen Land verkauft und bewirkten so, daß neue Stilströmungen und Entwürfe schon bald nach ihrer Einführung auch ländlicheren und provinzielleren Handwerkern zugänglich wurden. Früher konnten Jahre vergehen, bis Stilströmungen, die in London entstanden waren, in entlegenere Gebiete kamen. Der Gutsherr, der im Herbst auf seinen Landsitz zurückkehrte, konnte 1754 Chippendales *Director* mitneh-

Armstuhl aus Maha-
goni von ländlicher
Herkunft, ca. 1770
bis 1790. Zeigt Chip-
pendales Einfluß in
dem durchbrochenen
Rückenbrett mit
gotischen Motiven
und den großzügig
geschwungenen
Armen, die in
Schnecken enden.
Eingelassener Sitz.
Um original aus dem
18. Jahrhundert zu
stammen, muß der
Stuhlsitz eine vordere
Breite von mindestens
51 cm haben – dieses
Exemplar ist 58 cm
breit.

men und dem örtlichen Kunsttischler vorlegen. So wurde der
Zeitabstand, der zwischen der Einführung einer neuen Stil-
strömung und der allgemeinen Verbreitung im ganzen Land
lag, weitgehend aufgehoben. Handwerker vom Lande konnten jetzt, innerhalb der Grenzen ihrer Fähigkeiten und Ausstattung, nach den Mustern der führenden Kunsttischler arbeiten. So haben sich viele Stücke erhalten, die heute als
ländlicher Hepplewhite, Chippendale oder Sheraton klassifiziert werden. Gewöhnlich waren sie sehr gute und solide
Möbelstücke, denen lediglich die hervorragende handwerk-

Armlehnstuhl aus Mahagoni von ländlicher Herkunft, ca. 1770 - 1800. Von Chippendale inspiriert, Rückenlehne in naivem Rokokostil geschnitzt. Das Herz ist ein typisch ländliches Motiv.

liche Begabung der Künstler aus London fehlte und die vielleicht in Proportionierung und Entwurf nicht völlig perfekt waren. Diese ländlichen Versionen waren gewöhnlich vereinfacht und teilweise aus heimischem Holz gefertigt, da sie für eine bedeutend weniger wohlhabende Klientel gefertigt wurden als in London.

Chippendale war von Yorkshire nach London gekommen, und George **Hepplewhite** war gleichfalls aus Nordengland. Obwohl auch er zweifellos ein exzellenter Kunsttischler war, war seine Werkstatt viel bescheidener als die Chippendales, und er genoß zu seinen Lebzeiten keinen Ruhm. Sein Ruf stammt aus der posthumen Veröffentlichung des bedeutenden *Cabinet-Maker and Upholsterer's Guide* durch seine Witwe Alice im Jahre 1788. Dieses umfassende Werk enthielt wunderbares Material, einschließlich einer Sammlung der verschiedenen zeitgenössischen Stile. Es hatte nicht den Anspruch, nur originale Schöpfungen von Hepplewhite selbst zu präsentieren, obwohl allgemein angenommen wird, daß viele seiner eigenen Entwürfe enthalten sind. Die Bedeutung dieses Führers liegt zum großen Teil darin, daß er viele Entwürfe bot, die auf die Bedürfnisse des sehr großen Marktes der Mittelklasse zugeschnitten waren oder zumindest adaptiert werden konnten. Dies erklärt die enorme Popularität des Hepplewhite-Stils vor allem unter Leuten von bescheidenem Einkommen, Stadtbewohner wie Landbevölkerung.

Der dauerhafte Ruhm von Thomas **Sheraton** gründet sich allein auf sein publiziertes Werk als Designer und Autor. Aufgrund seines Expertenwissens, seiner Lehre in einer Kunsttischlerei und seiner mehrjährigen Arbeit im Möbelgeschäft hatte er genug Erfahrung, um über die Möbelkunst zu schreiben, auch wenn er vermutlich nie eine eigene Werkstatt besaß. Er verdiente nicht viel Geld und scheint ein schlechter Geschäftsmann gewesen zu sein, der nach seinem Tod seine Frau und seine Kinder mittellos hinterließ. Sein Leben hat er wohl dem Zeichnen und dem Predigen gewidmet (er war Laienprediger). Außerdem schrieb er mehrere Bücher, die sich mit verschiedenen Aspekten der Möbelherstellung beschäftigen.

Das Erscheinen seines bekanntesten Werkes, des *Cabinet-Maker and Upholsterer's Drawing Book*, das ursprünglich in vier Teilen zwischen 1791 und 1794 publiziert wurde, begründete seine unangefochtene Stellung als einer der größten Möbeldesigner des Jahrhunderts. Das *Drawing Book* stellte zarte Konstruktionen, besonders elegante Linienführung und den häufigen Gebrauch von hellem, fröhlichem Satinholz vor und unterstützte damit Muster, die zwar nicht so erhaben waren wie bei manchem früheren Designer, aber sofort großen Anklang fanden. Der berühmte Sheraton-Stil war damit geschaffen. Er sollte sich mit verschiedenen Abwandlungen im Regency und in der viktorianischen Zeit fortsetzen und in einem Stil, der dem ursprünglichen teilweise sehr nahe kam, in der Edwardian Period eine neue Blüte erfahren.

Es ist wichtig, festzustellen, daß in der Georgian Period die verschiedenen Stilrichtungen häufig mit dem Namen ihrer Schöpfer oder zumindest bekannter Vertreter klassifiziert werden. Aus diesem Grund bedeutet die Bezeichnung Hepplewhite oder Chippendale nicht, daß das betreffende Stück in deren Werkstatt angefertigt wurde. Dies ist im Falle von Sheraton sogar ganz unmöglich, da er ja keine Möbel herstellte.

Wenn nicht alte Rechnungen, Lieferscheine und Verzeichnisse als Beweis der originalen Erwerbsquelle vorhanden sind, lassen sich Zuweisungen zu so großen Namen wie Chippendale fast nicht beweisen. Außerhalb der Sammlungen von Weltrang, wie Victoria and Albert Museum (London), Harewood House (London), Temple Newsam House (Leeds) oder der Sammlung Ihrer Majestät, der Königin Elisabeth II., lassen sich authentische Stücke der großen Meister nur selten finden. In den meisten Fällen kann, trotz höchster Qualität des Stücks und genauer Ausführung eines berühmten Entwurfs, jeder der besseren Kunsttischler in dieser Zeit für das Stück verantwortlich sein. Außer bei unstreitiger Authentizität wird das Mobiliar in allgemeineren Begriffen, wie »Schubladenkommode, Mahagoni, England um 1760, im Stil von Thomas Chippendale« klassifiziert.

Der Einfluß der Architekten

Zu Beginn und erneut am Ende des 18. Jahrhunderts lieferten zwei Architekten einen bedeutenden Beitrag zu der schon beträchtlichen Vielfalt der Innenausstattung. Sie waren der Überzeugung, daß das gesamte Mobiliar wie auch die Gestaltung des Inneren und des Äußeren eines Gebäudes in ihren Berufsbereich fielen.

Im frühen 18. Jahrhundert erfreuten sich die Werke William Kents kurzer Beliebtheit, wenn auch nur sehr reiche Leute ihn beschäftigen oder seine Entwürfe ausführen lassen konnten. Er beabsichtigte eine Harmonie mit dem wiederauflebenden Stil Palladios, so daß seine monumentalen Möbelstücke grundsätzlich auf die Innenräume sehr großer Häuser zugeschnitten waren. Obwohl seine Möbel aus historischem Blickwinkel interessant sind, hatten sie keinen großen Einfluß auf das gewöhnliche Mobiliar der Zeit. Sie bewirkten jedoch einen radikalen Wechsel in der Kunsttheorie und beeinflußten so spätere Stile in großem Maß. Interessanterweise stand Kents reich verziertes und massiv vergoldetes Mahagonimobiliar im Barockstil in völligem Gegensatz zu den einfachen Linien der klar konzipierten und harmonischen Architektur Palladios.

Die Neubelebung des klassischen Griechenlands seit den frühen 60er Jahren des 18. Jahrhunderts wurde stark vom Werk Robert Adams inspiriert. Er war Architekt, Innenarchitekt und Möbeldesigner. Seine akribische Aufmerksamkeit für das Detail verlieh seinen Innenräumen Modellcharakter hinsichtlich des akademischen Geschmacks. Seine schön entworfenen Möbel hatten untadelige Proportionen und waren trotz einiger Merkmale des Zeitstils durch die Einbeziehung der klassischen Ornamentik sehr individuell und von einem eigenen Stil.

Adam arbeitete mit seinen Brüdern zusammen. Die Mitglieder der Familie erwiesen sich nicht nur als ausgezeichnete Planer, Designer und Dekorateure, sondern auch als hervorragende Publizisten und Autoren. Dadurch wurde ihr Stil sehr schnell bekannt und beeinflußte Steinmetze, Tischler, Kunsttischler und andere Handwerker überall im Land.

Sitzmöbel

Stühle

In der Georgian Period wurde die Stuhlgestaltung nicht besonders abgewandelt. Das liegt teilweise daran, daß der Einsatz von Mahagoni keine Veränderungen bei der Stuhlkonstruktion erforderte. Wie bereits ausgeführt, verwendete man Mahagoni in der frühen Georgian Period massiv, Nußholz hauptsächlich als Furnier. Das gilt für die meisten Möbelstücke mit Ausnahme der Stühle, die aufgrund ihrer Gestalt und Funktion, abgesehen von kleinen Flächen an Sitz und Rücken, immer massiv konstruiert sein mußten. Die Formen, die in der späten Nußbaumperiode unter Queen Anne bestanden, blieben

Eindrucksvoller Armstuhl aus Nußholz, ca. 1740 - 1760. Mittelbrett mit Schnitzereien aus Akanthusblättern, bogenförmig durchbrochen. Die Lehnenpfosten sind profiliert, die Armlehnen enden in Adlerköpfen. Die Cabriole-Beine tragen am Knie Schnitzereien aus Blatt- und Muschelmotiven und enden in Ball- und Klauenfüßen. Die hinteren Beine haben Kissenfüße (typisch für bessere Qualität im mittleren 18. Jh.). Sitz mit Tapisseriebezug aufgepolstert (vermutlich original).

also einige Jahre unverändert. Obwohl man sich in verschiedenen neuen Stilrichtungen versuchte, waren diese vorübergehend und in ihrer Bemühung um Originalität eher zufällig als die Manifestation eines Trends.

Der typische Stuhl frühgeorgianischer Zeit hatte eine geschweifte Rückenlehne, einen geschweiften Sitz, geschweifte Cabriole-Beine vorne und geschweifte Beine hinten. Bei einem Armlehnstuhl kamen geschweifte Armstützen, ähnlich einem »Queen-Anne-Stuhl« der späten Nußbaumperiode, hinzu. Diese Stühle besaßen keine Stege und waren mit Schnitzwerk verziert. Die Füße waren in Form von Pferdehufen, Löwentatzen, Vogelklauen und vornehmlich als Ball- und Klauenfuß geschnitzt. Die Knie waren mit Blättern, Cabochons, Muscheln oder Masken beschnitzt, und die Arme endeten häufig in geschnitzten Adlerköpfen. Die Stühle besaßen seit etwa 1710 entweder eingelassene Aufpolsterung (*Drop-in*) oder komplett aufgepolsterte Sitze (*Stuffed-over*).

In größeren Häusern machte sich der schwere architektonische Stil eines William Kent in standfesten Stühlen mit reichem Schnitzwerk bemerkbar. Diese Ableitungen des Stils von Kent hatten sehr breite Sitze sowie untersetzte, dicke Cabriole-Beine – im Gegensatz zu den eleganten unter Queen Anne –, die oft in geschnitzten und behaarten Tatzen endeten, die Bärentatzen genannt wurden. Die Schultern waren gerundet und fielen in einer starken Kurve gegen das Zentrum der Rückenlehne ab.

Eine Veränderung infolge des Einsatzes von Mahagoni manifestierte sich darin, daß der Rücken oft durchbrochen war, ein Rippen- oder Bandmuster ausbildete und nach oben hin auswärts gebogen war.

Ländliche Stuhltypen

In manchen Teilen des Landes erfreute sich selbst bei den Adligen der rustikale **Windsor-Stuhl** allmählich wachsender Beliebtheit. Dieser Stuhltypus hat seine Ursprünge wohl in Buckinghamshire. Ab etwa 1700 wurde er in weiten Teilen des Landes hergestellt, wenn auch mit vielen lokalen Variationen, so daß der jeweilige Herstellungsort anhand der spezifischen Merkmale ablesbar ist.

*Links: Windsor-Arm-
stuhl mit gebogenen
Stegen (»cow´s horn«
oder »crinoline«),
ca. 1820 - 1830.
Rechts: »Farmhouse«
Windsor-Schaukel-
stuhl, ca. 1860 -
1870.*

*Stuhl mit Leiterlehne
aus einem Satz von
sechs Stühlen, von
Hepplewhite gepräg-
ter Stil, ca. 1800 bis
1830. Honduras-
Mahagoni, mit reich
gemasertem spani-
schen Mahagoni
furniert, eingelas-
sener Sitz.*

Alle Varianten besaßen einen geschweiften, massiven Holzsitz. Zwar wurde jedes passende Holz verwendet, doch es dominierten Buche, Ulme und Eibe. Eichenholz und manchmal Mahagoni wurden ebenfalls eingesetzt. Eine anfangs unübliche Ausbildung, die bügelförmige Rückenlehne, kam gegen 1750 vor allem bei kleineren Stühlen auf. Das durchbrochene Mittelbrett wurde bei späteren Rückenlehnen ein Motiv, das in vereinfachter Form von anspruchsvolleren Möbeln kopiert wurde.

Ein anderer ländlicher Stuhltypus, der **Ladderback** (»Leiterrücken«), wurde in der ersten Hälfte des 18. Jahrhunderts vor allem in Nordengland gebräuchlich. Der *Ladderback* wurde aus regionalen Hölzern gefertigt. Bei ihm handelt es sich wohl um den einzigen Stuhl, der entgegen der allgemein vorherrschenden Richtung der Beeinflussung – von der Stadt zum Land – geht. In der zweiten Hälfte des 18. Jahrhunderts wurde er in London von kultivierten Möbeldesignern aufgegriffen, die eine eigene Variante dieses wichtigen ländlichen Stuhles herstellten.

Chippendale-Stuhl

Ab etwa 1740 kam das überladene Ornament in Barockmanier aus der Mode, wenn auch Chippendale eine zurückhaltendere Version dieses Stils in vielen seiner Produktionen aufrechterhielt.

Wegen seines aufmerksamen Sinns für sich wandelnde Moden zeigen seine Entwürfe Merkmale, die die kleinsten Veränderungen im Geschmack und die Annäherung an neue Stile widerspiegeln. Er schuf keinen bestimmten Stil, dem er dann treu blieb, sondern entwickelte seinen Stil kontinuierlich weiter und veränderte ihn, um den neuen Trends zu entsprechen. Seine Entwürfe waren nie übertrieben oder exzentrisch, sondern zeigten immer den Stil in zurückgenommener Form.

Seine Ausformung der Cabriole-Beine wurde durch die Franzosen beeinflußt, da sie geschweifter waren als die aus früheren Jahren. Er verbesserte die Linie der Cabriole und integrierte elegant dekoratives Schnitzwerk. Seine aufgepolsterten Stühle hatten generell bescheidene Dimensionen und waren von quadratischer und untersetzter Erscheinung.

Der typische Chippendale-Stuhl war aus Mahagoni, und zwei seiner wichtigsten Charakteristika waren das durchbrochene Mittelbrett mit feinen Schnitzereien und die geschweiften Schulterbretter, die meist in auswärts gedrehten Schnecken endeten.

Die Stühle Chippendales hatten im Vergleich zu früher niedrigere Rückenlehnen. Die Seitenstützen waren meist

Verschiedene Entwürfe für Stuhllehnen von Thomas Chippendale sen. Aus: The Gentleman and Cabinet-Maker's Director, 3. Auflage 1763.

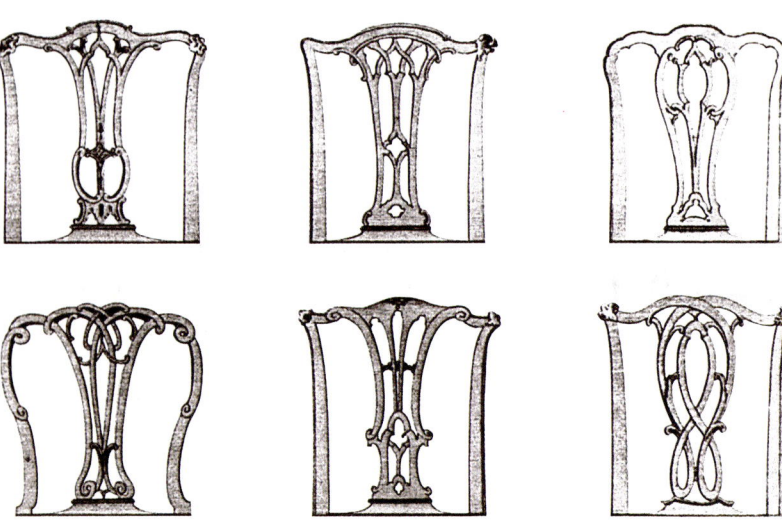

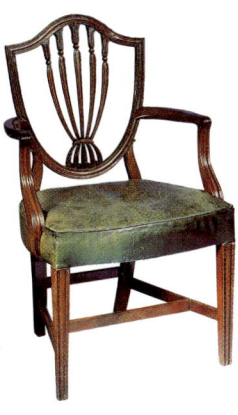

flach oder profiliert ohne Schnitzereien. Die Sitze waren flach und gerade und hatten bei geraden Beinen quadratische und bei Cabriole-Beinen abgerundete Ecken. Die Aufpolsterung wurde entweder eingelassen oder oben mit Messingnägeln befestigt. Die Arme, deren Stützen etwa nach zwei Dritteln der Sitzlänge auflagen, wurden möglichst bequem ausgebildet. Die hinteren Stuhlbeine schwangen weit nach hinten aus. Bei Stühlen mit geraden Beinen wurden diese durch h-förmige Stege verbunden, wobei zwischen den hinteren Beinen etwas höher ein weiterer Steg verlief.

Das wichtigste Element für den Dekor war, wie schon erwähnt, das Mittelbrett. Dieses war mit Rokokomotiven, Bändern, gotischen Bögen, Maßwerk, Kleeblatt und vielen anderen sich durchkreuzenden Mustern beschnitzt oder durchbrochen.

Bei seinen Stühlen in chinesischer Manier war das Mittelbrett mit chinesischer Gitterornamentik ausgefüllt, und die abschließende Querstange der Rückenlehne hatte eine pagodenartige Form. Auch die sonst offene Fläche unter den Armlehnen wurde häufig mit chinesischer Ornamentik gefüllt. Wegen ihrer Zerbrechlichkeit sind allerdings nicht viele Stühle dieser Art erhalten. Stühle im chinesischen Stil Chippendales waren nicht sehr solide. Wegen ihrer zart durchbrochenen Rücken empfahlen die Möbeldesigner, sie nur in Ankleidezimmern oder Schlafzimmern aufzustellen und nicht in Eßzimmern.

Oben:
Armlehnstuhl aus
schwerem Mahagoni
im Hepplewhite-Stil,
ca. 1790 - 1800.
Die Rückenlehne
wurde direkt von
einem Entwurf aus
Hepplewhites Guide
übernommen (unten).
Die profilierten
Beine haben eine
Form, die im späten
18. Jh. häufig
gebräuchlich war.

Adam-Stuhl

Die Einführung eines etwas leichteren Stils durch Robert Adam, der die Ideen des klassischen Griechenlands mit den französischen kombinierte, hatte nachhaltigen Einfluß auf das Stuhldesign dieser Zeit. Obwohl die hohen Kosten eines Möbelstücks nach den Entwürfen Adams seine Verbreitung auf reiche Haushalte beschränkten, sickerte der Einfluß dieses äußerst eleganten Stils zu den meisten besseren Werkstätten durch.

Hepplewhite-Stuhl

Die Kombination von Grazie und praktischem Gebrauchswert, die sich in typischen Stühlen der Georgian Period zeigt, ist am besten in den Entwürfen von George Hepplewhite repräsentiert. Die originellen Entwürfe dieses Kunsttischlers werden bis in unsere Zeit reproduziert.

Das typische Merkmal eines Hepplewhite-Stuhles manifestiert sich in der Form der Rückenlehne. Diese kann oval, bogenförmig, herzförmig oder schildartig sein. Die Beine und der Rahmen der Rückenlehne sind grundsätzlich profiliert. Die Mittelbretter sind zart gestaltet, und die Betonung liegt, außer natürlich bei der leiterartigen Lehne, auf der Vertikalen. (Die Lehnen der Chippendale-Stühle setzten sich dagegen aus Rundungen und Schnörkeln zusammen.)

Beliebte Hepplewhite-Motive waren die Weizenähre, klassizistische Urnen, Draperien, Girlanden, Anthemion und Lyren. Angeblich hat Hepplewhite auch die Federn des Prince of Wales als dekoratives Motiv eingeführt. Die leicht konkave Rückenlehne, die dem Rücken des Sitzenden stärker angepaßt war, ist ein Zeichen für die Qualität und Authentizität. Die Sitze hatten oft eine geschweifte Front und sind seit etwa 1780 häufig konkav. Sie besitzen eingelassene oder ganze Polsterung (die letztere wurde wie bei Chippendale mit Messingnägeln befestigt) auf den Sitzen. Nur bemalte oder lackierte Stühle hatten Sitze aus Rohrgeflecht und ein Kissen. Die Veränderungen in der Kleidermode ließen engere Sitze als bei Chippendale zu. Die Arme gingen meist fließend in die Stützen über, die fast am Ende des Sitzes begannen. Die kurzen und kräftigen Beine waren schmucklos, profiliert oder gerillt, mit Stegen oder ohne.

Sheraton-Stuhl

Die Stühle, die im *Drawing Book* (1793) von Thomas Sheraton abgebildet sind, zeigen einen radikalen Wandel im Vergleich zu früheren Produktionen aus der Georgian Period. Die einzelnen Teile sind bis zur Zartheit verfeinert. Die Entwürfe sind leichter als bei Hepplewhite und lassen Chippendales Stühle im Vergleich schwer erscheinen. Die Schnitzerei kam aus der Mode, und an ihre Stelle traten Einlegearbeiten, die meist in feinen, geraden Linien verlie

Hepplewhite-Armlehnstuhl aus Mahagoni, um 1780. Dreifach durchbrochener Rücken, quadratische, spitz zulaufende und geriefelte Beine. Sitzbreite: 56 cm

fen. Die verschiedenen Ausformungen der Cabriole-Beine verschwanden ganz und wurden durch Beine mit quadratischem Querschnitt ersetzt, die sich nach unten verjüngten. Spätere Beispiele zeigen spitz zulaufende Drechselei, oft in Verbindung mit gerilltem Dekor. Ornamentale Füße verschwinden und werden durch schlichte oder spatenförmige Füße ersetzt.

Der Großteil der Sheraton-Stühle hat Rückenlehnen mit etwa quadratischer Silhouette, die viel niedriger waren als früher, als sie noch eine stark horizontale und vertikale Betonung erfuhren. Horizontal betonte Mittelbretter ersetzten nach und nach den traditionellen vertikalen Typus. Während das untere Querbrett bis dato fast unmittelbar über dem Sitz gelegen hatte, hob Sheraton es weiter an, indem er eine Querstange einfügte, auf der es nun einige Zentimeter über dem Sitz ruhte. Der Rückendekor beschränkte sich auf den so geschaffenen Rahmen und bestand aus zart geschnitzten, profilierten, intarsierten oder bemalten vertikalen oder horizontalen Stäben, die in vielfältigen geometrischen und gegitterten Mustern angeordnet waren. Nur manchmal brach der Dekor in der Mitte des Schulterbrettes aus dem Rahmen aus.

Die Arme biegen sich von einem Punkt in der Nähe des Schulterbrettes nach unten, wo sie dann entweder leicht hinter der Stuhlfront auf vertikalen Stützen oder nach einem zweiten Bogen auf kurzen Stützen aufliegen bzw. auf einer Fortsetzung der vorderen Beine.

Die Pfosten der Rückenlehne, die Armstützen und die Beine waren manchmal gedrechselt, was nach 1800 immer beliebter wurde. Die Aufpolsterung entsprach der Hepplewhites. Manchmal sieht man auch Rohrgeflecht an Rückenlehnen und Sitzen.

Sowohl Hepplewhite wie auch Sheraton setzten die Sitzaufpolsterung mit Knöpfen ein, die zum ersten Mal in den 80er Jahren des 18. Jahrhunderts auftauchte. Ursprünglich wurde die geknöpfte Aufpolsterung nur bei Sedanstühlen und Kutschen verwendet, in der Absicht, das Reisen bequemer zu gestalten. Bei Sitzmöbeln beschränkte sich der Einsatz auf Sitze und Rückenlehnen von Sofas und anderen großen Sitzmöbeln. Bei normalen Stühlen für den Eßtisch wurde sie selten verwendet.

Ein Satz von acht Sheraton-Armlehnstühlen, Satinholz, um 1790. Quadratische, spitz zulaufende Beine und Spatenfüße. Das Bandwerk aus Ebenholz und die grünen Fächer sind gemalter Dekor. Die Sitzkissen sind frühe Beispiele für geknöpfte Aufpolsterung. Für Sheraton typisch sind die quadratischen Rückenlehnen und die Armlehnen, die in die Vorderbeine übergehen. Überragende Qualität bis ins kleinste Detail.

Regency-Armstuhl aus Mahagoni, von Sheraton beeinflußt, ca. 1810 - 1830. Rückenlehne und Sitz aus Rohrgeflecht, geriefelte Arme und Beine und typische, balusterförmig gedrechselte Armstützen.

Armlehnstuhl und einzelner Stuhl aus einem Satz von sechs schlichten, von Sheraton inspirierten Stühlen aus Eibenholz, um 1800. Die fast quadratischen Rückenlehnen mit der Betonung auf der Vertikalen sind typisch für Sheraton. Massive Eibe wurde manchmal bei hochwertigen ländlichen Möbeln an Stelle von Mahagoni eingesetzt.

Settees, Couches

Während des 18. Jahrhunderts wurde der Begriff *Settee* für aufgepolsterte Sitzmöbel verwendet, auf denen zwei und mehr Personen sitzen konnten und die eine hölzerne oder aufgepolsterte Rückenlehne hatten. Später wurde der Begriff auf Möbel mit aufgepolstertem Sitz und hölzerner Rückenlehne beschränkt, die so aussahen, als ob zwei oder drei Stuhlrücken verbunden worden wären. Durchgehend aufgepolsterte Settees wurden als Sofa oder Couch bekannt.

Da die meisten Settees Teil einer Sitzgarnitur waren, folgte ihr Dekor und Stil gewöhnlich dem Muster der zugehörigen Stühle. Wie bei den Stühlen waren die Rückseiten der Rückenlehnen nicht verziert. Settees waren so konzipiert, daß sie immer an einer Wand standen. Die Rückseiten der Stühle, die um einen Tisch standen, konnten theoretisch ja auch nur die Bediensteten sehen. Wenn sie nicht benutzt wurden, standen sie gleichfalls mit ihren Rückseiten gegen eine Wand. Die Sitte, Stühle um den Tisch herum stehenzulassen, setzte sich erst gegen 1830 durch.

Zweisitziges Settee mit doppelter Rückenlehne aus Mahagoni, ca. 1830 - 1850. Cabriole-Beine mit Ball- und Klauenfüßen. Settees waren zwischen 1710 und 1800 in Mode und wurden im 19. Jh. häufig reproduziert. Dieses Exemplar hat Chippendale-Form, zeigt aber die typische Stilmischung des 19. Jh. aus Victorian (geriefelte Stützen der Rückenlehnen) und Regency (Rosette im oberen Mittelteil der Mittelbretter, minderwertiges Mahagoni). Sitzhöhe: 50 cm, L: 130 cm

Schemel/Hocker

In der Georgian Period wurden zahlreiche Schemel hergestellt. Sie hatten die Höhe eines Stuhls, wenn sie zum Sitzen
gedacht waren, und waren niedriger, wenn man sie als Fußschemel benutzte. Im allgemeinen orientierte sich das Aussehen der Schemel an den Stühlen. Sie hatten dieselben Beine, dieselbe Aufpolsterung und Verzierung, allerdings mit
dem Unterschied, daß alle vier Beine gleich waren und es so
keinen Unterschied zwischen vorne und hinten gab.

Armlehnsessel

Der völlig aufgepolsterte Ohrenbackensessel tauchte zum ersten Mal gegen 1720 auf und wird seitdem in nahezu unveränderter Form hergestellt. Die Rückenlehne ging gewöhnlich in der Länge über den Kopf des Sitzenden hinaus. Die
Armlehnen waren komplett aufgepolstert, der Sitz nur dünn
und wurde noch mit einem sehr dicken Kissen versehen. Nur
die Beine des Ohrenbackensessels veränderten sich, indem
sie den Stilströmungen des normalen Stuhls folgten. Bis um
1750 waren das Cabriole-Beine vorne und quadratische oder
geformte Beine hinten, mit oder ohne Stege. Ab etwa 1750
bis 1780 herrschten schmucklose, gerade oder profilierte
Beine vor, die durch Stege verbunden waren und manchmal
chinesisches oder gotisches Schnitzwerk hatten. Ab ca. 1780
bis 1820 findet man gerade, spitz zulaufende Beine ohne
Stege.

 Der Ohrenbackensessel war zur Entspannung und nicht
zum allgemeinen Gebrauch entworfen worden. Ein anderer
im 18. Jahrhundert verbreiteter Typus war der Stuhl für den
Salon oder Speiseraum, dessen Sitz und Rücken aufgepolstert
waren und den es sowohl mit als auch ohne Armlehnen gab.
Wie der Ohrenbackensessel veränderten sich auch diese
Stühle kaum, abgesehen von den Beinen, die den zeitgenössischen Holzstühlen entsprachen.

 Einer der bekanntesten, der *Gainsborough,* wird Chippendale zugewiesen. Er besitzt gerade Beine und Stege sowie
gerade, offene und aufgepolsterte Arme mit Stützen, die auf
den Vorderbeinen aufliegen. Diese Stützen finden sich zum
ersten Mal 1755 und werden seither durchgehend hergestellt.

*Komplett aufgepol-
sterter Ohrenbacken-
sessel, entwickelt um
1720. Dieses Exem-
plar wurde später
hergestellt, ist aber in
Form, Entwurf,
Größe und Ausfüh-
rung typisch für die
frühen Stücke.*

Ein Exemplar eines Paares von Armstühlen aus Mahagoni von hervorragender Qualität, um 1765. Allgemein als Gainsborough-Stühle bekannt. Leicht gerundete, rechteckige Rückenlehnen, nach außen gedrehte
Arme mit Enden, die in Form von Blüten geschnitzt sind, gekehlte,
quadratische und gerade Beine mit Mäander-Schnitzmuster. Dieses
beliebte Architekturmotiv taucht in den Entwürfen Chippendales von
1754 und 1762 auf. Die mit geometrischen Formen durchbrochenen
Stege sind in Chippendales Director von 1754 abgebildet. Hier erlaubt
die Herkunft (Provenance) eine fast sichere Zuweisung zu Thomas
Chippendale. Die Stühle stammen aus der Sammlung des Herzogs von
Norfolk in Carlton Towers, Yorkshire. Carlton Towers war ehemals
Carlton Hall, der Sitz der Barone von Beaumont. In den 1760ern gab
der Landedelmann Thomas Stapleton (später Lord Beaumont) einen
Satz von 12 derartigen Armstühlen in Auftrag. Zu dieser Zeit arbeitete
Chippendale gerade in der Nostell Priory nahe bei Carlton Hall. Der
komplette Satz wird im Inventar des Hauses von 1854 erwähnt.
Breite der Sitze: 72, 5 cm, Höhe der Stühle: 96, 5 cm

Sonstige Sitzmöbel

Andere Stühle kommen im frühen 18. Jahrhundert auf und verschwinden am Ende des Jahrhunderts wieder, weil sie aus der Mode gekommen waren oder weil man sie weiterentwickelt hatte. Einer Erwähnung wert sind noch der Eckstuhl und der Lesestuhl.

Der Eckstuhl sieht aus wie ein gewöhnlicher Stuhl, abgesehen von der Tatsache, daß sich die Rückseite über zwei Seiten erstreckt und der Sitzende so eine Ecke des Sitzes zwischen seinen Beinen hat und nicht einen geraden Rand wie bei einem normalen Stuhl. Diese Form wurde gegen 1710 eingeführt und als Schreibstuhl für einen Herrn angesehen. Dieser Typus wurde vornehmlich auf dem Land hergestellt und kam gegen 1770 aus der Mode. Er wurde gegen 1895 wiederbelebt und blieb bis etwa 1920 in Mode, bis er erneut verschwand.

Der Lesestuhl taucht zum ersten Mal um 1700 auf. Dieser ungewöhnliche Stuhl hat verschiedene Bezeichnungen wie Horseman's, Betting oder Cock-fighting chair. Diese Namen beziehen sich auf seine mögliche Verwendung beim Begutachten von Pferden für den Kauf oder bei Hahnenkämpfen. Man erkennt diese Stühle an ihrem birnenförmigen Sitz und dem breiten, flachen Rückenbrett, die beide aufgepolstert sind. Der Sitzende saß rittlings mit dem Stuhlrücken nach vorne und legte seine Arme auf das Rückenbrett, an dem gewöhnlich eine schräge Platte befestigt war, auf der man ein Buch ablegen oder schreiben konnte. Weitere Verbesserungen waren eine oder mehrere kleine Schubladen im Rücken oder im Sitzrahmen sowie ein aufgepolstertes Mittelbrett, Kerzenhalter aus Messing oder eine ausziehbare Ablage für Gläser etc. Derartige Stühle wurden wohl in Bibliotheken gebraucht. Sie waren unbequem (und schlecht für den Rücken) und kamen Ende des Jahrhunderts völlig aus der Mode. Ersetzt wurden sie durch den praktischeren und bequemeren Lesestuhl des Regency.

Tische

Vom *Gate leg* zum *Drop leaf table*

Zu Beginn der Mahagoniperiode waren Eßtische meist noch *Gate leg tables* und aus Eichenholz, da hochwertiges Nußholz zu teuer war. Man muß sich vor Augen führen, daß Eßtische in der Regel vor dem Gebrauch mit einem Tuch bedeckt wurden, so daß es keinen Grund gab, unnötig Geld zu investieren. Die wichtigste Eigenschaft eines Tisches war eine Platte aus starkem, gerade gemasertem Holz, das sich nicht warf.

Als die Tischler Mahagoni entdeckten, bestand sofort großes Interesse, da es sich hier um eine Holzart handelte, die man in sehr breiten Brettern kaufen konnte. Nachdem sie erst einmal damit gearbeitet hatten, stellten sie fest, daß es das perfekte Material für die Herstellung von Tischplatten war. Die breiten Bretter warfen sich nicht, und jede Platte des *Gate leg table* konnte so in einem Stück gefertigt werden. Die harte Konsistenz und die Maserung verliehen eine hervorragende Oberfläche, die sehr gut die Politur annahm.

Die Stärke von Mahagoni und die Veränderungen im Zeitstil, einschließlich der Einführung von Cabriole-Beinen, führten zur Entwicklung eines neuen Typs von Tisch, der auf dem *Gate leg table* basierte. Im Grunde war es ein *Gate leg table* ohne *gates* (Tore). An die Stelle der alten Tore traten Cabriole-Beine ohne Stege. Die Grundform des Tisches blieb gleich: An einem festen Mittelteil befanden sich zwei Platten an Scharnieren, die aufgeklappt werden konnten und auf Beinen ruhten, die vom festen Teil aus ausgeschwungen wurden. Wie der alte *Gate leg table* hatte auch der sogenannte *Drop leaf table* vier Beine, von denen zwei als Stützen für die Klapplatten dienten, oder auch vier fest angebrachte Beine und zwei oder vier zusätzliche Beine für die klappbaren Teile.

Bis gegen 1750 hatte der *Drop leaf table* im allgemeinen eine ovale oder runde Form und schlanke Cabriole-Beine, die in Kissen- oder Ball- und Klauenfüßen endeten. Er war meist recht klein, so daß nur vier bis sechs Leute an ihm Platz fanden, wie es der Stil der Zeit vorschrieb. Tische dieses

Typs, an denen mehr als vier Personen Platz finden, haben heute einen höheren Marktwert.

Ab etwa 1750 erhielt die Tischplatte eine rechteckige Form, und die Beine, die häufig profiliert oder an den Innenseiten ausgekehlt waren, eine gerade und quadratische Form. Der nächste Entwicklungsschritt des *Drop leaf table* bestand darin, daß ihm ab etwa 1750 halbmondförmige Tischhälften an beiden Enden angefügt wurden, die so einen größeren Tisch bildeten. Der *Drop leaf table* wurde also ganz zum Mittelteil eines größeren Tisches. Dieses System konnte theoretisch durch Hinzufügen weiterer *Drop leaves* endlos fortgesetzt werden.

Die halbmondförmigen Enden standen auf vier Beinen und konnten so unabhängig als Beistelltische und *Pier tables* verwendet werden oder, wenn man zwei zusammenfügte, als kleiner runder Eßtisch. Die Endstücke hatten durchgehend Blenden unter der Platte, wie auch der feste Teil des *Drop leaf table*.

Ovaler Drop leaf table aus schwerem spanischen Mahagoni, ca. 1740 - 1750. Mit Cabriole-Beinen, die in Kissenfüßen enden. Dieses Exemplar hat sechs anstelle der üblichen vier Beine, wodurch es aufgewertet wird. 73 x 117 x 44/128 cm

Eßtisch mit Säulenfuß

Eines der beliebtesten und am häufigsten nachgeahmten Stücke, das heute besonders mit der Georgian Period in Verbindung gebracht wird, ist der Eßtisch mit Säulenfuß. Dieses besonders elegante und praktische Möbelstück kam nicht vor 1780 auf, als es durch Sheraton und im geringeren Maße auch durch Hepplewhite bekannt gemacht wurde.

Der Tisch mit Säulenfuß hat seine Ursprünge in der Form des früheren *Tripod* und entwickelte sich von einem einzelnen Säulenfußtisch mit klappbaren Seiten zu größeren zerlegbaren Tischen, die durch Einfügen von Extra-Brettern zwischen den Säulenfußabschnitten zu jeder gewünschten Länge ausgedehnt werden konnten. Die Endstücke haben immer Halbkreisform oder eine gerundete rechteckige Form mit einer flachen Seite.

Die Beispiele reichen von kleinen Tischen mit zwei säulenförmigen Stützen und einem Extra-Brett von etwa 2 m Gesamtlänge bis zu Tischen mit sechs oder mehr Einheiten auf säulenförmigen Stützen und fünf Extra-Brettern von 10 m Gesamtlänge und mehr.

Die säulenförmige Stütze hatte einen dreibeinigen oder vierbeinigen Stand von unterschiedlicher Form und Ornamentik, mit einer Mittelsäule. Die Füße endeten gewöhnlich in Messingmanschetten oder -kappen, oft in Form von Löwentatzen, und mit Messingrädern.

Die Platten waren schlicht mit massiver oder teilweise auch furnierter Oberfläche, gewöhnlich mit Randprofilierung und ohne Blende. Manchmal war die Platte mit Linien- oder Randintarsien verziert.

Die Erscheinung dieser Tische war leicht und elegant. Da sie auf einer Mittelstütze mit Fuß standen, kamen die am Tisch Sitzenden auch nie mit Tischbeinen in Konflikt. Seit seiner Einführung Ende des 18. Jahrhunderts hat sich der Tisch mit säulenförmiger Stütze in Erscheinung und Konstruktion nur geringfügig verändert. Er ist auch heute noch sehr beliebt.

Frühstückstisch

Ursprünglich bezog sich die Bezeichnung Frühstückstisch (*Breakfast table*) auf einen kleinen Tisch mit zwei abklappbaren Platten, einer oder zwei Schubladen und einem konkaven Schrank darunter. Die Seiten des Schrankes waren entweder durchbrochen oder aus Drahtgeflecht. Der Gedanke dahinter war, daß das bereitete Mahl von den Bediensteten im Schrank aufbewahrt werden konnte und dabei sicher vor Mäusen und Haustieren war. Dieser Typus, der auch als *Supper table* bekannt ist, wurde gegen 1750 eingeführt und kam gegen 1780 wieder aus der Mode.

Der *Breakfast table*, der gegen 1780 aufkam und bis 1830 in Mode war, hatte dagegen eine ganz ähnliche Form wie der Säulentisch, nämlich eine runde oder rechteckige Platte auf einer Mittelsäule, ließ sich aber nicht vergrößern.

An großen Frühstückstischen konnten gewöhnlich bis zu sechs Personen sitzen. Sie wurden gerne bei formlosen Mahlzeiten benutzt.

Während des 18. Jahrhunderts hatten die Tischplatten fast immer eine rechteckige Form. In den ersten Jahren des 19. Jahrhunderts waren vor allem runde, aber auch ovale Tischplatten sehr beliebt. Die meisten *Breakfast tables* hatten Platten, die man umklappen konnte, so daß der Tisch ohne

Frühstückstisch mit rechteckiger Platte aus Mahagoni, Regency, um 1820. Die Ecken sind abgerundet, die Ränder der Platte und die gespreizten Füße auf Laufrollen sind geriefelt. L: 135,5 cm

großen Platzverlust verstaut werden konnte. Die Mittelstütze ähnelt der des Eßtisches, abgesehen davon, daß der Ständer nie dreibeinig, sondern immer vierbeinig war.

Spieltische/Teetische

Spieltische und Teetische wurden durch die gesamte Mahagoniperiode hindurch hergestellt. Man verwendete sie zum Spielen und Trinken. Sie waren so konzipiert, daß sie vor einer Wand stehen konnten, wenn sie nicht in Gebrauch waren. Deshalb hatten sie eine klappbare Platte und ein oder zwei an Scharnieren bewegbare Beine zum Stützen. Manchmal bestanden sie auch aus drei Platten, die jeweils mit den Mustern verziert waren, die man für die verschiedenen Spiele wie Schach und Backgammon benötigte. Für das Kartenspiel überzog man bisweilen die Platte auch mit Filz, und eine blieb für den Tee oder kleine informelle Mahlzeiten einfach poliert.

Häufig gab es eine Schublade für Karten und ähnliche Dinge, oder die Platte ließ sich zur Seite drehen, so daß ein Fach zum Verstauen von Spielzubehör frei wurde.

Dekor und Form orientierten sich am Zeitstil der Beistelltische. Von 1720 bis etwa 1750 hatten sie eine recht-

Klappbarer Teetisch aus Mahagoni, um 1800. D-förmige Tischplatte auf quadratischen, sich verjüngenden Beinen, mit Fadenintarsien aus Buchsbaumholz verziert. 74 x 92 x 45 cm

eckige Form und Cabriole-Beine. Die Platten besaßen manchmal gerundete Ecken mit Mulden, um Kerzenhalter, Geld etc. zu halten. Die Beine endeten gewöhnlich in Kissen- oder Ball- und Klauenfüßen. Von 1750 bis 1780 hatten sie meist rechteckige, manchmal auch geschweifte Gestalt und spitz zulaufende Beine mit geradem und quadratischem Querschnitt. Manchmal findet sich Schnitzdekor an den Beinen sowie Friese und Ränder auf der Platte. Ab 1780 wird die halbkreis- oder D-förmige Gestalt in Verbindung mit quadratischen, spitz zulaufenden Beinen mit Spatenfüßen und ab ca. 1790 mit gedrechselten Beinen bevorzugt.

Pier tables und Console tables

Ein Exemplar von zwei halbkreisförmigen Pier tables, um 1780. Tischplatte aus rotem Marmor. Gedrechselte, spitz zulaufende Beine, Beine und Fries mit Kanneluren, Paterae und Akanthusblättern verziert.
77,5 x 119,5 x 54 cm

Die Pier tables waren so konzipiert, daß sie zwischen zwei Fenstern vor einer Wand stehen konnten. Sie dienten keinem bestimmten Zweck, waren aber in der Georgian Period ein »Muß« für jeden Hausbesitzer, der Wert auf eleganten Lebensstil legte. Es gab sie in verschiedenen Formen und Größen, wobei die Höhe immer mehr oder weniger gleich blieb (wesentlich höher als Eßtische). Sie dienten reinen Dekorationszwecken, wurden meist mit prächtigem Dekor im Zeitstil versehen und bestanden aus den erlesensten Ma-

terialien. Die Tischplatte hat meist die Form eines schmalen Rechtecks oder eines Halbovals. Der einzige praktische Zweck, zu dem sie dienen konnten, bestand als Abstellfläche für Kerzenhalter, eine Uhr oder andere dekorative Dinge. Ein ähnlicher Tisch, nämlich der *Console table*, war ebenfalls für das Stehen gegen die Wand oder für die Anbringung an der Wand konzipiert. Auch diese Tische hatten rein dekorativen Zweck und waren sogar noch stärker verziert als die *Pier tables*. Im Gegensatz zum *Pier table*, der auf vier Beinen stand, besaßen sie nur ein oder zwei Beine, die aber ein extravagant ornamentales Aussehen hatten, wie zum Beispiel in Form eines Delphinpaares oder eines Adlers, die z.B. aus massivem Holz geschnitzt, gefaßt und komplett vergoldet waren. Die Schwänze der Delphine oder die ausgebreiteten Schwingen des Adlers stützten die Platte, die häufig ganz vergoldet, aus Marmor oder einem anderen wertvollen Material war. Da der *Console table* nicht alleine stehen konnte, wurde er an der Wand angebracht. Im allgemeinen wurde er in Kombination mit einem Wandspiegel aufgestellt, auch einem Möbelstück, das rein dekorativen Zweck hatte. Da er die Besucher beeindrucken sollte, wurde er in der Regel in einem Repräsentationsraum wie der Eingangshalle, dem Salon oder an einem Treppenabsatz aufgehängt.

Schöner Pier table aus Harewood und Satinholz, mit Marketerie verziert, um 1775. Platte aus Harewood, Einlegearbeiten mit Fächer-, Reb-, Blatt- und Bandmotiven. Fries aus Satinholz, mit Einlegearbeiten in Form von Girlanden, Schleifen und Bögen. Quadratische, spitz zulaufende Beine mit Einlegearbeiten, Manschetten und quadratischen Füßen. 86,5 x 162 x 58 cm

Pembroke-Tisch

Der *Pembroke*-Tisch war dagegen ein sehr praktischer und nützlicher, aber ebenso dekorativer kleiner Tisch. Es handelte sich dabei um einen kleinen Tisch mit zwei seitlich angebrachten Platten, die man zu doppelter Tischgröße aufklappen konnte, sowie einer Schublade und einer Scheinschublade am anderen Ende. Viele Jahre lang hatte man den *Drop leaf table* benutzt, der in der Regel von einem oder mehreren ausschwingbaren Beinen gestützt wurde. Der *Pembroke*-Tisch hatte dagegen Platten, die durch ausschwingbare Konsolen gestützt wurden, die verborgen blieben, so daß der Tisch besonders elegant wirkte.

Er wurde in den 60er Jahren des 18. Jahrhunderts eingeführt, und das erste Exemplar wurde angeblich für die Gräfin von Pembroke angefertigt. Bald war er bei allen Gesellschaftsschichten so beliebt, daß er in großer Anzahl hergestellt wurde und die Qualität von ländlich rustikal bis zu anspruchsvollsten Versionen reichte. Die besseren Stücke hatten eine ovale oder geschweifte Tischplatte und waren mit feiner Marketerie oder Randintarsien und Einlegearbeiten aus exotischen Hölzern verziert. Die Scheinschublade, die eine echte Schublade nachahmt, sollte dem Tisch Einheitlichkeit

Pembroke-Tisch aus schwerem, hochwertigem Mahagoni, ca. 1820 - 1830. Band- und Fadenintarsien aus Buchsbaumholz. 74 x 90 x 54/100 cm

Pembroke-Tisch aus Mahagoni, ca. 1800 bis 1820. Quadratische, spitz zulaufende Beine mit Lederlaufrollen. Die ovale Form, die konvexen Seiten, die Bandintarsien aus Palisander und der eingelegte Fächer sind Zeichen für die Qualität des Stückes. 74 x 90 x 74 cm

verleihen. Gewöhnlich stehen *Pembroke*-Tische auf schlanken, quadratischen und spitz zulaufenden Beinen, die manchmal gerillt oder profiliert waren und in Rollen endeten.

Sofatisch

Der Sofatisch, der gegen 1785 auftauchte, war dem *Pembroke*-Tisch ähnlich, aber viel größer. Diesen Tisch benutzte man in Kombination mit einem Sofa. Er hatte eine oder zwei Schubladen für Schreibutensilien, Papier, Kartenspiele oder anderes Zubehör für Spiele oder Handarbeiten. Der Sofatisch hatte gewöhnlich eine rechteckige Mittelplatte und zwei D-förmige, klappbare Platten an den Enden. Er stand auf Beinen oder einem Pfeiler mit abgeschrägten Füßen. Diese Tische hatten fast alle Furnier, bei dem die Maserung immer über die Breite lief, nicht über die Länge. Außerdem sind sie präzise gearbeitet und mit hochwertigen Einlegearbeiten, Randintarsien und Bandwerk aus exotischen Hölzern verziert. Die übliche Tischgröße war ca. 150 x 50 cm in ausgeklapptem Zustand.

Sofatisch aus Mahagoni, Regency, ca. 1810 - 1820. Rechteckige Beine mit Fußbrett und geschnitzten Löwentatzen-Füßen, zwei Schubladen in der Zarge. Mahagonifurnier von guter Qualität mit »Flammeneffekt«. 73 x 89 x 81 cm

Bibliothekstische

Abgesehen von den *Pembroke-* und Sofatischen finden sich einige der besten Beispiele der Kunsttischlerei unter den Bibliothekstischen. Diese kamen gegen 1790 auf und bestehen aus einem Dreifuß, der eine runde Platte stützt, die so tief ist, daß sie mehrere horizontal angeordnete Schubladen aufnehmen kann. Die Platten waren oft mit vergoldetem und bossiertem Leder überzogen.

Sie werden manchmal »Pachttische« (*Rent table*) genannt, da man annimmt, daß die Landbesitzer ihre Pachtverträge und die zugehörigen Rechnungen in den verschiedenen Schubladen aufbewahrten. Da die Schubladen manchmal mit den Buchstaben des Alphabets oder mit Nummern beschriftet sind (meist in Form von Einlegearbeiten mit Elfenbein oder Ebenholz), ist dies nicht unwahrscheinlich. Einige besitzen sogar einen verdeckten Behälter mit Schlitzöffnung in der Mitte, vermutlich für die Pachtzahlung des Bauern. Oft hatten sie auch drehbare Platten.

Wahrscheinlich standen die meisten dieser Tische in einem Leseraum oder einer Bibliothek. Wegen ihrer Form heißen sie auch *Drum tables*.

Kleiner Bibliothekstisch (Drum table) aus Mahagoni auf gespreizten Füßen mit Messingrollen, ca. 1815 - 1830. Der Tisch besitzt alternierend echte und Scheinschubladen mit gedrechselten Holzgriffen und rautenförmige Schlüssellöcher aus Elfenbein. Platte mit Ledereinlage. D: 84 cm

Beistelltische

Die neuen Unterhaltungsformen im Georgian Zeitalter lösten im 18. Jahrhundert eine enorme Nachfrage nach Beistelltischen aus, die man für verschiedene Zwecke einsetzen konnte. Kleine Tische dienten zum Einnehmen von Tee oder anderen Getränken, man spielte Karten und andere Spiele, schrieb, nähte und unterhielt sich. Diese gesellschaftlichen Sitten zogen das Verlangen nach weiteren Tischen zur Aufbewahrung der Utensilien, die für diese Unterhaltung benötigt wurden, nach sich. Solche Utensilien waren beispielsweise Essen und heißes Wasser für Tee und Kaffee, zusätzliches Geschirr, Kerzen für die Beleuchtung usw.

In geeigneter Größe wurden **Tripod tables** hergestellt, die besonders für diese Zwecke gedacht waren. Viele von ihnen hatten eine sehr elegante Form mit schmalen, in Balusterform gedrechselten Mittelsäulen und geschnitzten Ständern. Zum ersten Mal erschienen sie gegen 1730.

Die hochwertigen Exemplare hatten Platten mit Rand, um zufälliges Herunterfallen und so den Schaden an teurem Silber und Chinaporzellan zu verhindern. Die allerbesten Stücke hatten ausgebogene Ränder, die aus dem massivem Holz geschnitzt wurden. Eine Alternative dazu war eine etwa 2,5 cm hohe vergoldete Metallgalerie.

Unten links: Eleganter Teetisch in Halbkreisform aus massivem und furniertem Mahagoni mit Fadenintarsien aus Buchsbaumholz, um 1810. Läßt sich zu einem kleinen runden Tisch öffnen. Die harmonischen Proportionen, die Einfachheit des Entwurfs und die quadratischen, sich verjüngenden Beine lassen sich auf Entwürfe Sheratons im späten 18. Jh. zurückführen. Die vertikal verlaufende Maserung des Furniers am Fries ist ein Zeichen von Qualität. 73/71 x 106 x 53/106 cm

110

Rechts: Einfacher, ländlicher Tripod-Beistelltisch aus schwerem Mahagoni, ca. 1830 bis 1835. Ständer aus gedrechselter Stütze mit gespreizten, nach unten verlaufenden Füßen. Die schwere Drechselei in Kombination mit den gespreizten Füßen weist auf die Übergangszeit zwischen Regency und Viktorianik.
73 x 60 x 55 cm

Linke Seite, unten rechts: Beistelltisch oder Pier table mit halbkreisförmiger Tischplatte und zwei tambourartigen Fächern unter der Platte, ca. 1795 bis 1820. Zahnschnittfries direkt unter der Platte, unter den Fächern offene Arkaden als Dekor. Ungewöhnliche Proportionen, wohl auf spezielle Wünsche des Auftraggebers zurückzuführen.
75 x 78 x 41 cm

Die meisten Teetische vom *tripod*-Typus hatten eine Platte mit Scharnieren, die man in die Vertikale klappen konnte, um Platz zu sparen, wenn man sie nicht brauchte. Die Platten hatten in der Regel eine runde Form, obwohl auch quadratische, rechteckige, oktogonale und andere Formen üblich waren. Meist sind sie schlicht, wenn auch gelegentlich mit dünner Bandintarsie oder Randdekoration, und immer massiv, niemals furniert. Die Platte eines *Tripod* sollte im 18. Jahrhundert aus einem Stück Holz gefertigt sein und einen Abstand von 67,5 bis 75 cm zum Boden haben. Kopien sind sehr oft niedriger.

Die Beine setzten sich aus einer Mittelstütze und einem dreibeinigen Unterteil zusammen, das bis etwa 1790 in Kissen-, Huf- oder Ball- und Klauenfüßen endete. Beispiele aus dem Regency haben manchmal ausgeschrägte oder geriefelte Beine.

Obwohl sie grundsätzlich aus Mahagoni hergestellt wurden, gab es auch ländliche Versionen aus heimischen Hölzern wie Eiche, Eibe und Ulme. Satinholz kam gegen Ende des Jahrhunderts auf. Die ländlichen Stücke besitzen oft Tischplatten aus mehreren Brettern und Beine mit flachen Seiten und rechteckigem Querschnitt. Gewöhnlich hatte die Mittelstütze sowohl bei den anspruchsvollen wie auch bei den ländlichen Exemplaren Baluster- oder Kanonenlaufform. Letztere weist auf ein früheres Entstehungsdatum hin.

Kleinere Tische, einschließlich Versionen des *Tripod* in kleinerem Format, standen individuell bei den Stühlen der einzelnen Gäste und boten Platz zum Abstellen von Teetassen, Kerzenständern und anderen Dingen.

Die auch heute noch beliebten **Satztischchen** wurden in der späten Georgian Period erfunden. Sie waren eine neue

Form von Beistelltisch und bestanden aus einem Set von drei oder vier kleinen Tischen, die abgesehen von der Größe identisch waren, wobei einer unter den anderen paßte, so daß man sie platzsparend zusammenstellen konnte, wenn man sie nicht benötigte.

Stummer Diener

Ein nützlicher Zusatz für die Ausstattung des Eßzimmers war der »Stumme Diener«, der zum ersten Mal in der ersten Hälfte des 18. Jahrhunderts auftauchte. Die Form dieses Möbelstücks sollte sich im Laufe der Jahre ändern, aber die Funktion blieb dieselbe. In den meisten Häusern der Ober- und Mittelschicht wurde er zu einem festen Bestandteil. Die frühesten Stummen Diener von etwa 1740 hatten die Form eines *Tripod*-Tisches mit Laufrollen, der eine zweite und noch häufiger eine dritte Etage hatte und als freistehendes Möbel konzipiert war. Im 19. Jahrhundert waren sie dagegen meist rechteckig und ähnelten eher einem Regal. Sie konnten je nach Anlaß vor einer Wand oder frei im Raum stehen. Auch die Stücke im 19. Jahrhundert hatten meist Rollen. Auf dem Stummen Diener stand alles, was zum Teetrinken oder für Mahlzeiten notwendig war, so daß man die Kosten für das Personal sparen konnte bzw. die Bediensteten nicht anwesend sein mußten. Stumme Diener waren nicht höher als 110 bis 140 cm. Einige anspruchsvollere Versionen, wie die von Sheraton, besitzen zusätzlich Schubladen, Rechauds und Weinkühler.

Arbeits- und Nähtische

Arbeits- oder Nähtische kamen ab 1770 auf und wurden in einer Formenvielfalt hergestellt, die eng den zeitgenössischen Beistelltischen folgte, allerdings mit dem Unterschied, daß häufig die Platte geöffnet werden konnte und kleine Fächer für das Nähgarn oder ähnlich ausgestattete Schubladen freigab. Oft waren an der Unterseite tiefere Kästen für Wolle und Tuch befestigt. Diese Kästen konnten wie Schubladen herausgezogen werden und waren meist mit Seide ausgekleidet. Heute werden sie gerne entfernt, so daß ein gewöhnlicher, leichter verkäuflicher Beistelltisch entsteht.

Stummer Diener aus
Mahagoni mit sehr
schöner Patina, um
1760. Ein Möbel in
solch originalem
Zustand ist weitaus
wertvoller als eines
mit neuer Politur.
H: 199 cm,
B: 65 cm

Toilettentische

Die *Dressing tables* der frühen Georgian Period unterscheiden sich stark von ihren Vorgängern aus der Nußperiode. Die älteren Exemplare waren kleine Tische mit zwei oder drei Schubladen, die auf hohen Cabriole-Beinen standen. Der neue Stil brachte zwei verschiedene Typen hervor.

Die *desk*-Version ähnelte einem kleinen Schreibtisch mit einer Öffnung für die Knie, die seitlich ab dem Boden jeweils von einer Reihe kleiner Schubladen eingefaßt wurde. Über diesen Schubladenreihen nahm eine große Schublade die gesamte Breite ein. Diese Version wurde gerne mit einem Spiegel und verschiedenen Fächern in der oberen Schublade hergestellt.

Bei dem anderen Typ handelt es sich um einen kleinen Tisch mit Schubladen, der vollständig mit Tuch bedeckt war, so daß man vom Tisch selbst überhaupt nichts sah. Ein Tuch war um den Rand der oberen Platte geführt und reichte bis zum Boden. Ein zweites Tuch bedeckte die Oberfläche und fiel auf dem Weg zum Boden in Falten über ein drittes. Ein weiteres Tuch bedeckte ebenfalls die Platte und konnte zum Saubermachen leicht entfernt werden. Die Utensilien für das Make-up und ein Spiegel wurden auf den Tisch gestellt. Diese Version, die ganz mit Tuch bedeckt war, blieb mit leichten Veränderungen in Form und Dekor bis in die 50er Jahre des 20. Jahrhunderts in Mode, obwohl Männer wie Sheraton sie als zu feminin und auffällig klassifiziert hatten.

Ab 1755 wurde ein neuer Typ Toilettentisch entwickelt, den man nicht mehr wirklich einen Tisch nennen konnte. Er war ein kommodenartiges kleines Möbelstück mit einer Platte, die man nach links und rechts ausklappen konnte. Darunter kamen ein Spiegel und mehrere kleine Fächer zum Vorschein. Die geöffnete Platte bot Platz für die Schminkutensilien. Es gab hier mehrere Anordnungsmöglichkeiten für Schubladen, Schränke und offene Regale. Diese Art von Toilettentisch stand auf großen quadratischen und später spitz zulaufenden Beinen mit Laufrollen. Die Schranktüren waren häufig konkav, um Platz für die Knie zu schaffen. Nach 1780 hatten sie oft *tambour*-Türen.

Ab 1790 wurde der Toilettentisch wieder größer und bot zusätzlich die Möglichkeit zum Schreiben und Waschen. Die

Mechanischer Toilettentisch aus Mahagoni, Satinholz und Königsholz, auch »Rudd«-Tisch genannt, um 1775. Er soll zum ersten Mal für Caroline Rudd, eine berühmte Kurtisane († 1775), angefertigt worden sein. Hepplewhite bezieht sich auf diesen Tischtyp in seinem Guide von 1788. Sheraton entwarf 1793 eine eigene, weniger teure Variante. Dieses Exemplar mit über 30 einzelnen Fächern für Schmink- und Schreibutensilien, Schmuck, Nähzeug etc., zwei Spiegeln und einer Schreibfläche läßt sich nahtlos zu einem kleinen Beistelltisch verschließen. Geschlossen: 81,5 x 107 x 63 cm, offen: 124,5 x 142,5 x 101,5 cm

einfache Tischform mit einer langen oder einer langen und zwei kurzen Schubladen wurde immer beliebter. Dieser Typus stand auf vier großen quadratischen Elementen oder auf vier gedrechselten, spitz zulaufenden Beinen oder auch an den Tischenden auf zwei Stützen mit abgeschrägten Füßen, die denen des Sofatisches ähnelten.

Obwohl der Toilettentisch in erster Linie ein praktisches Möbelstück darstellt, war er oft mit besonderer Sorgfalt gearbeitet, bestand aus gutem Mahagoni, später aus Satinholz, und war mit Einlegearbeiten, Marketerie und Randintarsien von bester Qualität verziert. Derartige Tische stattete man mit elegantem Zubehör aus geschliffenem Glas, Silber, Email und anderen edlen Materialien aus. Sie enthielten immer kleine Elfenbein- oder Metallkratzer mit langen Griffen für den Fall, daß das Jucken auf der Kopfhaut zu unangenehm wurde. Denn die persönliche Hygiene hatte sich auch im späten 18. Jahrhundert selbst in der Oberschicht gegenüber den früheren Jahrhunderten noch nicht besonders verbessert. Gerüche, Läuse und anderes Ungeziefer wurden lediglich besser verborgen.

Rechts: Eckwasch-tisch, um 1790. Eine echte und zwei Scheinschubladen. Die Deckplatte, die ursprünglich Löcher für ein Bassin und eine Seifenschale besaß, wurde mit einem massiven Mahagonibrett bedeckt, um das Möbel in einen Bei-stelltisch umzufunk-tionieren. Metall-schildchen mit der Beschriftung »Gillows of Lancaster«.

Der Typus des Toiletten-tisches, der in der frühen Hälfte des Jahrhunderts in Gebrauch war – es war ein kleiner rechteckiger Tisch mit drei Schubla-den auf hohen Cabriole-Beinen – wurde auf dem Lande ab 1730 als Bei-stelltisch auch für viele andere Zwecke wie zum Schreiben und zum Ser-vieren von Essen genutzt. Er wurde unter dem Be-griff **Lowboy** bekannt und war zwar stärker verziert als der Toilettentisch, sonst aber im Aussehen sehr ähnlich.

Lowboys fertigte man aus Eiche, Ulme, Obst- und ande-ren heimischen Hölzern, manchmal auch aus Mahagoni oder mit Randintarsien aus Mahagoni. An der Tischfront und oft auch an den Seiten saß eine geschweifte Blende. *Lowboys* standen immer auf vier Beinen. Bis 1750 waren dies Cabrio-le-Beine mit Huf- oder Kissenfüßen und von 1750 bis 1780 einfache gerade Beine. Ab 1780 hatten die Beine einen qua-dratischen Grundriß oder waren gedrechselt und spitz zulau-fend. Die Anordnung der Schubladen folgte dem Muster ei-ner langen und zwei kurzer Schubladen. Es konnten aber auch drei oder vier Schubladen an Stelle einer langen stehen und zwei oder drei Schubladen darunter liegen. Es gibt wei-terhin die Möglichkeit einer flachen Schublade in der Mit-te, die von zwei tiefen flankiert wird. *Lowboys* kamen in ländlichen Gegenden bis 1800 häufig vor.

Links: Ankleide- oder Toilettentisch aus Mahagoni, ca. 1800 bis 1820. Furnier aus hochwertigem Maha-goni mit interessanter Maserung, geschweifte Front, eine echte und zwei Scheinschub-laden, ausziehbare Fläche. Platte läßt sich öffnen, darunter sind ein Spiegel und meh-rere Fächer für Schminkutensilien. Das Regal zwischen den Beinen ist kon-kav, um Platz für die Beine zu lassen. 89/84 x 60/120 x 51 cm

Heute haben Toilettentische keinen praktischen Nutzen mehr, da sich das Ankleiden und Schminken aus dem Schlafzimmer ins Bad verlagert hat. Häufig wurden sie daher zu Beistelltischen, Lampentischen oder kleinen Schreibti-schen umfunktioniert. Ein originaler Toilettentisch in gutem Zustand aus dem 18. oder frühen 19. Jahrhundert kann je-doch am Markt einen hohen Preis erzielen.

Möbel für das Speisezimmer

Sideboards

Die Idee, ein einziges Möbelstück zu schaffen, das alle Bedürfnisse eines Speisezimmers erfüllt, stammte ursprünglich
von Robert Adam aus dem späten 18. Jahrhundert.

Bevor seine Entwürfe für ein *Sideboard* veröffentlicht
wurden, benutzte man einen großen Servier- oder Anrich-
tetisch. Dieser Tisch besaß vier oder sechs Beine, ein tiefes
Fries und eine flache Tischplatte. Alles war dem Zeitstil
gemäß verziert. Kent setzte gerne geschnitzte und vergoldete architektonische Konsolen ein, während Chippendale
chinesische und Rokoko-Motive bevorzugte, die in Mahagoni geschnitzt waren. Der Serviertisch besaß keine Schubladen oder anderen Stauraum. Er wurde in erster Linie dazu
benutzt, das silberne und goldene Geschirr, die Weindekan-
tierer und die Besteckkästen zur Schau zu stellen. Ab 1765
wird er von zwei freistehenden Schränken flankiert, auf denen zwei Behälter standen – einer für Wasser und einer für
Besteck. Einen dieser Schränke nutzte man für Rechauds
zum Warmhalten der Gerichte und den anderen für
»Nachttöpfe« (damit die Gäste den Raum nicht verlassen
mußten, um sich zu erleichtern) oder manchmal zur Aufbewahrung von Wein.

Adam vereinte diese Gruppe, indem er dafür ein einziges
Möbelstück schuf. Seine frühen Entwürfe von *Sideboards*

*Entwurf für ein
Sideboard und einen
Weinkühler von
Robert Adam, 1774.*

Entwurf für ein
Sideboard von
Thomas Sheraton.
Aus: The Cabinet-
Maker and
Upholsterer's
Drawing Book,
1793.

sind noch recht groß, aber sie nähern sich allmählich dem eleganten Möbelstück, das zum ersten Mal in den letzten Jahren des 18. Jahrhunderts angefertigt wurde und bis heute bekannt ist. Sideboards, die leichter wirken und gefälligere Proportionen sowie die typische bogenförmige bzw. geschweifte Front haben, wurden von Hepplewhite und Sheraton geschaffen. Größere Sideboards stehen auf sechs Beinen, vorne vier und hinten zwei. Eine breite flache Schublade oder mehrere Schubladen saßen im Mittelteil, und an den beiden Seitenteilen befanden sich weitere Schubladen oder Schränke mit Schubladen. Eine der Schubladen war immer tief und mit Blei ausgekleidet, so daß Eis zum Kühlen von Champagner oder Weißwein eingefüllt werden konnte.

Feine Intarsien und Bandwerk bildeten die Verzierung an Front und Beinen. Die Schubladenfront war ein geeigneter Platz, um Furniere mit interessanter Maserung (Mahagoni, Satinholz) zu präsentieren. Gerade, bogenförmige und geschweifte Fronten tauchten am häufigsten auf, aber man findet auch eckig gestufte Fronten. Die in London gefertigten *Sideboards* hatten meist schlanke, spitz zulaufende Beine mit quadratischem Querschnitt, mit Bandwerk verziert. Bei späteren Entwürfen ab etwa 1790 kommt spitz zulaufende Drechselei mit feinen Rillen stark in Mode. Aus praktischen Gründen wurden oft an der Rückseite und den beiden Seiten Messingstangen angebracht, an denen man kleine Vorhänge anbrachte (s. Abb. S.119). Dies war dekorativ und verhinderte gleichzeitig, daß Spritzer vom Essen auf die Wände oder Gemälde gerieten.

Weintruhe

Das Mittelteil der meisten *Sideboards* war ausgespart, und dort war genug Platz für ein neues Möbelstück, die Weintruhe. Sie wurde separat gearbeitet und erfüllte denselben Zweck wie die Schublade zum Kühlen und Aufbewahren von Wein. Der Weinkühler kam gegen 1760 auf. Er hatte sehr dicke Wände und einen schweren Deckel, der abgeschlossen werden konnte. Von 1760 bis 1790 gab es ovale, oktogonale, runde, quadratische und sechseckige Exemplare, die

Weinkühler aus Mahagoni in Faß-form auf einem extra Ständer, um 1800. B: 68,5 cm

Weinkühler aus Mahagoni, Regency, ca. 1805 - 1815. Klassische Sarkophagform mit geschlossenem Sockel sowie Einlegearbeit aus Ebenholz. Deckel mit stilisiertem Lotus-Blattwerk und geschnitzter Ananas. Das Stück ist mit Blei ausgekleidet, um Eis aufzunehmen, und steht auf kleinen Rädern. Es stand gewöhnlich im Eßzimmer unter einem Pedestal sideboard. 69 x 84 x 56 cm

kurze, quadratische Beine hatten, spitz zulaufend und mit Rollen an den Füßen. Die Rollen sollten ein leichtes Hervorziehen unter dem *Sideboard* ermöglichen. Gewöhnlich wurde dieser Typus mit Furnier versehen. Von 1790 bis 1830 kam dann die Sarkophag-Form in Mode. Diese Form ist beispielhaft für das Wiederaufleben von griechischem Formengut. Die Sarkophag-Varianten hatten pyramidenförmige Deckel mit einer Lotusblüte oder einem anderen klassischen Motiv in der Mitte. Die Basis bestand aus einer Plinthe oder Löwentatzen mit Rollen. Viele besaßen Griffe zum Tragen.

Welsh dresser

Wie in früheren Zeiten hatten die neuen Modeströmungen, wenn auch langsamer, Einfluß auf die ländlichen Handwerker. Diese stellten, unterstützt durch die immer leichter erhältlichen Musterbücher, eine riesige Anzahl von Möbeln aller modernen und traditionellen Stilrichtungen für eine Klientel her, die zwar noch nicht reich war, aber immer etablierter und wohlhabender wurde. Die provinziellen Kunden waren jedoch konservativ, und die lokalen Möbelschreiner mußten diesen Geschmack und diese Bedürfnisse bedienen.

Unter den ländlichen Möbelstücken ist der sogenannte *Welsh dresser* (Anrichte) sicher eine Erwähnung wert. Dieses Möbelstück für den Speiseraum erfreute sich nämlich allgemeiner Beliebtheit. Diese praktischen und schönen Stücke wurden ab 1670 in den verschiedensten Gegenden Englands hergestellt. Die Anrichten, die in Wales angefertigt wurden, waren sehr viel kleiner als die aus Lancashire oder Staffordshire. Sie sind tatsächlich so individuell gestaltet, daß ein Experte sagen kann, in welcher Grafschaft das jeweilige Stück hergestellt wurde. Er orientiert sich dabei an der Ornamentik und der Anordnung der einzelnen Teile wie Regale, Schubladen, Beine, Schränke etc. Meist ist die Anrichte aus

Eichenholz, oft aus Kiefernholz und manchmal aus einheimischen Hölzern wie Eibe oder Esche. Zuweilen wurde sie mit Randintarsien aus Mahagoni verziert. Sie setzt sich aus zwei Etagen zusammen, wobei die untere aus Schubladen und Schränken oder nur aus Schubladen und einem Topfbrett besteht. Sie kann auf Beinen oder gedrungenen Füßen stehen. Über dem unteren Teil erhebt sich ein Rahmen mit offenen Regalen oder auch mit Regalen und kleinen Schränken, die dazu dienten, Geschirr, Gewürze, Krüge und andere Gebrauchsgegenstände der Landbewohner auszustellen, so wie 200 Jahre vorher der Tudor-Gutsherr sein Silber und sein Zinn in ähnlicher Weise in seinem *Court cupboard* zur Schau gestellt hatte. Einige Anrichten haben nur ein Unterteil und ähneln so einem langen Beistelltisch mit Schubladen. Das Oberteil erscheint zum ersten Mal gegen 1695. Bis 1750 wurden Unterteil und Oberteil aus zwei separaten Teilen gefertigt und das Oberteil an einer Wand auf das Unterteil gestellt. Seit 1750 stellte man die Anrichte meist als Einheit her. Dekor und Form orientierten sich im allgemeinen an den Zeitströmungen der ländlichen Möbel und weisen dabei zahlreiche regionale Variationen auf. Obwohl die Anrichte ein wichtiges Möbel für das Eßzimmer war, fand man sie oft auch in den Wohnzimmern kleinerer Landhäuser oder in den Küchen größerer Häuser.

Rechts: Welsh dresser aus Eichenholz mit drei Schubladen und einem offenen Regal (zur Aufbewahrung von Kochtöpfen), ca. 1760 - 1780. B: 172 cm

Links: Unterteil eines Welsh dresser aus Eiche, ca. 1760 bis 1790.

Schreibmöbel und Bücherschränke

Bureau und Bureau bookcase

Bureau (Sekretär) und *Bureau bookcase* hatten ihre Grundform Anfang des 18. Jahrhunderts ausgebildet, und diese veränderte sich während des restlichen Jahrhunderts kaum. Nach 1740 fertigte man sie durchgehend aus einem Stück an und orientierte sich in Material, Konstruktion, Vollendung und Dekor eng an dem Muster der Schubladenkommode. Die obere Hälfte des *Bureau bookcase* war mit dem oberen Mittelteil der zeitgenössischen Bücherschränke nahezu identisch. Beide wurden in riesiger Anzahl und in unterschiedlicher Qualität produziert. Das ganze 18. Jahrhundert hindurch wurden Schreibmöbel aus Eiche, Mahagoni, Nußbaum und einer Vielfalt von heimischen Hölzern wie z. B. Ulme hergestellt. Obwohl viele auf dem Lande gefertigt wurden, zeigen diese Stücke im Gegensatz zu anderen ländlichen Möbeln hohe Qualität, gelungenes Aussehen und gute Konstruktion.

Gewöhnlich hat das Schreibmöbel im Unterteil einen Aufbau aus zwei oder drei langen Schubladen und zwei kurzen Schubladen sowie zwei rechteckigen Stützen für die klappbare Schreibplatte. Nach 1800 haben viele Schreibmöbel nur noch drei lange Schubladen im Unterteil.

Die Schubladen waren ähnlich wie die der zeitgenössischen Schubladenkommode gestaltet. Ihre Ränder waren fast immer mit *cock-beading* – einer dünnen, leicht hervorstehenden Zierleiste – verziert. Ländliche Exemplare haben manchmal *crossbanding* (Randintarsien) aus Mahagoni. Seit 1780 werden die Schubladen manchmal durch Schränke ersetzt, aber nur, wenn auch ein Bücheraufbau vorhanden ist. In der Mahagoniperiode waren die Füße vom Konsol- oder Karniestypus (zwischen 1730 und 1775) mit gerader Blende. Daneben gab es ab etwa 1780 den französischen Konsolfuß mit geschweifter Blende.

Die Schreibplatte ist meist schlicht und hat nur eine Randprofilierung oder Zierleiste. Einige Exemplare besitzen nach 1780 auch *crossbanding* aus kontrastierenden Hölzern

Kleiner Bureau bookcase, ca. 1790 bis 1820. Konsolfüße, vier lange Schubladen im Unterteil, verglaste Türen mit Astragalsprossen im Oberteil. Der Fries ist mit gotischen Blendbogen und Fadenintarsien aus Buchsbaumholz verziert. Die Schreibklappe verschließt den Innenteil mit kleinen Schubladen mit Elfenbeingriffen und neun Fächern mit halbrundem Abschluß. Die geringe Größe macht dieses Stück besonders attraktiv. 200 x 84 x 54 cm

oder Einlegearbeiten im Muschelmotiv, wobei die Schubladen mit Einlegearbeiten aus einfachem Bandwerk verziert
sind.

Hinter der Schreibklappe befindet sich gewöhnlich eine
Art kleiner Schrank, der von einer Reihe von Fächern und
kleinen Schubladen flankiert ist. Diese sind fast immer sym-
metrisch angeordnet, und der ganze Aufbau ist hinter der
Klappe zurückgesetzt. Manchmal haben die kleinen Schubladen eine geschweifte Front, aber ab 1760 setzt sich die
Tendenz zur geraden Front durch. Bis gegen 1750 findet man
auch eine vertikal abgestufte Anordnung.

Der zentrale Schrank wird häufig von Pilastern oder
Scheinbüchern flankiert, hinter denen Geheimfächer liegen.
Weitere Geheimfächer befinden sich manchmal auch hinter
dem Schrank, hinter den Schubladen oder hinter der dekorativ geschweiften Blende über den Fächern.

Das Oberteil der *Bureau bookcases* war nach 1740 fast immer verglast und besaß im Innern Regale zum Präsentieren,
z.b. von Büchern und Chinaporzellan. Einige Exemplare besaßen Spiegel (nur bis etwa 1740) oder Paneele.

Die Form des Gesimses orientierte sich am Zeitstil der
Bücherschränke. Von 1725 bis 1800 finden sich architektonische, durchbrochene Giebel, meist mit einer Vase oder Büste in der Mitte. Von 1760 bis 1810 herrschten Giebel in
Schwanenhalsform vor, die massiv oder durchbrochen sein
konnten und ebenfalls eine Vase oder Büste in der Mitte hatten. Die Gesimse waren von 1780 bis 1810 gerade und flach
und wiesen Zahnschnittleisten oder eine Profilierung auf.
Schnecken- oder Lünettenform waren von 1790 bis 1810 beliebte Motive. Von 1800 bis 1830 waren Giebel mit einem
Akroter in der Mitte und an den Seiten in Mode sowie gerollte und geschnitzte Ornamentik. Alle Gesimse konnten
geschnitzte oder eingelegte Friese mit den aktuellen Motiven
haben. Dies waren bis 1780 chinesische und gotische Ornamente und danach Kanneluren und Rosetten.

Ein anderer Dekor, der des kompletten *Japanning*, war am
Anfang des Jahrhunderts und zu Beginn der Mahagoniperiode sehr beliebt. Die chinesische oder japanische Lackarbeit
wurde aber in einer englischen Variante durchgeführt, die
Schwarz, Rot und Grün, selten Blau, mit vergoldetem Relief
und farbigen chinesischen Mustern kombinierte. Diese
Stücke sind jedoch sehr selten, und die meisten Exemplare,

die man heute sieht, sind Reproduktionen aus dem frühen 20. Jahrhundert.

Alle großen Schubladen, die Tischplatte und der Schrank im Inneren waren mit Schlössern ausgestattet. Die Griffe orientierten sich am Zeitstil.

Gegen 1760 wurden *Bureaux* und *Bureau bookcases* durchgehend breiter und größer. Nach 1780 wurden sie wieder kleiner, um ab 1800 erneut in der Größe anzuwachsen.

Links: Klappsekretär aus schön gemasertem spanischem Mahagoni, ca. 1750 bis 1760. Das Stück ist etwas zu gefühllos restauriert worden. Griffe, Schlüssellochumrandungen und Art der Politur deuten auf die Zeit um 1800, Konstruktionsart, Innendekor und die originalen Karniesfüße auf eine frühere Datierung. 109 x 96 x 52 cm

Rechts: Dasselbe Stück in geschlossenem Zustand.

Sekretärkommode

Eine Alternative zum *Bureau* wird gegen Ende des Jahrhunderts erfunden. Dabei handelt es sich um eine Kombination aus Schreibmöbel und Schubladenkommode, wobei das schräge Oberteil des Schreibpultes verschwand und durch etwas ersetzt wurde, was wie eine oder zwei Schubladen aussah. Dieses Möbelstück wurde Sekretär (*Secretaire*) oder Sekretärkommode genannt. Die Bezeichnung Sekretär bezieht sich auf die Schublade, die für das Schreiben ausgerüstet war. Im geschlossenen Zustand sah das Stück wie eine Schubladenkommode aus, aber wenn die obere Schublade ausgezogen war, konnte die Front heruntergeklappt werden und so eine Schreibfläche bilden. Im Inneren der Schublade befanden sich kleine Schubladen und Fächer für Papier.

Der Sekretär leitet sich in gewisser Weise von einem Möbelstück ab, das am Anfang des Jahrhunderts *Queen An-*

ne secretaire genannt wurde. Die einzige Gemeinsamkeit liegt aber in dem Ausziehen einer Schublade zu Schreibzwecken.

Der Sekretär war um 1780 vor allem ein Möbel für das Schlafzimmer oder das Ankleidezimmer, wo es die Funktionen von Schubladenkommode und *Bureau* kombinierte. Es entsprach im 18. Jahrhundert nämlich der Praxis vieler Männer, während des Ankleidens Geschäfte zu erledigen. Das Ankleidezimmer des Hausherrn lag gewöhnlich im Erdgeschoß. Wenn ein Geschäftsmann, Gutsverwalter, Jurist oder Buchhalter den Hausherrn sprechen wollten, konnten sie diesen während des Ankleidens treffen. Dafür benötigte ein Herr im 18. Jahrhundert nämlich bis zu zwei Stunden. Der Hausherr konnte unterschreiben, Notizen machen oder Geschäfte diskutieren, während er seine Perücke puderte oder sein Gesicht pflegte. Aus diesem Grund war der Sekretär ein sehr nützliches Möbelstück. Er beschränkte sich jedoch nicht auf das Schlafzimmer oder das Ankleidezimmer, sondern konnte auch im Wohnzimmer stehen, besonders wenn er einen Aufsatz für Bücher besaß wie ein *Bureau bookcase*. Zwischen 1780 und 1810 war er ein sehr beliebtes Möbelstück.

In der Grundform glich er stark einer Schubladenkommode aus dieser Zeit, außer daß er etwas höher war, um die tiefere obere Schublade zu ermöglichen. Als Holz wurde meist Mahagoni verwendet, manchmal auch Satinholz oder auch beides. Während *Bureaux* auch im ländlichen Raum in großer Anzahl hergestellt wurden, findet man den Sekretär nur in sehr seltenen Fällen in provinzieller Ausführung oder aus heimischen Hölzern. Der Grund dafür war wohl, daß sein Gebrauch auf die Oberschicht beschränkt war.

Auch Bücherschränke und Aufsatzkommoden (*Tallboys*) wurden mit Sekretärschubladen ausgestattet. Sie stellten sicher die praktischste Lösung dar, wenn man einen Schreibtisch und Stauraum bei Reise- oder Militärmöbeln kombinieren wollte.

Secretaire-chest of drawers aus Mahagoni im Stil von Hepplewhite, ca. 1785 bis 1810. Das Innere hat einen Aufbau aus zehn kleinen Schubladen mit Griffen aus Elfenbein, fünf Fächern, einem »Folio«-Fach für Papiere und vier Geheimfächern. Mit französischen Konsolfüßen. Dekor aus Faden- und Bandintarsien aus Buchsbaumholz. Deckplatte, Füße und geschweifte Blende sind furniert, die Schubladenfronten aus massivem spanischen Mahagoni mit attraktiver Maserung, die Seiten aus massivem Mahagoni einer weniger interessanten Sorte.
109 x 107 x 51 cm

Cylinder desk and Tambour-fronted desk

Eine andere Schreibtischform, die kurze Zeit sehr in Mode war, ist der *Cylinder desk*. Er war in seiner Form der Schreibkommode sehr ähnlich, aber er hatte meist weniger und kleinere Schubladen im Körper und stand häufig auf hohen Beinen. Sein Hauptkennzeichen war eine zylindrische Front, die sich aufwärts rollen ließ und im offenen Zustand die übliche Anordnung von kleinen Schubladen bot sowie eine Schreiboberfläche, die man nach vorne ziehen konnte, wenn das Stück mit Schubladen bis zum Boden ausgestattet war.

Zweiteiliger Secretaire-
bookcase aus Maha-
goni, um 1820.
Oberteil mit zurück-
haltend geschweiftem
Giebel mit Intarsien
und einem geschnitz-
ten Palmbaum in der
Mitte, Fries mit
spitzen gotischen
Blendbogen, verglaste
Türen mit Sprossen in
Form gotischer Spitz-
bogen. Unterteil mit
vier Schubladen,
oberste bildet die
Schreibplatte und
enthält kleine Schub-
laden, Fächer und ein
Schränkchen.
Geschweifte Blende,
französische Füße.
Innenausstattung aus
Satinholz mit
Bandintarsien aus
Königsholz.
H: 234 cm, B: 118 cm

Auch dieser Typus erfuhr eine kurze Renaissance während der späten Victorian Period ab etwa 1875, als er oft die Form eines *Pedestal*-Schreibtisches mit Zylinderaufsatz annahm. Er wurde für Büros u.ä. in sehr großen Mengen produziert. Aber schon bald übertrafen ihn die Tische mit Tambour- oder Rollfronten an Beliebtheit. Ihr Deckel war im Gegensatz zum *Cylinder desk* nicht statisch, sondern flexibel und bestand aus einer Reihe von dünnen Leisten, die eng beieinander lagen und auf einem kräftigen Stück Tuch zusammengeleimt wurden. Beide Typen öffnen und schließen sich, indem sie in Rinnen gleiten, die in die Tischenden geschnitten sind. Für Tambourdeckel und Tambourtüren hatte Sheraton eine besondere Vorliebe. Er integrierte sie in *Sideboards* oder auch in schmale Schränke. Ein Vorteil war auch, daß die Form sich nicht auf den strengen Halbkreis beschränkte wie bei der Zylinderform, sondern beispielsweise

Eleganter Cylinder desk, Mahagoni, Sheraton-Periode, ca. 1790 - 1800. Abgebildet in „The Cabinet-Maker and Upholsterer's Drawing Book" (1793). Bandintarsien aus Palisander und Fadenintarsien aus Buchsbaumholz, Innenausstattung aus Satinholz. Ausziehbare Schreibtischplatte mit Lederfläche, zwei kleine Schubladen mit originalen Messinggriffen. B: 83 cm

auch geschweift sein konnte. Ein großer Nachteil des Tambours liegt jedoch darin, daß er leicht beschädigt wird – besonders wenn das Tuch oder der Leim ausgetrocknet sind – und die Reparatur schwierig und teuer ist.

Wie der Zylinderschreibtisch erfuhr auch der Tambourschreibtisch eine Renaissance ab ca. 1870. Oft haben sie zusätzlich einen Aufsatz in Form eines Schrankes oder eines Bücherregals.

Pedestal desk

Flache *Pedestal desks* auf Sockeln waren im 17. und frühen 18. Jahrhundert nicht unbekannt, wurden aber erst gegen 1750 beliebt. Die meisten hatten eine rechteckige oder längliche Form, einige kostbare Exemplare, insbesondere zwischen 1790 und 1820, waren auch oval oder nierenförmig. Da es sich meist um große und schwere Stücke handelte, bestanden sie fast immer aus drei Stücken: zwei Sockel mit Schubladen und/oder Schränken sowie ein Oberteil mit noch mehr Schubladen.

Dieser Typus stellt die Standardform dar, die sich gegen 1765 entwickelte. Bei furnierten Exemplaren waren die Seitenteile meist flach, bei massiver Ausführung besaßen sie Paneele.

Der *Pedestal desk* hatte gewöhnlich eine Plinthe auf Rollen als Basis, manchmal auch Konsolfüße und während einer kurzen Periode zwischen 1790 und 1810 kurze, gedrechselte Füße. Die Schreiboberfläche wurde durch einen Ledereinsatz aus einem oder drei Stücken abgerundet. Da es sich hier um ein freistehendes Möbel handelte, wurden alle sichtbaren Flächen mit dem gleichen Dekor versehen und poliert. Gelegentlich hatte die Öffnung für das Knie eine geschlossene Hinterseite. Diese Charakteristik findet man aber nur bei einfachen provinziellen Versionen, die entworfen wurden, um in einem kleinen Raum vor einer Wand zu stehen.

Pedestal desks waren fast immer aus Mahagoni, Eiche oder Kiefer, die häufig so gebeizt waren, daß sie wie Mahagoni aussahen.

Einige besonders schöne Exemplare dieses Schreibmöbels wurden von den beiden Chippendales angefertigt.

Tambour bureau bookcase aus Mahagoni und Satinholz, um 1790. Wertvoll wegen der ausgeblichenen Farbe, der originalen Patina und der außerordentlichen Qualität in Entwurf und Ausführung.

133

Bureau-plat

Das *Bureau-plat* wurde im Laufe des späten 18. Jahrhunderts aus Frankreich eingeführt und gewann ab 1770 zunehmend an Beliebtheit.

In England war dies ein breiter Tisch mit Ledereinlage auf der Platte und drei Schubladen im Fries. Diese waren häufig auf beiden Seiten vorhanden. Oft gab es eine ausziehbare Schreibfläche, die angehoben werden konnte und so über den Schubladen eine Schräge bildete.

Solche Tische wurden meist freistehend in Bibliotheken aufgestellt. Sie waren fast immer aus massivem Mahagoni, und die Ränder von Tischplatte und Schubladen konnten Randintarsien haben. Die Beine dieser Tische waren hoch und hatten entweder quadratischen Querschnitt oder waren gedrechselt und spitz zulaufend.

Das Besondere am englischen *Bureau-plat* – worin sich dieses auch von allen anderen Tischen unterscheidet – ist,

Pedestal desk aus besonders fein gemasertem Mahagoni, um 1780. Ledereinlage, drei Schubladen entlang der Platte auf jeder Seite, weitere Schubladen in dreien der vier Schränke und Dokumentenfächer im vierten. Originale schwanenhalsförmige Griffe.
81 x 142 x 98 cm

daß die Beine fast immer über den Fries herausgesetzt werden und so hervorstehende Ecken erzeugen. In diesem Punkt unterscheiden sich die ursprünglichen Stücke von späteren Reproduktionen und gewöhnlichen Tischen, die in *Bureau-plats* umgewandelt wurden.

Einfacher, aber hochwertiger Schreibtisch aus Eichenholz mit einer originalen Ledereinlage, um 1910. Dieser Typus wurde zwischen 1880 und 1930 in großer Anzahl hergestellt. 80 x 137 x 76 cm

Carlton House

Eine andere sehr elegante Schreibtischform, der *Carlton House*, kam gegen 1785 auf und findet sich seit 1792 in den Musterbüchern. Er steht auf hohen Beinen von quadratischem Querschnitt oder auf gedrechselten, spitz zulaufenden Beinen wie der *Bureau-plat*, ist an der Front flach und an der gegenüberliegenden Seite gerundet. Um die drei Seiten hat er einen Aufbau aus kleinen Schubladen und Schränken, wobei der Mittelteil aber frei bleibt. In der Tischplatte befanden sich gewöhnlich drei Fries-Schubladen.

Da derartige Tische immer sehr teuer waren, wurden sie nie in großer Anzahl hergestellt. Sie waren jedoch bis gegen 1830 in Mode und wurden das ganze 19. Jahrhundert hindurch produziert, mit einer späteren Renaissance in der Edwardian Period. In der Regel fertigte man sie aus Satinholz und Mahagoni an und verzierte sie exquisit mit Dekor in Form von Malereien und Einlegearbeiten.

Bonheur du jour

Die letzte Form des Schreibtisches, die im 18. Jahrhundert eingeführt wurde, war der *Bonheur du jour*, ein sehr kleiner und feingliedriger Damenschreibtisch. Er bestand aus einem Tisch mit Fries-Schubladen und einem Schubladenaufsatz aus Fächern, Schüben und Schränken und manchmal mit einem Regal für Bücher, das über die ganze Breite lief. Der Aufsatz konnte stark variieren. Der Tisch stand auf dünnen Beinen mit quadratischem Querschnitt, die meist in Spatenfüßen endeten. Manchmal wurde zwischen die Beine ein Regal gesetzt.

Der *Bonheur du jour* wurde gegen 1780 eingeführt. Die meisten Exemplare bestanden aus Satinholz oder Mahagoni, das mit Einlegearbeiten aus exotischen Hölzern wie Königs- oder Magnolienholz verschönert wurde.

Bücherschränke

Vor dem 18. Jahrhundert waren im Haus freistehende *Book cases* (Bücherschränke) selten. Aus dem Jahre 1665 sind uns die ersten Exemplare bekannt. Nach 1720 fanden sich in den Bibliotheksräumen aller größeren Häuser Bücherschränke, da die Leute inzwischen ein höheres Bildungsniveau hatten und mehr Bücher besaßen. Am Ende des Jahrhunderts tauchten sie auch in anderen Räumen und in kleineren Häusern auf. Allerdings waren sie nicht ausschließlich für Bücher bestimmt. Viele nutzte man auch, um chinesisches Porzellan oder Reisesouvenirs auszustellen. Der Charakter der Bücherschränke war in der ersten Hälfte des 18. Jahrhunderts stark architektonisch, und manchmal hatten sie monumentale Größe. Nach 1740 wurde die Front mit Stufen gegliedert.

Die Entwürfe der meisten frühen Bücherschränke aus der Georgian Period orientierten sich an den durch die Architektur inspirierten Vorgängern aus der Nußbaumperiode. Die gigantischen, klassischen Schöpfungen eines William Kent und der anderen Anhänger von Palladio wurden jedoch in der Mitte des 18. Jahrhunderts durch Chippendale und Robert Adam zurückgenommen und verfeinert. Eckig gebrochene Giebel lösen die Bogen der *Queen-Anne*-Periode ab und werden häufig von geriefelten Pilastern mit dorischen, ionischen oder korinthischen Kapitellen getragen. Der Giebel in Schwanenhalsform entsteht gegen 1720, wird durch Chippendale in der Mitte des Jahrhunderts verbreitet und bleibt bis in die Victorian Period in Mode.

Die Bücherschränke der Mahagoniperiode hatten einen oberen verglasten Teil und einen unteren Teil mit Schränken und manchmal auch Schubladen zur Aufbewahrung von Landkarten, Drucken und anderen Papieren.

Während der Chippendale-Periode wurden Bücherschränke meist in chinesischem, Rokoko- oder gotischem Stil verziert. Die Gesimse waren schlanker und schlichter als früher und hatten in der Mitte einen Giebel, der durch Schnitzereien, oft in Schwanenhalsform, durchbrochen war.

Hochwertiger Vitrinen- oder Bücherschrank aus Mahagoni mit geschweifter Front und Schubladen, ca. 1760 - 1765. Gestufter Abschluß, Oberteil mit »breakfront«. Konsolfüße, die an Thomas Chippendale erinnern. Unter dem Zahnschnitt sind drei einzelne Türen mit Sprossen angeordnet, deren Muster Abbildungen in Chippendales Director von 1754 nahezu entspricht. Unterteil mit vier abgestuften Schubladen, von Türen flankiert. Diese sind mit einfachen Profilen verziert und verdecken weitere Schubladen. Es bestehen starke Ähnlichkeiten zu einem Satz von vier Bücherschränken, die Chippendale zugeschrieben werden. Nachforschungen haben ergeben, daß dieser Schrank von guter Herkunft ist (Sammlung August Meyer, davor Graf Fitzwilliam). 220 x 145 x 53,5 cm

Bücherschrank aus Mahagoni, ca. 1775 - 1795. Giebel in Schwanen-
halsform mit Gitterwerk, verglaste Türen mit Astragalsprossen.
Unterteil mit zwei Türen mit Vertäfelung, mit aufgesetzten Rosetten
und einfachen Profilen verziert, Konsolfüße. Hochwertiges Stück aus
gutem spanischen Mahagoni.
H: 269 cm, B: 150 cm

Bücherschrank aus Mahagoni, Chippendale-Zeit, um 1760. Mit gestuftem Aufbau von höchster Qualität und bester Ausführung. Der Mittelteil ist mit einem schwanenhalsförmigen Giebel mit Gitterwerk und einem kleinen Sockel für eine Büste oder andere Ornamente bekrönt. Die oberen Türen sind verglast, mit Astragalsprossen in geometrischen Mustern. Die unteren Türen sind vertäfelt und mit Paterae und einfachen Profilen verziert. Das Stück lebt in seinen dekorativen Effekten von der Auswahl interessant gemaserter Hölzer. Es steht auf einem schlichten, geschlossenem Sockel.
270 x 250 x 63,5 cm

Links: Bücherschrank
aus Mahagoni mit ge-
stufter Front in der
Art von Mayhew
und Ince, um 1770.
Volutengiebel und
Fries mit Zahnschnitt
und vorgetäuschten
Kanneluren.
Einlegearbeiten in
Form von Akanthus-
blättern und Paterae.
Profilierte Vertäfe-
lung, pyramidenartig
gemasert. Unterteil
mit vier Türen,
dahinter Schubladen
und herausziehbare
Schübe. Durchgehen-
der Sockel. Viele
Kennzeichen dieses
Schranks finden sich
bei Hepplewhite und
Sheraton.
272 x 254 x 58,5 cm

Auch die Front war durchbrochen, und die Friese besaßen
häufig Gitterwerk als Dekor. Der Gebrauch von Mahagoni
erlaubte dünnere Fensterstäbe in gotischer oder Rokokoma-
nier oder mit Astragal. Das Unterteil hatte Paneele mit dekorativen Schnitzereien an den Rändern oder aufgelegten
Gitterprofilen. Die Bücherschränke standen auf einer
Plinthe oder auf Konsolfüßen.

Der klassizistische Typ, der von 1765 bis 1790 hergestellt
wurde, besaß dieselbe Grundform mit einfachem Giebel, mit
Urnen in der Mitte und an den Ecken als Verzierung. Die
Friese bestanden aus Schnitzereien, bei denen klassische Motive gereiht waren. Die oberen Türen waren verglast mit geometrisch angeordnetem Astragal, auf den unteren Türen waren Profile in quadratischer, runder oder ovaler Form
angebracht, die oft Paterae in den Ecken hatten. Plinthen
waren der übliche Basistyp.

Von 1790 bis 1810 wurden Bücherschränke im Sheraton-Stil angefertigt, mit Giebeln in Schnecken- oder Lünettenform. Gewöhnlich waren sie insgesamt kleiner als die bis-
herigen Bücherschränke, wobei aber die untere Hälfte höher
war. Die oberen Türen wurden an Stelle der üblichen Astra-
gal-Glaskombination mit Messingdrahtspalier in Kombinati-

Rechts: Sekretär aus
Satinholz und Maha-
goni von bester
Qualität, um 1795.
Oberteil mit drei
Türen, von einem
runden konvexen
Spiegel und acht
Messingfinialen
bekrönt. Unterteil mit
»Sekretär«-Schublade
und zwei Schränken,
von kannelierten
Säulen mit Akan-
thusblattkapitellen
flankiert.
216 x 98 x 55 cm

on mit gefältelter Seide ausgefüllt. Wenn Astragale eingesetzt wurden, waren sie oft gefaßt oder aus vergoldetem Blei
oder einem anderen Metall. Die unteren Türen wurden mit
dekorativem Furnier und Inlays aus großen Ovalen verschönert. Abgeschrägte Füße (*splay feet*) waren sehr in Mode,
nach 1800 gelegentlich auch gedrechselte Füße.

Während des 18. Jahrhunderts wurden Bücherschränke
entweder massiv aus Mahagoni oder teilweise furniert hergestellt. Gegen 1790 wurden Satinholz und andere exotische
Furnierhölzer zu dekorativen Zwecken eingesetzt.

Kommoden

Schubladenkommoden

Bis etwa 1745 wurden die meisten Schubladenkommoden
(*Chest of drawers*) noch mit der traditionellen geraden Front
angefertigt, bevor geschweifte Fronten (*serpentine front*), die
in Frankreich bereits einige Jahre in Mode waren, aufgegriffen wurden. Häufig waren die geschweifte Front – bei besseren Exemplaren waren auch die Seiten geschweift –, ausge-
wähltes Mahagoni mit reicher Maserung und vergoldete
Bronzegriffe der einzige Dekor. Es gab aber auch Exemplare,
die reich mit Schnitzereien versehen, mit Marketerie verziert, mit vergoldeten Bronzegriffen, Eckstücken und Fuß-
spitzen beschlagen waren und die außerdem abgeschrägte
Kanten hatten, die mit
Pilastern oder Blendgit-
terwerk verziert waren.
Manche hatten auch
Türen, hinter denen die
Schubladen verborgen
wurden. Schubladenkom-
moden mit geschweifter
Front waren weit teurer als
ihre Gegenstücke mit ge-
rader Vorderseite. Chip-
pendale machte eine Rei-
he von Entwürfen für
Möbel mit geschweifter

*Einfache Schubladen-
kommode aus Eiche
mit schöner Patina,
wachspoliert,
Georgian Period, ca.
1740 -1760.
Klassische Aufteilung
mit drei langen und
zwei kurzen Schub-
laden. Deckplatte mit
profiliertem Rand,
originale Konsolfüße.
Die harmonischen
Proportionen, die
abgestuften Schub-
laden und der zurück-
haltende Dekor zeigen,
daß sie von einem
begabten provinziellen
Schreiner angefertigt
wurde, der den
herrschenden Zeitstil
kannte. Griffe und
Schlüssellöcher sind
etwas zu hochwertig,
wurden wohl einige
Jahrzehnte später
hinzugefügt.
104,5 x 94 x 51,5 cm*

Links: Schubladenkommode aus Mahagoni mit geschweifter (serpentine) Front und vier Schubladen, um 1760. Englands Kunsttischlerei auf einem ihrer Höhepunkte. Bestes westindisches Mahagoni mit tiefem, warm schimmerndem Glanz und reicher Farbe. Geschweifte Front und Seiten mit Kanten an den Ecken, Konsolfüße, ebenfalls mit Kanten. Profilierungen an der Oberkante und um den Stand, Konsolen aus Akanthusblättern auf der vorderen Eckkante. Schübe durch cockbeading betont. Griffe vom Schwanenhalstyp, mit Rollwerk verziert, schwanenhalsförmige Tragegriffe. Völlig im originalen Zustand erhalten, nie repariert, restauriert oder neu poliert. 82 x 113 x 61 cm

Rechts: Dieselbe Schubladenkommode, mit geöffneter oberster Schublade, die von seitlichen Stützen gehalten wird. Ausstattung mit verschiedenen Fächern für Toilettengegenstände, Spiegel sowie herausziehbarer Platte, die als Schreibfläche genutzt werden kann.

Front, und diese Art schien von ihm auch bevorzugt zu werden.

Sheraton wird vor allem mit der Bogenfront (*bow front*) assoziiert, die um 1780 aufkam, obwohl viele seiner Entwürfe auch eine gerade Vorderseite zeigen.

Die Bogenfront taucht auch in Hepplewhites *Guide* von 1788 auf, zu einer Zeit also, wo sie zu einer beliebten Alternative zu der Schubladenkommode mit gerader Vorderseite wurde.

Die Beliebtheit des eher unbequemen *Tallboy* nahm am Ende des Jahrhunderts ab, obwohl er in großen Häusern weiterhin für nützlich erachtet wurde. *Tallboys* orientieren sich in ihrem Aussehen an der Mode der einfachen Schubladenkommode, die gerade, gebogen oder manchmal geschweift ist. Sie besaßen Gesimse, manchmal auch Giebel und Friese, im Stil der zeitgenössischen Bücherschränke.

Commode

Im Jahre 1750 wird ein elegant verzierter Typus, die sogenannte *Commode*, als Möbel für den Salon eingeführt. Sie
blieb bis ca. 1780 in Mode, und wurde dann vom *Cabinet* abgelöst.

Diese Kommoden waren wertvolle Prestigeobjekte, die
reiche Verzierungen hatten und nur selten einem praktischen Zweck dienten. Meist wurden sie in Paaren angefertigt. Von den Schlafzimmerkommoden unterscheiden sie
sich dadurch, daß sie in der Regel breiter sind als hoch. Meist
besaßen sie zwei oder drei Schubladen, die auch hinter Türen
verdeckt sein konnten. Manchmal sind keine Schubladen
vorhanden, wobei die Türen dann Regale verdecken. Chippendale hat 1754 mehrere Entwürfe für diesen Typus angefertigt. Die meisten sind im französischen Rokoko-Stil ausgeführt, mit geschweifter Front und Seiten, hervortretenden
Kielecken, abgeschrägten Füßen und Beschlägen aus Ormo-

*Schubladenkommode
im Hepplewhite-Stil
mit Mahagonifurnier
und gebogener (bow)
Front, typisch für den
Stil von 1810 - 1840.
Korpus aus schlichtem
Honduras-Mahagoni,
stark geflammtes Ma-
hagoni bei den Schub-
laden. Gedrechselte
Holzgriffe wurden
gegen 1820 einge-
führt.
102 x 98 x 52/43 cm*

Gut proportionierte Schubladenkommode mit gerader Front auf Konsolfüßen, ca. 1770 - 1790. Klassische Aufteilung mit zwei kurzen und drei langen Schubladen, die in der Höhe nach oben abnehmen. Korpus aus massivem Mahagoni, Schubladenfronten mit starkem Furnier (4,5 mm) aus spanischem Mahagoni mit lebhafter Maserung. 102 x 102 x 51 cm

lu oder vergoldetem Messing. Die Platten bestanden meist aus kostbarem Marmor. Die besten Qualitätshölzer wie Mahagoni, Satinholz, Magnolie, *Harewood* (grau oder grün gebeiztes Ahornholz) und Königsholz setzte man für Konstruktion und Dekor ein. Der Dekor bestand aus Parketerie, Marketerie und Einlegearbeiten höchster Qualität. Einige Stücke entsprachen dem *Japanning,* andere waren mit Szenen, vor allem im Stil Angelica Kauffmanns, bemalt.

Kommoden waren Luxusgegenstände, die beste handwerkliche Qualität und edelste Materialien vereinten und heute Preise erzielen, die im sechsstelligen Bereich beginnen.

Campaign chest

Die Antithese zum extremen Luxus der Kommode bildet die völlige Einfachheit und Nützlichkeit der *Campaign chest* (Militärkommode), die gegen 1795 auftauchte und in fast identischer Form auch noch 1915 zu erwerben war.

Ursprünglich wurden Militärkommoden während der Napoleonischen Kriege für Diplomaten und Offiziere der englischen Armee hergestellt. Gegen 1800 wurden sie auch von wohlhabenderen Seereisenden verwendet. Die Schiffskabinen hatten zu dieser Zeit nämlich keinerlei Mobiliar, und diejenigen Emigranten und Reisenden, die es sich leisten konnten, während der manchmal mehrmonatigen Reise ihre Kabine mit dem praktischen Mobiliar des Militärstils auszustatten, konnten sich glücklich schätzen. Dieses robuste Mobiliar, das aus Teilen zusammengesetzt war, die klein genug waren, daß sie von ein oder zwei Mann getragen werden konnten, wurde später auch für das Haus oder Zelt in den Kolonien oder auf den Schlachtfeldern verwendet. Militärmobiliar erfreute sich in der englischen Gesellschaft bald großer Beliebtheit und war 1805 schon salonfähig. Schubladenkommoden machen den größten Teil des erhaltenen Militärmobiliars aus, obwohl auch Schreibtische, Bücherregale, Schränke, Stühle und Betten angefertigt wurden.

Die Schubladenkommode bestand aus zwei Teilen, hatte anschraubbare Knotenfüße (die abgenommen wurden, wenn das Möbel nicht aufgestellt war) und manchmal kleine Laufrollen. Die meisten Exemplare, wenn auch nicht alle, hatten Eisen- oder Messinggriffe an den Seiten. Alle besaßen eingesetzte Ecken, Griffe und Schloßplatten, so daß sämtliche Flächen ganz plan waren.

Es gab mehrere Anordnungsmöglichkeiten für Schubladen, aber die Regel waren zwei kurze und eine lange im oberen Teil und zwei lange Schubladen im unteren Teil. Zwei der langen Schubladen waren gewöhnlich tiefer als die anderen. Die Variationen umfaßten eine sehr tiefe kurze Schublade (für einen Helm), mehrere sehr flache Schubladen (für die Hemden, Hosen und Landkarten) sowie eine Schublade für Schreibutensilien, eine Schublade mit Fächern, einem Spiegel etc.

Die Militärkommode bestand fast immer aus massivem Mahagoni, Padouk, Eiche, Zeder oder

Kleiner Dokumentenkasten aus Mahagoni, um 1820 - 1830. Dieses seltene und ungewöhnliche Stück wurde wohl für einen Offizier oder Diplomaten angefertigt. Messingbänder zur Verstärkung der Ecken, eingelassener Tragegriff. Läßt sich frontal öffnen, so daß die Klappe eine Schreibmöglichkeit bietet. Drei Schubladen mit flachen Ringgriffen, mit Geheimfach. Viele tiefe Kratzer und andere Merkmale zeigen, daß der Kasten im Feld oder auf Reisen benutzt wurde.

Campaign chest aus Mahagoni, ca.1840 bis 1870. Mit der typischen Anordnung von tiefen und flachen Schubladen. 106 x 96,5 x 47 cm

Kampferholz (um Motten und andere Insekten abzuwehren). Nur ganz selten waren sie furniert, und in diesem Fall waren sie auch für ein Wohnzimmer bestimmt und nicht für die Reise. Der Dekor beschränkte sich auf die Wirkung der rechteckigen Messinggriffe und Ecken. Alle Schubladen waren mit Schlössern ausgestattet. Da sie häufig freistehend aufgestellt wurden, war die Rückseite oft genau wie die Seiten gefertigt. Wegen der groben Behandlung, die ihnen meist widerfuhr, weisen viele tiefe Kratzer in der Oberfläche oder andere Schäden auf.

Wellington chest

Eine andere Kommode mit vermutlich demselben Hintergrund ist die *Wellington chest*. Diese Kommoden, die gegen 1800 auftauchen, sind hoch und schmal. Ihre Herkunft ist nicht geklärt, aber wegen der Assoziation mit dem Namen des Duke of Wellington, wegen ihres einfachen Aussehens

und der schnellen und einfachen Methode, die Schubladen
zu verschließen, werden sie gern mit Militärmöbeln in Verbindung
gebracht. Es ist allerdings nicht bekannt, ob der
Duke je eine besessen oder benutzt hat. Außerdem sind sie
fast immer zu fein gearbeitet, um für das Schlachtfeld oder
das rauhe Leben in den Kolonien geeignet zu sein. Möglicherweise
handelt es sich hier um Sammlerkommoden oder
um Kommoden für die Aufbewahrung von kleinen Wertgegenständen
oder Papieren.

Gewöhnlich haben sie eine Höhe von 120 cm und eine
Breite von 45 cm. Sie enthalten sechs bis neun Schubladen,
die unverziert sind und mit dem Korpus der Kommode eine
Ebene bilden. Die Schubladen werden durch zwei Leisten gesichert,
die in der Regel die Form einer Halbsäule mit Kapitell
haben und sich links und rechts über die ganze Höhe er-

*Kleine »Wellington«-
Schubladenkommode
aus Mahagoni, um
1870. 10 Schubladen,
die nach unten
hin tiefer werden,
von Halbsäulen
gerahmt.
84 x 55,5 x 36 cm*

strecken. Oftmals gibt es auch nur ein Schloß. Das Innere der Schubladen ist häufig mit Filz oder Samt ausgekleidet und in einzelne Fächer aufgeteilt. Manchmal ist auch eine kleine »Secretaire«-Schublade vorhanden. Die Kommode hat eine Platte mit flachem oder profiliertem Rand, der leicht übersteht. Die Basis hat gewöhnlich die Form einer Plinthe. Am häufigsten wurden Mahagoni, Palisander, Nuß- und Eichenholz für ihre Herstellung verwendet. Es kommt aber auch Furnier vor.

Anders als die Militärkommoden haben sie stets hervortretende Griffe (fast immer hölzerne Knöpfe) und sind manchmal mit Bandwerk oder Einlegearbeiten verziert.

Schränke

Linen presses

Linen presses – Schränke, die speziell für die Aufbewahrung von Kleidung entworfen wurden – tauchen zum ersten Mal gegen 1750 auf. Chippendales *Director* von 1754 enthält bereits Entwürfe für diesen Typus. Diese praktischen und attraktiven Möbelstücke sollten bis 1840 in Mode bleiben, als sie durch den Kleiderschrank abgelöst wurden.

Man fertigte sie aus zwei Teilen. Der obere Aufsatz ist ein Schrank mit zwei Türen, die meist sechs Schübe verdecken, die sich herausziehen lassen und so leichten Zugang zu ihrem Inhalt ermöglichen. Bettwäsche, Hemden, Hosen, Westen und andere Kleidungsstücke wurden hier aufbewahrt. Das Unterteil setzt sich meist aus zwei kurzen und einer oder zwei langen Schubladen zusammen. Insgesamt hatte das Möbel das Aussehen einer niedrigen Schubladenkommode mit einem schrankartigen Aufsatz.

Hepplewhites Entwurf (s. Abb. S. 150, 151): Tafel 85. 1. Auflage, »The Cabinet-Maker and Upholsterer's Guide«, hrsg. von A. Hepplewhite, London 1788.

149

Der Dekor ist zurückhaltend und besteht aus einem profilierten Gesims oder einem Giebel (der Stil orientiert sich
an dem der Bücherschränke), einem Fries, das oft mit Blend-
gitterwerk oder Marketerie versehen ist, sowie Furnier mit
schöner Maserung oder massiven Paneelen. Einige *Linen
presses* haben eine geschweifte oder bogenförmige Front, aber
die Mehrzahl weist gerade Fronten auf. Die vorderen Kanten
sind oben und unten gelegentlich abgeschrägt und mit Pilastern etc. verziert.

Bis 1780 zeigen sie Konsolfüße und manchmal Karniesfüße, dann werden die französischen Konsolfüße mit ge-

schweiften Blenden bevorzugt. Ab 1800 stehen sie meist auf einer Plinthe.

Ab 1790 gibt es Schränke mit durchbrochener Front (*Breakfront linen presses*). In der einen Seite waren meist zusätzliche Schubladen, und die andere enthielt einen Schrank ohne Regale, um Platz für hängende Mäntel und ähnliches zu bieten.

In erster Linie wurde Mahagoni in massiver oder furnierter Form für die Herstellung von *Linen presses* verwendet. Zedernholz wurde (wegen seiner mottenabwehrenden Eigenschaft) gerne bei Schubladeninnenteilen, Regalen und

Eckschrank aus Eichenholz mit schöner Patina, späte Georgian Period, ca. 1810 - 1830. Vertäfelte Türen, drei kleine Gewürzschubladen, Messinggriffe, Konsolfüße. Einfaches Möbelstück zur Aufbewahrung von Lebensmitteln oder anderen Dingen von geringem Wert, vom späten 18. bis zum späten 19. Jh. häufig in Küchen von Gutshäusern und Wohnzimmern kleinerer Häuser. 207 x 125 x 65 cm

Schüben eingesetzt. Die Griffe waren meist vom schwanenhalsförmigen Typ. Ab 1800 verwendete man runde Messingknöpfe und ab 1820 hölzerne Knöpfe. Gewöhnlich war wie bei vielen anderen Schränken an der rechten Tür des Oberteils eine Messing- oder Holzleiste angebracht, um das Eindringen von Staub zu verhindern.

Eckschränke

Eckschränke haben ihre Ursprünge in der Nußbaumperiode. Vor 1730 waren sie noch nicht besonders beliebt. Während des übrigen Jahrhunderts wurden sie aber in großer Anzahl hergestellt, allerdings meist für kleinere Häuser, wo Platz sehr wichtig war, und auf dem Lande. In kultivierten Häusern kamen sie gegen 1760 aus der Mode und wurden nur noch in untergeordneten Räumen verwendet.

Bei ländlichen Exemplaren bevorzugte man zu ihrer Herstellung Eichenholz und bei den besseren Mahagoni. In ihrer Form orientierten sie sich am Zeitstil. So finden sich verschiedene gerade Fronten, Bogenfronten (*bow front*) mit Paneeltüren oder auch verglaste Türen. Hochwertigere Stücke besitzen einen gesprengten Giebel oder einen Volutengiebel.

Zwei Typen herrschen vor: ein Schrank mit nur einer Etage, der an der Wand hängend befestigt wird oder auf einem Gestell steht, und ein Schrank aus Unterteil und Aufsatz, der die ganze Ecke vom Boden bis zu einer Höhe von 2 m und mehr ausfüllt. Wenn die Türen nicht verglast waren, war der Schrank mit dem gerade üblichen Dekor verziert, wie zum Beispiel Einlegearbeiten und Randintarsien. In verglaster Ausführung diente dieser Schrank zur effektvollen Präsentation von kostbarem chinesischen Porzellan, Silber oder anderen Wertgegenständen im Wohnzimmer.

Betten

Die Sitte, Gäste im Schlafzimmer zu empfangen, setzte sich auch im 18. Jahrhundert fort. Das Schlafzimmer war daher oft ebenso vornehm ausgestattet wie der Salon. Es war nicht ungewöhnlich, sogar im Bett zu speisen, wobei der Gastgeber komplett bekleidet war und die Gäste auf oder neben dem Bett saßen und von Tabletts oder kleinen Tischen in Reichweite aßen.

Die Paradebetten dieser Zeit waren groß und reich verziert. Eine Länge und Breite von mehr als 2 m und eine Höhe von über 3 m waren keine Seltenheit. Sie besaßen weiterhin vier Pfosten mit Dach und Baldachin, mehrere Lagen von Matratzen sowie üppige Vorhänge aus Seide, Satin, Damast, Samt oder Mohair sowie Posamenten. Einige waren im chinesischen Stil lackiert oder besaßen Zelt- oder Bootsform.

Allmählich wurde der Stoffbezug etwas reduziert. Gesims, Pfosten und oberer Rahmen waren oft aus geschnitztem und poliertem Mahagoni. Gegen Ende des Jahrhunderts waren die Pfosten häufig gekehlt oder geriefelt.

Wegen der Höhe der Betten benötigte man oft Stufen, um ins Bett zu gelangen. Während des Großteils des Jahrhunderts waren diese Stufen nur roh gefertigt und wurden unter dem Bett versteckt, wenn man sie nicht benötigte. Ab etwa 1790 hatten sie eine kastenartige Form und nahmen oft einen Nachttopf mit auf. Sie wurden vor allem aus Mahagoni hergestellt und entsprachen im Dekor der zeitgenössischen Mode. Die Tritte der Stufen wurden meist mit Teppich bedeckt. Es kamen kurze und quadratische, gedrechselte, spitz zulaufende und abgeschrägte Beine vor.

Ab 1740 wurden *Half-tester beds* eingeführt, bei denen der Baldachin nur das Kopfende bis etwa zur Hälfte des Bettes bedeckt. Gleichzeitig kamen auch Couchbetten ohne Baldachin auf. Sie hatten hölzerne Kopf- und Fußteile und niedrige Seitenteile. Oft waren sie mit zylinderförmigen Kissen ausgestattet, so daß sie tagsüber als Sofa benützt werden konnten. Da die Stoffvorhänge der teuerste Teil eines Bettes waren, konnten Couchbetten sehr viel billiger produziert werden.

Vierpfostenbett aus Mahagoni, mit Seidendamast bedeckt, um 1760. Pfosten in Form von gebündelten Säulen, mit Schnitzereien aus Bändern, Akanthusblättern und Muschelmotiven. 312 x 185 x 208 cm

Matratzen waren nun meist nicht mehr mit Wolle, sondern mit Schwanen-, Gänse-, Enten- oder Hühnerfedern gefüllt, je nach Wohlstand des Besitzers. Die Landbevölkerung sammelte die Federn, wusch sie, trocknete sie und verarbeitete sie zu Matratzen. Die ärmere Bevölkerung sammelte Distelwolle, Moos oder Stroh für ihre Matratzen, die dann auf Strohmatten auf dem Boden oder in einfache hölzerne Rahmen mit Seilen gelegt wurden.

Die hygienischen Bedingungen waren weiterhin miserabel, und Wanzen waren auch in vornehmen Haushalten weit

156

Bett im chinesischen Stil nach einem Entwurf von Thomas Chippendale sen., ca. 1750 - 1760. Aus verschiedenen Hölzern hergestellt, teilweise vergoldet und mit Chinalack überzogen. Abgebildet ohne die übliche Ausstattung mit Baldachin, Vorhängen, Kissen und bestickter Decke.

verbreitet und als unvermeidbares Übel akzeptiert. Bücher aus dieser Zeit beschreiben oft ausführlich die gebräuchlichen Methoden, um Betten ungezieferfrei zu halten. Ein Möbelhersteller empfahl z.B. Betten aus jamaikanischem Bitterholz, das ebenfalls sehr teuer war und meist nur als Furnier für Wiegen in reichen Haushalten verwendet wurde.

Gegen Mitte des 18. Jahrhunderts wurde ein neuer Wiegentyp eingeführt, der aber nur in reichen und vornehmen Haushalten Verwendung fand. Dabei wurde die Wiege zwischen zwei Pfosten gehängt, so daß sie frei schwingen konnte. Außerdem besaß sie Seitenteile aus Flechtwerk, die eine bessere Luftzirkulation erlaubten.

Kleinmöbel

Es wurden im 18. Jahrhundert auch weiterhin kleinere Möbel für den Hausgebrauch angefertigt oder neu erfunden und in größeren Mengen produziert.

Vor allem Thomas Sheraton bewies in dieser Hinsicht Begabung und erfinderisches Geschick, indem er Stücke mit vielen verschiedenen Funktionen und besonders raffinierter Konstruktion entwarf. Seine Waschtische und Nachttopfschränkchen, die in dieser Funktion seit einem Jahrhundert nicht mehr genutzt, aber noch als Beistelltische oder Schränke für Fernseher oder ähnliches verwendet werden, sind uns in zahlreichen Beispielen erhalten.

Besonders bei **Nachttopfschränkchen** wurde viel Mühe auf Form und Dekor verwendet, um diesem rein funktionalen Stück Eleganz zu verleihen und seinen ursprünglichen Zweck zu verschleiern.

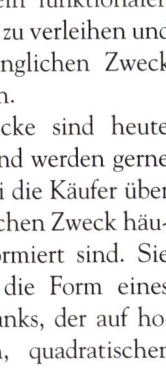

Nachttopfschrank mit gebogener Front aus Mahagoni, Georgian Period, um 1810. Besitzt Elemente eines Stuhles und eines Beistelltisches mit Regal. Wenn man ihn nicht als Nachttopfschrank benutzte, konnte er auch als kleiner Nachttisch zum Aufstellen von Kerzenhaltern oder als Ablage für Bücher genutzt werden. 82 x 58 x 51 cm.

Diese Stücke sind heute sehr beliebt und werden gerne gekauft, wobei die Käufer über ihren eigentlichen Zweck häufig nicht informiert sind. Sie haben meist die Form eines kleinen Schranks, der auf hohen, geraden, quadratischen oder spitz zulaufenden und gedrechselten Beinen steht. Manchmal besitzen sie eine echte Schublade, aber häufig hatten sie Scheinschubladen und einen Aufsatz mit Schüben. Oft sind sie mit Griffen ausgestattet, so daß sie samt Inhalt diskret entfernt werden konnten. Spätere Ausbildungen besitzen manchmal die Form einer halbhohen Säule oder eines kleinen Schranks.

Ein Möbelstück, das damals sehr gebräuchlich war und für das es heute keine Verwendung mehr gibt, ist der **Kaminschirm**. Viele Kaminschirme der Georgian Period und später sind schöne Beispiele für exzellente Handwerksarbeit.

Meist haben sie einen einfachen oder doppelten Ständer, der einen Rahmen trägt, den man in der Höhe anpassen kann. In diesen ist ein Stück Stoff mit Stickereien oder eine andere dekorative Textilie gespannt. Man stellte sie vor das offene Feuer, um jemanden, der davor saß oder stand, zu schützen. Das Make-up, das im 18. Jahrhundert von Frauen wie Männern benutzt wurde, hatte nämlich eine Wachsbasis und mußte daher vor Hitze geschützt werden.

Die modernen Formen des Heizens (und besseres Make-up) haben die Kaminschirme überflüssig gemacht, und es wurde, anders als bei den Nachttopfschränken, keine andere Verwendung für sie gefunden.

Sheraton verwandte viel Mühe auf die Entwicklung von Entwürfen für Kaminschirme. Ein Exemplar ließ sich sogar in einen kleinen Schreibtisch verwandeln.

Die Möbeldesigner des 18. Jahrhunderts richteten ihre Aufmerksamkeit – abgesehen von den größeren und wichtigeren Möbel – auch auf alle möglichen weiteren Stücke des Haushalts. Hepplewhite, Sheraton, Chippendale, Gillows, Ince, Mayhew und andere Möbeldesigner konzipierten auch Teedosen, Uhrengehäuse, Rahmen, Kerzenhalter, Tabletts, Bibliothekstreppchen, Gartenmöbel, Tore, Griffe, Messerschachteln, Hängeregale, Kanzeln, Türrahmen, Lampen, Notenhalter und sogar Sonnenuhren.

Zwei Kaminschirme, um 1835. Ständer aus Mahagoni, vergoldeter Rahmen im Rokoko-Revival. Die Stickereien wurden wohl von den Damen des Hauses speziell für die Schirme angefertigt.

*Regency-Stuhl aus
Mahagoni und
Kommode aus
Mahagoni mit
gebogener Front und
zwei Schubladen,
ca. 1810 - 1820.
70 x 60 x 41 cm*

*Mahagoniständer
zum Halten von
Stiefeln, ca. 1800
bis 1820.
90 x 60 x 30 cm*

2. REGENCY
ca. 1800 – 1835

In den letzten Jahren des 18. Jahrhunderts machen sich bereits Wechsel im Stil bemerkbar. Obwohl der Stil, den man mit dem Regency assoziiert, erst gegen 1805 aufkommt, wird das Regency, zumindest hinsichtlich der Möbel, allgemein von 1800 bis 1835 datiert. Das stimmt chronologisch zwar nicht genau mit der tatsächlichen Prinzregentenzeit (engl. *Regency*) von George, dem Prince of Wales, überein, die 1811 begann und 1820 mit seiner Thronfolge auf den Tod seines Vaters, Georges III., endete. Doch wie bei fast allen anderen Stilen gibt es auch hier kein genaues Anfangs- und Enddatum. Einige Möbelstücke, die man als Regency klassifizieren könnte, wurden bereits 1795 angefertigt, andere erst 1840, als bereits ein neuer Stil in Mode gekommen war.

Manchmal lassen sich Stücke aus der späten Georgian Period und dem Regency nur schwer unterscheiden. Viele Möbel aus dem Regency waren aber originale Schöpfungen, die unverwechselbare Züge des 19. Jahrhunderts tragen. Dies sind beispielsweise Stützen in Lyra-Form, Gitterwerk aus Messing und Mittelstützen mit vier statt drei Füßen.

Die Stilentwicklung

Im Grunde stammen die neuen Elemente des Regency, die schnell in Mode kamen und weit verbreitet waren, aus dem zeitgenössischen französischen Empire-Stil. Dieser war aus einer Mischung von alten römischen, griechischen und ägyptischen Ornamenten und der zugehörigen Architektur abgeleitet. Der modifizierten Übernahme des französischen Empire-Stils bei englischen Möbeln wird daher auch gerne der Name »Englisches Empire« gegeben.

Die weite Verbreitung des neuen französischen Stils wurde durch die Publikation des Buches *Household Furniture and Interior Decoration* im Jahre 1807 gefördert. Dabei handelte es sich um ein Buch mit Entwürfen des 37jährigen Architekten Thomas Hope, der ein Anhänger der klassischen Antike war. Er war überaus reich und hatte eine riesige Sammlung von antiken griechischen, römischen und ägyptischen Kunstgegenständen zusammengestellt, für die er als Hintergrund Räume und Möbel in einem passenden Stil benötigte. Adam hatte in London ein Haus im klassischen antiken Stil für Hope und seine Sammlung entworfen, und die Möbel für dieses Haus konzipierte Hope selbst. Seine Entwürfe spiegeln deutlich die Tatsache wider, daß Geld für ihn kein Thema war. Er verschwendete keinen Gedanken an die Kosten oder die Verkäuflichkeit dieser Stücke.

Der Stil war eher geradlinig als geschweift. Dazu kamen Ornamente wie Lotusblüten, Papyrusrollen und Sarkophage,

Londoner Arbeitszimmer, ca. 1810 - 1815. Rechts ein Stehpult, im Vordergrund ein Mahagoni-Schreibtisch mit Tambour-Deckel auf Voluten-Stützen,

und dahinter sieht man die Tischplatte eines kleinen Tripod table. Links ein Bibliothekstisch, um den Kamin sind Bibliotheksstühle gruppiert.

und die Stützen hatten häufig die Form von Tieren (meist Löwen und Chimären) mit Kopf, Körper, Beinen und Füßen. Es gab auch einzelne Beine mit drei konkaven Seiten, die Lyra als Stütze (und als Dekormotiv), römische Dreibeine als Vasenständer, geduckte Löwen als Sofaarme, Sphingen als Dekor und Stützen usw.

Alles war in bester handwerklicher Qualität ausgeführt. Die Möbel waren aus dunklem Mahagoni, Palisander oder anderen dunklen exotischen Hölzern, die massiv, bemalt und als Furnier eingesetzt wurden.

Hope bediente sich nicht als erster der Motive und Formen aus der alten Welt, aber erst er und andere wie George Smith nutzten sie in diesem Ausmaß, entwickelten sie weiter und machten sie populär. Hope war ein Gelehrter, so daß seine Kopien und Anleihen von alten Relikten mit archäologischer Präzision vorgenommen wurden. Sein Buch war im Grunde ein Katalog der Möbel seines Hauses in London, aber es wurde zum wohl wichtigsten Musterbuch für den Regency-Stil.

1808 folgte das reich illustrierte Buch *Collection of Designs for Household Furniture and Interior Decoration* von George Smith, einem erfolgreichen und bekannten Kunsttischler. Smith nahm eigene Anleihen aus den antiken Stilen vor. Da er aber nicht die Ausbildung Hopes hatte, schlägt sich in seinen Möbeln und Inneneinrichtungen eher Phantasie als akademische Exaktheit nieder. Trotzdem waren seine Entwürfe sehr beliebt und zu einem guten Teil an der Verbreitung des neuen Stils beteiligt.

Hopes Einrichtungsgegenstände waren für eine reiche Elite mit hohem Bildungsniveau gedacht. Smiths Möbel richteten sich dagegen an eine modebewußte Mittelklasse, die begierig auf neue, exotische und sehr dekorative Möbel war. Hope stellte ohne Rücksicht auf die Kosten Möbel her, deren Typus und Qualität ihn persönlich interessierten. Smith dagegen fertigte Mobiliar, das dem Hopes ähnelte, dachte dabei aber an die Kosten und die Verkäuflichkeit.

Das dauerhafte Bemühen um Neuheit, Exzentrizität und Ziererei führte beim Aufkommen von originalen Stilen zu einer gewissen Verwirrung. Die Möbeldesigner ließen nichts unversucht, um auffallende Möbelstücke herzustellen, aber die Ausbildung eines charakteristischen und schlüssigen Stils wurde behindert durch die exzessive Neigung, Mutmaßungen darüber anzustellen, wie die alten Griechen, Römer oder Ägypter die Möbelstücke des 19. Jahrhunderts konzipiert hätten.

In der Mitte des Regency kam es zu einer Wiederbelebung der Chinoiserien. Dies kulminierte in einer Manie für pseudo-orientalische Formen und Motive. Durch den »Chinesischen Raum« des Prinzregenten in Carlton House und die Erneuerung des Brighton Pavillons (1815 - 1821) im chinesischen Stil ermutigt, stattete die modebewußte Gesellschaft ihre Räume in gleicher Weise aus.

Regency-Salon mit »chinesischer« Ausprägung, in den 1830ern gemalt. Zeigt den für diese Zeit typischen lichten, luftigen und informellen Einrichtungsstil. Mobiliar aus Bambus und Scheinbambus,

Material und Techniken

Die Beliebtheit von Mahagoni setzte sich fort, aber das Satinholz, das am Ende des 18. Jahrhunderts sehr viel verwendet wurde, wurde größtenteils durch Palisander ersetzt. Amboyna, Zebraholz und bemalte Buche wurden von den Möbeldesignern und Kunstschreinern des Regency gleichfalls sehr geschätzt.

Marketerie aus Holz kam aus der Mode und war bis 1810 fast völlig verschwunden. Erst Mitte des 19. Jahrhunderts tauchte sie dann sprunghaft wieder auf.

Möbel aus imitiertem Bambus im chinesischen Stil tauchen auf. Scheinbambus (Bambus, der durch gedrechseltes Holz imitiert wird), ist ein Motiv, das während der Regency-Periode bei Pfosten, Stuhlbeinen, Tischbeinen und als aufgelegter Dekor viel verwendet wurde.

Für Einlegearbeiten wurde gerne Ebenholz verwendet. Auch Metall setzte man oft zur Verschönerung der Möbel ein. Messing ersetzte bei Einlegearbeiten Hölzer wie Buchsbaum, und Ormolu wurde für klassisch inspirierte Ornamente und Beschläge eingesetzt, die auf die Oberfläche der Möbel genagelt oder geschraubt wurden.

Viele Kunstschreiner des Regency tendierten dazu, Messingeinlegearbeiten sehr häufig einzusetzen, da sie sich für den dekorativen Kontrast zwischen dem hell glänzenden Metall und dem umgebenden dunklen Holz begeisterten. Ein Problem bei Metalleinlegearbeiten ist aber, daß das Holz sich im Gegensatz zum Metall bei unterschiedlichen Klimabedingungen verändert, so daß später schwierige Reparaturen und Restaurierungen notwendig wurden. Die besten Metallarbeiten an Regency-Möbeln zeichnen sich durch anmutige Formenklarheit aus. Es entstanden neue Motive aus gegossenem und eingelegtem Messing.

Eingelegte Ränder, Gitterwerk, Galerien, Griffe in Form von Löwenmasken und gegossene Tatzenfüße waren typische Verzierungen. Bei teureren Stücken waren außerdem schwere vergoldete Gußwaren integriert, die zum Beispiel Sphingen, Greife, geflügelte Löwen oder thebanische Monster darstellten.

Papiermaché wird ebenfalls immer beliebter, so daß kleine Tische, Kästen aller Art und Tabletts in großen Mengen daraus hergestellt wurden.

chinesische Tapeten, Türen in Bambus-Nachbildung. Daneben Möbelstücke des »normalen« Regency, z.B. ein aufgepolsterter Stuhl und ein von zwei Seiten zugängliches Dwarf book case.

Die Qualitätsentwicklung

Zwischen 1800 und 1830 wurde viel interessantes Mobiliar von ausgezeichneter Qualität geschaffen. Es gab im Regency wie auch im späten 19. und frühen 20. Jahrhundert Tausende von Möbelherstellern, die Möbel von exquisitem Stil und hervorragender Ausführung produzierten. Aber obwohl die Traditionen großer Kunsttischlerei aus dem 18. Jahrhundert fortgesetzt wurden, zeigt sich doch eine Verschlechterung bei der handwerklichen Ausführung und beim Entwurf. Das heißt nun nicht, daß der Großteil der Regency-Möbel von minderer Qualität war. Aber in der Regency-Zeit begann ein Trend in der Möbelherstellung, der schlechte Möbelentwürfe, Konstruktionen und Oberflächenbehandlungen zuließ und sogar förderte.

Hier sollen nicht alle sozialen und wirtschaftlichen Faktoren hinter diesem Wandel untersucht werden, doch einige mutmaßliche Einflüsse sind zu erwähnen.

Es war damals eine neue reiche Schicht entstanden, die Mobiliar verlangte, das prunkhaft war und zugleich schnell produziert werden konnte. Diese Kunden interessierten sich nicht so sehr für gelungene Proportionen oder gute Ausführung, sondern für eine schnelle Lieferung und modisches, beeindruckendes Aussehen. Dabei handelte es sich um bürgerliche Schichten, die im Bankwesen, bei Versicherungen, im Rechtswesen, in der Industrie oder im Import und Export tätig waren. Sie hatten nicht wie die Landbesitzer oder Aristokraten des vorangegangenen Jahrhunderts die Zeit, Bücher und Entwürfe zu studieren, sich über Details von Proportion, Form oder Funktion zu unterhalten und den Kunsttischler aufzusuchen, um die Fortschritte zu besprechen.

Die Nachfrage nach Möbeln war so groß, daß die Hersteller die aufwendigeren Produktionsmethoden verkürzten, was natürlich einen Qualitätsverlust nach sich zog.

Die Arbeits- und Materialkosten waren außerdem während der Napoleonischen Kriege beträchtlich angestiegen, so daß die Möbelhersteller sehen mußten, wie sie weiterhin Gewinn machen konnten. Deshalb wiesen sie ihre Arbeiter an, weniger Zeit auf die Konstruktion und die abschließende Bearbeitung zu verwenden, benutzten Materialien, die ihre Vorgänger als zweitrangig klassifiziert hätten, vertuschten kleine Fehler, statt sie auszubessern, und sparten an wertvollen Materialien, indem sie beispielsweise einem Säbelbein nur eine mittlere Kurve anstatt einer großzügigen verliehen.

In dieser Zeit begann bei der Möbelproduktion das Maschinenzeitalter, was gewöhnlich mit einem Qualitätsverlust verbunden war, da die Maschinen einzig als Mittel zur Kostensenkung gesehen wurden. Wenn ein Handwerker eine Aufgabe billiger ausführen konnte als eine Maschine, beschäftigte man ihn weiter, wenn nicht, wurde er durch eine Maschine ersetzt. Maschinen hatten aber auch direkten Einfluß auf die Qualität. Die Einführung von maschinellen Sägen zum Schneiden von Furnier hatte zum Beispiel viel dünnere Furniere zur Folge, was bedeutete, daß zwar weiterhin teures Furnierholz verwendet wurde, das aber weniger haltbar war.

Außerdem waren in Frankreich neue Methoden zur abschließenden Behandlung des Holzes aufgekommen, die sofort ein glänzendes Aussehen verliehen, das im Kontrast zu dem weichen Ton stand, der früher erst über Jahre hinweg durch die Wachspolitur erreicht wurde. Diese französische Politur war leichter zu pflegen als gewachste Politur, die regelmäßig neu aufgetragen und poliert werden mußte.

Es ist interessant festzustellen, daß die Einführung der französischen Politur gegen 1815 in ganz England auch zur Folge hatte, daß viele Möbel aus dem Georgian und aus früherer Zeit abgezogen und neu poliert wurden. Obwohl dies in bester Absicht geschah und dem Zeitstil entsprach, zog es doch den Verlust von sorgfältig erarbeiteter Patina nach sich. Es ist jedoch heute kaum Mobiliar erhalten, das nicht in irgendeinem Stadium neu poliert wurde. Auch wenn dies zu bedauern ist, so ist es doch eine Tatsache, mit der man leben muß. Die meisten Leute setzten aber die alte Tradition fort, ihre Möbel regelmäßig mit Wachs zu pflegen, egal ob sie eine französische Politur hatten oder nicht. Nach einigen Jahrzehnten dieser Behandlung entstand so auch wieder neue Patina.

Sitzmöbel

Stühle

Viele Stühle wurden auch nach 1800 noch im Stil Hepple-whites, Sheratons und anderer Designer aus dem letzten Jahr-hundert angefertigt. Diese Vielfalt wurde bald durch einen neuen Typ ergänzt. Dessen wichtigstes Merkmal wird als ei-nes der bekanntesten Regency-Charakteristika in der Möbel-herstellung angesehen: die Schnecke oder Volute.

Der Stuhl mit Volutenarmen ist ein typisches Beispiel für den Gebrauch dieser Form. Diese Stühle sehen gewöhnlich sehr anmutig aus und haben ausgewogene Proportionen, vor allem wenn sie Säbelbeine besitzen. Aber es gibt auch viele schöne Stücke mit schlanken, spitz zulaufenden oder geriefel-ten Beinen. Die gebogene Volute der Arme wird in der gebo-genen Form der Beine und oft in dem leichten Rückwärtsbo-gen des Schulterbretts wieder aufgegriffen, bei besseren Stücken manchmal zusätzlich mit einer winzigen Volute an jeder Seite. Es wurden kunstvolle und kostbare Variationen hergestellt, die gegossene Metallbeschläge für die Arme, Mes-singbandwerk, Einlegearbeiten, Riefelung und manchmal Schnitzerei aufwiesen. Viele der besten erhaltenen Stücke ge-hen auf Entwürfe von Thomas Hope zurück.

Rechts: Armstuhl aus Mahagoni, spätes Regency, ca. 1830 bis 1835. Gedrechselte Vorder-beine und eingelasse-nes Sitzpolster. Arm-lehnen mit einfachen und eleganten Volu-ten. Qualitätsmerk-male sind das nach hinten gebogene Schulterbrett und der Schwung der hinteren Beine. Die schwer gedrechselten Beine und die Tatsache, daß die Armlehnen direkt mit dem Sitz verbunden sind, sprechen für eine späte Datierung.

Links: Zwei »Bergere-Stühle« aus Mahagoni, Regency, um 1830. Geriefelte Rücken- und Arm-lehnen sowie Beine. »Bergere-Stühle« haben eine niedrige Rückenlehne, die Armlehnen verlaufen parallel zum Sitz. Rückenlehne, Seiten und Sitz sind gewöhn-lich mit Rohrgeflecht bespannt. Sitzkissen und Kissen für den Rücken machten diese Stühle bequemer.

Die Voluten der Armstühle konnten kleine Stützen haben, die sie mit dem Sitz verbanden, oder direkt aufliegen. Die Form mit Stützen ist meist früher zu datieren als die ohne.

Auch die Sheraton-Arme, die fast von der Höhe des Schulterbrettes auf vertikale Stützen treffen, die leicht hinter dem Sitzrand zurückliegen oder von dort in einem zweiten Bogen auf Stützen treffen, die die Vorderbeine verlängern bzw. eine Verlängerung der Vorderbeine sind, waren während der Regency-Periode weiterhin beliebt.

In der Regel hat ein Regency-Stuhl flache Seiten, schmalere Sitze als früher, keinen Steg zwischen den Beinen, und seine Rückenlehne besteht aus horizontal betonten Stangen. Die Sitze waren oft aus Rohrgeflecht – mit einem Kissen –, komplett aufgepolstert oder hatten eine eingelassene Polsterung.

Das Säbelbein sowie ein gebogenes, tiefes und rechteckiges Schulterbrett sind typisch für viele Stühle aus dem Regency. Diese Eigenschaften stammen direkt vom antiken griechischen Klismos. Ab 1820 steht das Schulterbrett über die seitlichen Rückenstützen über.

Auch die gedrechselten Vorderbeine werden früher datiert als die geriefelten, die um 1820 eingeführt und mit der Zeit dicker und unförmiger wurden.

Die ländlichen Exemplare zeichnen sich durch gerade, spitz zulaufende Beine mit Stegen sowie oft durch konkave Holzsitze aus. Eine beliebte Ausbildung der Rückenlehne waren zwei Stangen, die hölzerne Kugeln einschlossen.

Sowohl bei Stadtmöbeln wie auch bei der ländlichen Version erfreute sich seit 1805 die gedrehte Kordel als Dekor großer Beliebtheit. Weitere Dekorelemente bildeten von 1805 bis 1815 Bandwerk und Einlegearbeiten aus Ebenholz und später aus Messing. Flache Schnitzereien, vor allem mit Anthemion, Palmenblättern und Lotusblüten findet man ebenfalls häufig. Einige Stühle waren auch bemalt oder vergoldet. Die häufigsten Holzarten waren Palisander und Mahagoni sowie Buche bei bemalten Stühlen.

Lesestuhl

Der Bibliotheks- oder Lesestuhl mit oder ohne Vorrichtungen für Kerzenhalter und Bücher wurde immer beliebter. Die Regency-Ausprägung sah folgendermaßen aus: Über einem niedrigen Sitz erhob sich eine nach hinten überragende Rückenlehne. Sitz und Rückenlehne waren dick mit Leder aufgepolstert. Metallfedern für die Aufpolsterung wurden in den späten 20er Jahren des 19. Jahrhunderts erfunden und verbreiteten sich schnell. Die Bibliotheksstühle besaßen zudem bequem gepolsterte Armlehnen und standen auf geraden, gedrechselten oder geschnitzten Vorderbeinen und abgeschrägten Hinterbeinen mit Rollen. In der Regel waren sie aus Mahagoni.

Solide gefertigter, schöner Lesesessel aus schwerem, eng gemasertem Mahagoni, mit Leder aufgepolstert, ca. 1830 - 1835. Derartige Stühle wurden für Bibliothekszimmer und Clubs angefertigt. Sie haben stets aufgepolsterte Sitze, Armlehnen und Rückenlehnen und stehen auf Laufrollen. Aufpolsterung mit Knöpfen an der Rückenlehne bis Taillenhöhe. Hintere Beine stark nach hinten gespreizt. Ungewöhnlich für ein englisches Möbelstück ist die Signatur »Strahan« auf dem hinteren Bein.

Ein Paar Armstühle aus Mahagoni, Regency, ca. 1810 - 1820. Mit Volutenarmen und Säbelbeinen. Das Schulterbrett, das innerhalb der Rückenstützen liegt, und die Armlehnen, die nicht direkt mit dem Sitz verbunden sind, sondern auf kurzen Stützen aufliegen, geben Hinweise auf die korrekte Datierung.

Zwei einfache, eher provinzielle Mahagonistühle mit Fadenintarsien aus Buchsbaumholz und leicht konkaven Sitzen, um 1830.

Ein Paar Stühle aus
Mahagoni mit
Bandintarsien aus
Satinholz und
gedrechselten,
gespreizten Füßen,
Regency, ca. 1830.

Zwei von acht
Regency-Stühlen aus
Palisander mit
Einlegearbeiten in
Form von floralen
und Lyra-Motiven
aus Buchsbaumholz,
um 1835.

Stuhl mit Säbelbeinen aus Mahagoni aus einem Sechser-Satz, Regency, ca. 1815 - 1830. Sheraton-Charakteristika: niedrige Rückenlehne mit horizontaler Betonung, breites Schulterbrett mit Ornamentik an der Oberseite, Rücken-brett nur wenige Zentimeter über dem Sitz. Säbelbeine, geschnitzter Blatt-dekor an Rückenlehne und Beinen, kanne-lierter und geriefelter Dekor am Schulter-brett. Sitz komplett aufgepolstert.

Hocker

Hocker mit Sitzen aus Rohrgeflecht oder mit Aufpolsterung kommen gleichfalls in Mode und waren als Musik- oder An-kleidehocker gedacht, wobei viele so dekorativ gearbeitet sind, daß sie wohl hauptsächlich einen repräsentativen Zweck hatten. Musikhocker besaßen in der Regel einen run-den Sitz und einen hölzernen Schraubmechanismus, mit dem man sie in der Höhe verstellen konnte. Variationen der traditionellen x-förmigen Beine wurden ebenfalls oft und in großen Mengen hergestellt. Viele Hocker sind bemalt, ver-goldet und mit Ormolu, in Messing geprägten Löwenmasken und geschnitzten Tierköpfen verziert und waren mit Sticke-reien bezogen.

Zu dieser Zeit waren auch Fußschemel weit verbrei-tet, manchmal *Gout stools* (*gout* = Gicht) genannt, da sie

Schlichter, eleganter Mahagonistuhl aus einem Vierer-Satz, Regency, ca. 1825 - 1835. Honduras-Mahagoni mit Furnier aus spanischem Mahagoni. Die Form leitet sich vom antiken Klismos ab: typisch das tiefe, breite und gebogene Schulterbrett, das über die Stützen hinausgeht, sowie die Säbelbeine.

vor allem von gichtgeplagten Zeitgenossen verwendet wurden.

Sofas

In den variierenden Entwürfen für Sofas entfaltete sich die ganze Pracht des Regency. Diese besaßen nämlich oft exzentrische Formen und waren mit Schnitzerei, Malerei, Ormolu und Einlegearbeiten aus unterschiedlichsten Materialien ornamentiert. Als Arm- und Fußstützen dienten häufig geschnitzte und vergoldete Sphingen, Löwen, Delphine und mystische Untiere.

Im Jahre 1800 hatte der französische Maler Jacques Louis David Madame Récamier, die Frau eines Bankiers und zugleich die berühmteste Schönheit dieser Zeit, gemalt, wie sie sich auf einem Sofa oder *Day-bed* in griechisch anmutendem Stil zurücklehnt. Dieses Möbel schien der Inbegriff von Luxus und Eleganz gewesen zu sein, so daß jede sozial gut gestellte Engländerin sich so zurücklehnen und ihren verschwenderisch eleganten Haushalt von solch einer »Récamière« aus leiten wollte.

Im frühen 19. Jahrhundert waren für eine gewisse Zeit voluminös aufgepolsterte Sofas aus der Mode. Die vom antiken Rom und Griechenland beeinflußte Couch, die sparsamer und straffer aufgepolstert war, stand nun in Salons und Wohnzimmern. Eckige Formen waren nicht unüblich, aber gerollte Formen mit asymmetrischen Enden waren weitaus beliebter. Das hohe Ende oder die hohen Enden der Couch entwickelten sich zur Rückenlehne, und die tatsächliche Rückenlehne nimmt in der Höhe bis zu den Armlehnen ab, indem sie sich der Länge nach graduell vermindert oder ganz verschwindet.

Auch wenn die Regency-Sofas elegante, repräsentative Möbelstücke darstellten, ob sie nun *Day-bed*, Récamière, Ottomane, Chaiselongue oder *Reclining-couch* genannt wurden, so hatten sie doch einen Nachteil: Sie waren oftmals sehr unbequem.

Tische

In den frühen Jahren des Regency kam es bei Tischen nur zu sehr wenigen Veränderungen.

Ein Gestell aus einer Mittelstütze in Säulenform und mit abgeschrägten Füßen wurde bei kleineren Tischen bevorzugt, wobei ab 1800 an Stelle der üblichen drei Füße vier Füße mit Messingkappen und Laufrollen traten. Tische mit Mittelstütze in der Art von Hepplewhite und Sheraton wurden weiterhin gefertigt.

Eßtische mit runder Platte erfahren ab 1805 eine Blüte. Diese Form wurde möglicherweise durch die Ideale der Französischen Revolution gefördert. Der runde Tisch ließ nämlich keine hierarchische Sitzordnung zu, so daß alle Plätze gleichberechtigt waren.

Die mögliche Instabilität von sehr großen runden Tischen mit Mittelstütze wurde durch vier zusätzliche Beine rund um den mittleren Pfeiler behoben. Dies erforderte jedoch eine neue Form für die Basis. Die vier Füße mit den Messingkappen und Rollen wurden beibehalten, aber sie wurden oben mit einer Fußplatte verbunden, auf der die Mittelstütze und die vier kleineren Stützfüße standen, die an der Tischplatte angebracht waren.

Selbst bei verhältnismäßig kleinen Tischen wurden massive und solide Stützen verwendet. Diese waren im Verhältnis zur Tischplatte dann häufig überproportional groß. Es handelt sich dabei um Anleihen bei klassischen und architektonischen Vorbildern. Thomas Hope war für viele solcher Entwürfe verantwortlich. Dies konnte beispielsweise ein Tisch sein, dessen hohle Mittelstütze, die aus drei oder vier konkaven und vertäfelten Seiten bestand, eine kleine runde Tischplatte stützte und die auf drei oder vier geschnitzten und vergoldeten Löwenfüßen stand. Wegen seiner Erscheinung wurde ein solches Stück pompös Monopodium genannt.

Eine Entwicklung des Regency an der Tischbasis ist, daß ein sogenanntes Knie den abgeschrägten Füßen hinzugefügt wurde. Dieses hatte entweder zur Abschrägung hin die Form eines doppelten Bogens, oder es war eine Anschwellung der Abschrägung an dem Punkt, wo diese auf die Mittelstütze trifft. Das Knie kommt etwa ab 1810 vor und tritt mit der Zeit verstärkt auf. Zur gleichen Zeit haben viele Tische auch einen Fries, der an der Unterseite der Platte angebracht ist.

Ausziehbarer Tisch aus Mahagoni mit geriefelten Rändern an der Tischplatte sowie geriefelten Beinen, die typisch für die späte Regency-Periode sind. Um 1835.
74 x 113 x 174,5/357 cm

Diese Neuerung hatte teilweise ästhetische Gründe, wurde aber auch (allerdings vergeblich) vorgenommen, um die Platte zu verstärken und vor dem Werfen zu bewahren. Nach 1825 wurden profilierte Zierleisten (*gadrooning*), einfache Kanneluren und Riefelungen an den oberen und unteren Rändern der Friese üblich.

Frühstückstische blieben weiterhin in Gebrauch und folgten der Form und dem Dekor der Eßtische. Häufig waren sie aus Palisander oder aus Mahagoni mit Einlegearbeiten aus Palisander.

Zusammenklappbare **Tee- und Kartentische** hatten gewöhnlich bis etwa 1820 eine halbmondförmige Gestalt oder eine D-Form sowie gerade quadratische Beine, die spitz zuliefen, oder gedrechselte Beine. Nach 1820 hatten viele eine D-förmige oder rechteckige Platte in Verbindung mit einer Mittelsäule mit Fußplattenbasis. Dieser Typ wurde variiert, indem man vier Säulen und eine Fußplattenbasis mit schlichten Füßen oder Füßen in Verbindung mit einem Knie, Löwentatzen oder Schneckenfüße miteinbezog. Auch geschnitzte oder geschweifte Friese waren sehr beliebt. Dieser Typus wurde in Mahagoni oder Palisander gefertigt und gerne mit Messingeinlegearbeiten und Randintarsien verziert.

Bei kleinen Teetischen in der Art des *Tripod* wurde der *Splay foot* üblich, entweder mit einer Aufwärts- oder einer Abwärtskurve. Er endete oft in Laufrollen.

Eines der beliebtesten und dekorativsten Möbelstücke, das auch während des späteren 19. Jahrhunderts noch allgemein verwendet wurde, war der **Sofatisch**. Er bestand meist aus Mahagoni oder Palisander. Einige besonders schöne Stücke wurden mit Einlegearbeiten aus zurückhaltendem Ebenholz oder Messing versehen. Er diente verschiedenen Zwecken wie dem Kartenspiel, Schreiben oder zum Einnehmen einer kleinen Mahlzeit. Die Form aus dem späten 18. Jahrhundert mit zwei Beinen und abgeschrägten Füßen wird zurückgenommen und durch die für das Regency üblichen Beine ergänzt.

Nähtische wurden in sehr großen Mengen hergestellt, aber die Veränderungen waren in dieser Periode nur oberflächlich und spiegelten neue Ideen nur im Dekor wider, zeigten also keine Entwicklung am Stück selbst. Die bedeutendste Veränderung, abgesehen vom Dekor und der aktualisierten Beinform, bestand in dem häufigeren Gebrauch von Palisander, das allmählich das Satinholz ersetzte und nach Mahagoni bei der Verwendungshäufigkeit an zweiter Stelle stand.

Bibliothekstische werden weiterhin angefertigt. Sie waren in der Regel entweder groß und standen auf vier gedrechselten Beinen, die zunehmend schwerer werden und mit Schnitzdekor versehen sind, oder sie ähnelten Sofatischen ohne Klappen. Trommel- oder Pachttische veränderten sich nur geringfügig, wobei ihre Beinform sich der anderer Tische aus dieser Periode anglich. Nach 1810 hatten sie also abgeschrägte Beine mit Knie und nach 1820 Fußplattenbasen mit konkaven Seiten, die manchmal einen Schrank enthielten, auf geschnitzten Tatzen-, Schnecken- oder Knotenfüßen.

Toilettentische werden weiterhin genauso hergestellt, wie es in den letzten Jahren des 18. Jahrhunderts üblich war, und

Sideboard aus Mahagoni, Regency, ca. 1810 - 1825. Korpus mit dekorativen Hölzern furniert, bogenförmige Front mit vier Schubladen, von Säulen in Form einer gedrehten Kordel flankiert. Schlüssellöcher aus Elfenbein. Geriefelte Beine mit fein geschnitzten Füßen in Form von Löwentatzen, typisch für den Stil Thomas Hopes. B: 186 cm

Pedestal sideboard aus Mahagoni, Regency, um 1835. Zwei Pedestal-Schränke mit Schüben und Regalen, verbunden durch eine Friesschublade. Mit einer bleiverkleideten Schublade zum Kühlen von Wein. Aus leichtem Honduras-Mahagoni mit Furnier aus hochwertigem Mahagoni mit Schildpattmuster, das im Regency sehr beliebt war. 89 x 188 x 62 cm

verändern sich nur im Dekor und der Holzart. Nach 1810 wurde es allgemein gebräuchlich, den Typus des Sofatisches ohne Klappen zu verwenden.

Sideboards

In der Mitte der Regency-Periode kam erneut eine Vorliebe für große *Sideboards* auf, die aus einem Mittelteil und zwei hohen flankierenden Sockeln bestanden, auf denen jeweils passende Besteckkästen Platz hatten.

Anfangs war die Wand hinter den *Sideboards* durch Messingstangen mit Vorhängen vor Spritzern geschützt worden. Dieses System wurde bald durch ein festes Brett von 40 bis 50 cm Höhe ersetzt, das mit der Zeit zunehmend kunstvoller und reicher verziert wurde.

Im Mittelteil befanden sich im Fries Schubladen, und in den Sockeln waren Regale und Schubladen vorhanden, die sich bis zum Boden fortsetzten.

Die seitlichen Sockel standen auf Tierfüßen oder einer durchgehenden Plinthe. Nach 1815 traten die Sockel über den Mittelteil hinaus. In diesem verbleibenden Raum zwischen den Sockeln standen Weintruhen, die meist Sarkophag-Form hatten.

Viele *Sideboards* aus dieser Zeit hatten ein architektonisches Aussehen oder waren im griechischen Stil gearbeitet. Als Alternative zu Mahagoni war Palisander eine häufig verwendete Holzart.

Schreibmöbel und Bücherschränke

Die einzige Neuerung bei Schreibmöbeln bestand in der Einführung des **Davenport** gegen 1800.

Der *Davenport* ist ein kleiner, frei stehender Schreibtisch, der schon 1796 bekannt war. Er erscheint nämlich in Gillows Rechnungsbuch aus diesem Jahr mit der Bezeichnung »*a desk for Captain Davenport*« und wurde sicher auf dessen spezielle Bedürfnisse zugeschnitten. In Mode kam er aber erst 1805. Man nimmt an, daß er ursprünglich auf die engen Verhältnisse eines Schiffes zugeschnitten war. Aber seine geringe Größe und Höhe, die raffinierte Konstruktion und sein dekoratives Aussehen ließen ihn bald zu einem beliebten Schreibtisch für Frauen werden. Meist hat er eine Länge und Breite von 55 cm, die Höhe variiert zwischen 80 und 90 cm. Er enthält vier Schubladen, die sich an der Seite herausziehen lassen, und oben einen ausziehbaren Schreibkasten. An der gegenüberliegenden Seite der vier Schubladen befinden sich vier Blendschubladen. Der Schreibkasten läßt sich entweder nach vorne ausziehen oder steht nach vorne über, so daß er Platz für die Beine des Sitzenden läßt. Die Füße des *Davenport* sind meist klein und gedrechselt, oder es sind geschnitzte Knotenfüße. Er konnte auch einen Sockel als Basis haben. Sein Dekor war im Regency sehr zurückhaltend. Manchmal findet man Pilaster und kleine Galerien aus Messing am oberen Rand. Die Griffe hatten die Form kleiner Messing- oder Holzknöpfe. Die Modelle mit einer herausstehenden Schreibfläche besitzen manchmal Säulen als Stützen. Als Holzart herrscht dekoratives Palisander, massiv oder als Furnier, in Verbindung mit Einlegearbeit aus Messing oder Ebenholz vor. Aber auch Mahagoni wurde gerne verwendet und später auch Nußholz. In den *Davenport* wurden viele zusätzliche Elemente wie ausziehbare Schübe, geheime Schubladen, Kerzenhalter, kleine Fächer für Tinte und Schreibutensilien integriert.

Andere Schreibmöbel wie das *Bureau* werden mit minimalen Veränderungen in gleicher Form wie früher hergestellt.

Nach 1810 kommt es auch vor, daß *Bureaux* und Sekretäre manchmal nur mit drei Schubladen versehen wurden. Der Aufsatz für Bücher entsprach in Aussehen und Konstruktion den Bücherschränken dieser Zeit.

Es kam zu oberflächlichen Veränderungen im Dekor wie zum Beispiel bei der Form der Schlüssellöcher, die oft Rauten- oder Schildform hatten, und bei den Füßen, die oft aus geschnitzten Tierfüßen bestanden. Im Dekor tauchen außerdem griechische und ägyptische Motive auf (vergoldete Messingsphingen und menschliche Köpfe oder auch eingelegte Messingpalmetten oder -anthemions).

Die Griffe bestanden aus Messingplatten, aus Löwenmasken mit Ringen oder aus Knöpfen aus Messing oder Holz (meist Ebenholz). Die *Kneehole desks* waren völlig aus der Mode gekommen und durch die *Davenports* ersetzt worden.

Früher viktorianischer Davenport aus Mahagoni, um 1840. C-förmige Stützen auf gedrechselten und geschnitzten Füßen, vier Schubladen hinter der Tür. Die kleine seitliche Schublade in der Nähe der Platte ist für Schreibutensilien. 81 x 52 cm

Es wurde noch immer in erster Linie Mahagoni verwendet, oft mit Einlegearbeiten oder *crossbanding* aus Palisander, Buchsbaum oder Ebenholz.

Pedestal desks wurden auch weiterhin angefertigt. Die einzigen Veränderungen betrafen die Einführung der Nierenform und den oberflächlichen Dekor wie z.b. Griffe, die den aktuellen Mustern folgten.

Der **Sekretär** blieb ebenfalls weiterhin beliebt. Er fand sich nun öfter in Bibliotheken oder Wohnzimmern als in Schlaf- oder Ankleideräumen.

Die meisten großen **Bücherschränke** dieser Zeit haben noch die gleichen Grundzüge wie in der späten Georgian Period. Allerdings wurden sie jetzt oft mit Beschlägen aus Ormolu und Messingeinlegearbeiten versehen. Beim Dekor bevorzugte man ägyptische und griechische Motive.

Ab 1800 führte der zunehmende Besitz von Büchern in kleineren Häusern zu einer starken Nachfrage nach kleineren Bücherschränken. Ihre Gesimse waren flach und hatten nur einfache Profile. Die Giebel waren gleichfalls flach mit Akroteren an den Seiten und dem Anthemionmotiv auf dem Architrav oder gerollt mit Schnitzereien in stilisierten Blätter- und Pflanzenformen, oder sie hatten Lünettenform. Ein beliebtes Motiv für Friese waren Kanneluren, die mit Rosetten durchsetzt waren.

Ein typisches Kennzeichen des Regency war bei einigen Bücherschränken und anderen Stücken mit vitrinenartigem Charakter die Einführung von vergoldeten Metallgittern statt Türpaneelen oder Glas. Hinter diesen Gittern sah gewöhnlich gefältelte Seide hervor.

Das Unterteil von Regency-Bücherschränken ist in der Regel höher als das von Stücken aus dem 18. Jahrhundert. Oft sind sie mit einer »Secretaire«-Schublade ausgestattet, so daß sie nicht nur zum Aufbewahren von Büchern, sondern auch zum Schreiben verwendet werden können.

Im Regency wurden viele verschiedene Formen von Trittleitern für Bibliotheksräume entwickelt. Einige ließen sich zusammenklappen oder in andere Möbelstücke, wie Stühle oder Tische, verwandeln.

Bücherschrankpaar aus Palisander, um 1830. Obwohl spätes Regency, zeigen diese Stücke eher die Einfachheit der Linie, die mit der späten Georgian Period assoziiert wird. Regency- typisch sind das massive und furnierte Palisander, die Säulen, die die unteren Türen flankieren, und die Form des Gesimses. H: 198, B: 100 cm

185

Schubladenkommoden

Die Schubladenkommode erfuhr während der Regency-Periode gleichfalls nur geringfügige Veränderungen.

Die geschweifte Front kam gegen 1800 aus der Mode, und die Bogenfront wurde zur beliebtesten Form. Neben ihr findet man noch gerade und D-förmige Fronten. Kommoden mit einer D-förmigen Front sind gerne an beiden Seiten der Schubladen mit Pilastern oder Säulen verziert. Diese nehmen nach 1805 häufig die Form eines gedrehten Seils an.

Zwei Entwürfe für Schubladenkommoden von Hepplewhite. Aus: The Cabinet-Maker and Upholsterer's Guide, hrsg. von Alice Hepplewhite, 1788.

Mahagoni blieb das am häufigsten verwendete Holz. Es wird an den Rändern der Deckplatte und der Schubladen mit Einlegearbeiten aus Satinholz, Buchsbaum und Ebenholz verziert.

Als Griffe bleiben weiterhin Knöpfe aus Messing oder Holz, geprägte Messingplatten mit Löwenköpfen, Rosetten und andere klassische Elemente gebräuchlich, alle mit Ring.

Nach 1800 tauchen an der Platte häufig geriefelte Ränder auf. Die sogenannte *caddy*-Form, bei der die Seiten, die Front und die Oberseite glatt ineinander übergehen, war vor allem bei Kommoden mit gebogener Front beliebt.

Die Füße waren gewöhnlich vom Typus der französischen Konsolfüße, der geschnitzten Tierfüße oder der kurzen gedrechselten Füße.

Herausziehbare Schübe (*brushing slides*) und Zierleisten um die Schubladen (*cockbeading*) kommen gegen 1800 aus der Mode. Statt dessen werden Randintarsien aus Buchsbaumholz (nach 1810 Ebenholz) verwendet, um den Umriß der Schublade hervorzuheben. Während des späteren 18. Jahrhunderts waren die Kommoden meist mit drei oder vier langen Schubladen ausgestattet gewesen. Nach 1795 ersetzte man die oberste Schublade dann durch zwei oder manchmal auch drei Schubladen.

Schränke

Abgesehen von den oben erwähnten Veränderungen im Dekor bei Griffen, Füßen etc. und dem Gebrauch von Gittern vor Seidenhintergrund anstelle der Paneele und der verglasten Türen bleiben die Schränke zum Verstauen von Kleidung, Textilien und von anderen Haushaltsgegenständen in Form und Funktion unverändert. Die *Linen press* bleibt die bevorzugte Schrankform.

Sie hat im Regency manchmal eine *bow front* und teilweise extra Schränke auf beiden Seiten, die meist gegenüber dem Mittelteil nach hinten zurückgesetzt sind. Einige Schränke bestanden auch aus einer hohen Schubladenkommode (ca. 130 cm hoch) als Mittelteil und zwei seitlichen Schränken, einem mit Fächern oder herausziehbaren Schüben und einem zum Aufhängen von Kleidungsstücken.

Betten

Während des Regency wurden weiterhin Baldachinbetten im Stile des späten 18. Jahrhunderts hergestellt, wenn auch mit leichterem und weniger ausgearbeitetem Baldachin und Gesims. Statt Mahagoni wurde nun häufig Palisander eingesetzt. Entsprechend dem allgemeinen Trend wurden auch die Betten reichlich mit Messingeinlegearbeiten und Ormolu verziert. Die Füße waren häufig in Löwen- oder Bärentatzenform, und geschnitzte Delphine, Löwen, Sphingen und andere Tierformen erschienen als dekorative Elemente.

Das Wiederaufleben des Interesses am chinesischen Stil führte zu zahlreichen Betten mit pseudochinesischer Dekoration, imitiertem Bambus und mit pagodenförmigem Baldachin. Seidenvorhänge wurden mit »chinesischen« Szenen geschmückt.

Zwei neue Bettypen tauchen in dieser Zeit auf.

Vom griechischen und römischen Bett ist der erste Typ inspiriert, mit schneckenförmigem Kopf- und Fußteil von gleicher Höhe, der seitlich gegen eine Wand gestellt wurde. Da diese Betten keine Pfosten besaßen, wurden Vorhänge an einen Baldachin oder an Stangen gehängt, die an der Wand oder der Decke befestigt waren. Dieses Bett ähnelte in vieler Hinsicht dem französischen *Lit en bateau* oder dem Biedermeierbett.

Der zweite Typ wurde in den zwanziger Jahren als hygienischere Alternative zum Holzbett entwickelt und bestand aus einem Metallgestell. Es gab einige Baldachinbetten, in der Regel waren Metallbetten jedoch vom *Half-tester*-Typ. Allgemein wurden im Regency weniger und leichtere Vorhänge verwendet, da man entdeckte, daß sie das Ungeziefer förderten.

Das Metallbett war in allen Gesellschaftsschichten verbreitet, wobei die billigen Exemplare aus Eisen, die teuersten komplett aus Messing hergestellt waren. Das Eisen wurde in der Regel schwarz gestrichen, um lackiertes Holz zu imitieren, das Messing war glänzend poliert.

Zum ersten Mal wurden die Holzlamellen als Matratzenunterlage durch gewobene Metallbänder ersetzt, die elastisch und damit komfortabler waren als Holz.

Vierpfostenbett im chinesischen Stil des Regency, ca. 1815 bis 1820. Umgeben von Möbeln aus imitiertem Bambus. Bemerkenswert ist der Toilettentisch links in schwarzem Chinalack. Der Raum mit passenden Tapeten und Teppichen wurde speziell für das Mobiliar konzipiert.

Links: Kommode bzw. Treppchen aus furniertem Mahagoni mit ausziehbarer Stufe, ca. 1830 bis 1850. Der ursprüngliche Teppichbelag wurde durch eingelegtes Leder ersetzt. Die oberste Stufe mit einem Deckel an Scharnieren diente zur Aufbewahrung des Nachttopfes. Ab 1830 sind die Beine allgemein gedrechselt, und an die Stelle von drei Stufen treten jetzt zwei.
44 x 42 x 42 cm (geschlossen)
Rechts: Nachttischschränkchen aus Mahagoni für einen Nachttopf im Stil der Sheraton-Renaissance, ca. 1910 - 1920. Fadenintarsien aus Buchsbaumholz und geschweifte Blende. Ursprünglich besaß dieses Stück wohl höhere Beine, aber es wurde in der Höhe reduziert, um es in einen Lampentisch oder ähnliches zu verwandeln.
71 x 63,5 x 40,5 cm

Rechte Seite: Arbeits- oder Nähtisch aus Palisander mit Schublade in der Zarge und einem herausziehbaren Fach für Wolle etc. Während die geraden Linien und der fein gedrechselte Steg auf spätes Regency deuten, verrät das Schloß das wahre Alter: Es wurde erst 1849 eingeführt, so daß das Stück nicht vor 1850 datiert werden kann.
71 x 63,5 x 40,5 cm

Kleine Möbelstücke

Die Regency-Periode brachte eine Reihe von sogenannten *dwarf* oder kleinen Möbelstücken hervor. Einige von ihnen sind Abwandlungen bestehender Möbelstücke, wie z.B. *dwarf book cases*. Die Beliebtheit kleiner Möbelstücke beschränkte sich jedoch nicht auf Bücherschränke. Eine Vielzahl kleiner Arbeitstische (Nähtische), Schreibkästen, Schreibtische, Kommoden, Schränke, Stummer Diener, Ofenschirme, Waschtische und normaler Tische ohne bestimmten Zweck wurde entworfen und hergestellt. Davon hat sich eine große Anzahl erhalten, und sie zählen heute zu den begehrtesten Stücken antiker Möbel. Bei einigen handelt es sich um Adaptationen der Georgian Period, die mit modischen Verzierungen des Regency versehen wurden.

Dwarf book cases

Die Beliebtheit des Lesens vor allem bei den Frauen löste das Verlangen nach kleinen, schnell zugänglichen Bücherregalen aus, die etwa Tischhöhe haben sollten. Dort konnten Bücher von geringerem Wert in den Räumen offen und einfach verstaut werden. Es lassen sich dabei drei Haupttypen unterscheiden: offenes Regal und *Book stand* sowie die besonders vielseitige Chiffonière.

Das **offene Regal** besteht aus einem Satz von zwei, drei oder vier übereinander angeordneten Regalen, von denen das schmalste oben liegt. Es wird ähnlich wie ein *Whatnot* von vier Stangen getragen. Wie schon im Namen impliziert, hat das offene Regal weder Seitenwände noch eine Rückwand. Im allgemeinen befanden sich zwei Schubladen in der Basis. Die Regalfront war geschweift. Der Aufbau stand auf vier kurzen Beinen, und das obere Regal hatte eine Galerie aus Holz oder Messing an Rückseite und Seiten. Es gibt eine Variation dieses Grundtyps mit offener Front und geschlossenen Seiten- und Rückwänden. Diese stand auf einer Plinthe, wies an jedem Ende – und manchmal auch in der Mitte –

breite Pilaster auf und hatte unter der obersten Platte, die häufig aus Marmor war, einen tiefen Fries. Die Pilaster und der Fries waren bevorzugt mit Einlegearbeiten oder aufgesetzten ägyptischen und griechischen Motiven verziert. Manchmal werden diese Bücherschränke in der Art des *Chiffonier* hinter Türen mit Messinggittern, die mit Seide hinterlegt werden, verborgen. Beim **Book stand** handelt es sich um ein freistehendes Möbelstück auf Rollen. Der Stand erinnert an den der Sofatische mit zwei Säulen, die auf abgeschrägten, durch Stege verbundenen Füßen stehen. Das

Kleiner, offener Dwarf-Bücherschrank aus Palisander, um 1830. Typische Merkmale des Regency: Stützen in Säulenform, geschlossener Sockel und Abschluß aus Marmor. Da die Säulen oktogonale Form haben, ist das Stück in die Übergangsphase zwischen 1830 und 1837 zu datieren. B: 91 cm

Oberteil besteht aus zwei bis vier übereinanderliegenden Regalreihen, die durch feste Enden eingeschlossen werden und in der Mitte der Länge nach geteilt sind, so daß zu beiden Seiten Bücher abgestellt werden konnten. Unter dem untersten Regal befanden sich auf jeder Seite gewöhnlich zwei Schubladen. Eine beliebte Abwandlung dieses Typs ist der drehbare *Book stand*. Dies war ein kleines Bücherregal aus zwei bis sechs Reihen, das quadratische oder runde Form hatte und sich um einen mittleren Pfeiler drehen ließ. Im Jahre 1808 wurde es patentiert, aber es war schon vor diesem Datum bekannt. Die runde Variante besaß Regale, die sich in der Größe nach oben hin verringerten, und es wurde gewöhnlich von einer Säule mit vier abgeschrägten Füßen getragen. Die quadratische Version hatte meist nur zwei bis drei Regale, und an jeder Seite befand sich ein kurzes, solides Paneel oder eine Reihe von hölzernen Leisten, die die Endstützen für die Bücher bildeten. Dieser Typus wurde in der Edwardian Period und später gerne reproduziert. Da beide Typen beweglich sein sollten, waren sie auf Rädern montiert.

In den Entwurf kleinerer Bücherschränke wurde viel Erfindungsgeist investiert. Diese typischen Regency-Exemplare haben sich in großer Anzahl erhalten. Sie sind heute wegen ihrer Größe, der handwerklichen Qualität und des Designs besonders begehrte Möbelstücke. Als Holzarten wurden Mahagoni und Palisander bevorzugt, die mit Messing- oder anderen Einlegearbeiten verziert sind.

Chiffonière

In den ersten dreißig Jahren des 19. Jahrhunderts kommt es zu einer Ansammlung von neuen Stücken, von denen einige nur den Anspruch hatten, Neuheiten zu sein, während andere über längere Zeit in Mode waren. Eines der neuen Werke, nach dem eine große Nachfrage bestand, war eine kompakte und nützliche Komposition, die sich aus den Elementen Schrank, Schublade und Vitrine zusammensetzte und als **Chiffonier** (Chiffonière) bekannt ist. Dieses Möbelstück sollte Platz zur Aufbewahrung der verschiedensten Dinge bieten, von der Näharbeit bis zum Buch, und zugleich eine Möglichkeit zum Ausstellen von Ziergegenständen und Souvenirs sein. Das Wort *chiffonier* leitet sich von einem französischen Begriff ab, der die Bedeutung »Lumpensammler« hat. Es wird oft mit dem *Sideboard* verwechselt, und viele Chiffonièren nutzte man tatsächlich auch so. Die späteren Entwürfe vermischten die beiden Funktionen dann auch. Die Chiffonière setzte sich meist aus einem Schrank, der durch zwei Türen verschlossen wurde,

Canterbury aus Palisander mit konkavem Abschluß und Griff, um 1835. Die Schublade hat Holzknöpfe als Griffe. Die gedrechselten Beine sind geriefelt und haben Laufrollen. B: 54, 5 cm

und aus einer oder zwei darüberliegenden Schubladen zusammen. Als Abschluß fand sich eine Anordnung von einem oder zwei offenen Regalen. Die Türen konnten Paneele haben oder besaßen oft auch Messinggitter, die mit Seide hinterlegt waren. Die Chiffonière gab es in einer Vielzahl von Größen, von etwa 55 cm bis zu 150 cm Breite und von 90 cm bis zu 160 cm Höhe. Die größeren Exemplare weisen meist auf ein späteres Datum hin. Kleinere Stücke wurden wohl oft als Paar konzipiert.

Canterbury

Ein neuer Typ war der *Canterbury*, ein kleines Möbelstück aus einer einzigen Schublade und einem Gestell oder Ständer für Papiere. Der Ständer war in mehrere vertikale Fächer unterteilt, um Noten, Geschirr, Besteck oder Gewürze aufzunehmen. Der ganze Aufbau stand auf Rädern. Thomas Sheraton erwähnt den *Canterbury* zum ersten Mal 1803. Der Begriff leitet sich angeblich von dem faulen Erzbischof von Canterbury ab, der ein solches Möbel bestellte, um sich die Mühe zu ersparen, von seinem Stuhl aufzustehen und zum Eßtisch zu gehen. Es wurde bald ein allgemein beliebtes Vielzweckmöbel, das zur Aufbewahrung verschiedenster Gegenstände benutzt wurde, von Geschirr im Eßzimmer bis zu Noten und Zeitungen im Wohnzimmer. Auch heute ist es noch ein begehrtes Stück und wird vor allem zur Aufbewahrung von Zeitschriften und Zeitungen benutzt. Meist besteht der *Canterbury* aus Mahagoni, Palisander oder Nußholz. Die Modelle reichen von einfachen Exemplaren des spätgeorgian Stils mit kastenähnlichem Charakter und gerader Silhouette bis zu reich verzierten Typen aus dem späten Regency mit extravaganter Form und ebensolchem Dekor.

Teapoy

Ein anderes häusliches Stück, das im Regency bis ca. 1885 sehr beliebt war, aber heute überflüssig ist, war der *Teapoy*. Bis zu seiner Einführung um 1800 standen kleine Teedosen oder *caddies* auf einem beliebigen Tisch. Der *Teapoy* wurde als eigenes Möbelstück entworfen und bestand aus einem verschließbaren Kasten, der eine oder zwei Teedosen und oft ein Mischgefäß enthielt. Er stand gewöhnlich auf einem Ständer

Salon, ca. 1840 bis 1850. Fünf Stühle aus Palisander mit Ballonrücklehne und geraden gedrechselten Beinen (um 1840), großer runder Tisch aus Palisander mit reich geschnitzter

oder einer Säule. Spätere Beispiele waren sehr ornamental und oft mit Messingeinlegearbeiten, Chinalackmarketerie oder furniertem Schildpatt verziert.

Das Teetrinken war seit dem späten 17. Jahrhundert in Mode. Der Tee wurde immer in speziellen Kästen mit Schlössern aufbewahrt, die aus bestem Material waren. Selbst während des Regency kostete Tee pro Pfund noch mehr, als ein Landarbeiter in mehreren Monaten verdienen konnte. In den meisten Haushalten sammelten der Koch oder der Butler gebrauchte Teeblätter, trockneten diese und verkauften sie in kleinen Portionen zu einer Summe, die sie sonst in zwei oder

Monopodiumsbasis auf Löwentatzenfüßen aus derselben Zeit. Die Frau sitzt in einem Armstuhl aus dem 18. Jh., hinter ihr ein kleiner Kaminschirm, rechts eine Chiffonière.

drei Tagen Arbeit verdienten. Deswegen wurde *Teapoys* und anderen Gegenständen, die mit dem Genuß von Tee verbunden waren, beim Entwurf und der Konstruktion besondere Aufmerksamkeit gewidmet. Als der Tee im späten 19. Jahrhundert so billig wurde, daß ihn alle sozialen Schichten genießen konnten, erfuhren Teedosen, *Teapoys* u.a. viel weniger Interesse und wurden nur noch in geringerer Qualität hergestellt.

Whatnots

Whatnots und Etageren sind kleine freistehende Regale, die gegen 1795 aufkommen und im Grunde vom Aussehen her in die spätgeorgian Period fallen müßten. Chronologisch werden sie aber mit dem Regency und der Victorian Period in Verbindung gebracht. Sie setzen sich aus einer Konstruktion von offenen Regalen zusammen, in denen man Souvenire und interessante Sammelgegenstände ausstellte. Die meisten weisen vier Regale auf und haben einen quadratischen oder rechteckigen Grundriß mit einer einzigen Schublade, meist unter dem untersten Regal. Die vier Stützpfosten sind oft gedrechselt, haben eine säulen- oder vasenartige Form oder imitieren Bambus. *Whatnots* hatten meist eine Höhe von 140 cm und eine Breite von 40 bis 50 cm.

Whatnot aus Mahagoni, ca. 1800 bis 1820. Mit einer Schublade und vier Regalböden zwischen gedrechselten Eckpfosten, auf Messingrollen.

Arbeitsmöbel

Speziell für Frauen gab es eine Vielzahl von Arbeitsmöbeln wie z.B. Nähtische und Schreibmöbel. Die ersteren waren sehr schön gearbeitet und elegant, aber vor allem auf ihre praktische Funktion hin ausgerichtet. Die letzteren waren dagegen immer von ausgesucht zarter Linienführung und zartem Dekor, so daß sie eher repräsentativer Natur waren, als daß sie einen praktischen Nutzen hatten.

Eine Besonderheit waren Tische in Form eines Globus, die von einem dreibeinigen Gestell gestützt oder von einem Atlanten getragen wurden. Der Globus hatte einen Durchmesser von 50 bis 55 cm und konnte geöffnet werden, wobei er eine Arbeitsoberfläche und kleine Schubladen oder Fächer für Schreib- oder Handarbeitsutensilien freigab. Solche Arbeitstische waren in der Regel sehr sorgfältig gearbeitet und erzielen heute enorme Preise.

Zusammenfassung

Im Vergleich zu früheren Epochen war die Dauer des Regency als Stilepoche kurz. In dieser Zeit entstanden die Möbel, die am wenigsten als typisch englisch bezeichnet werden konnten. Die meisten Charakteristika, die mit dieser Epoche in Verbindung gebracht werden, sind Kopien oder Übernahmen aus dem zeitgenössischen französischen Stil, der sich wiederum aus den Stilen des alten Ägypten, Griechenland und Rom ableiten läßt. Viele der interessanten Stücke des Regency waren Kombinationen aus Entwürfen der vorhergehenden Mahagoniperiode mit den importierten Stilen. Diese Tatsache und die Tendenz zu extremer Ornamentik bei Möbeln in London und in der oberen Gesellschaftsschicht sind dafür verantwortlich, daß dieser Stil kaum Einfluß hatte auf den Traditionalismus und die insulare Beschränktheit der meisten kleineren Handwerker auf dem Lande.

Obwohl dieser aus Frankreich beeinflußte Stil nur vorübergehend war, hatten einige Strömungen doch bis in die viktorianische Zeit Bestand, um schließlich ihre Identität in der Stilvermischung zu verlieren, die die Möbel und die Inneneinrichtung in der Mitte und im späten 19. Jahrhundert charakterisiert.

Mit dem Ende des Regency nahmen das Verlangen nach prächtiger Erscheinung zu niedrigen Kosten und das dauerhafte Suchen nach Wandel und Neuerung noch zu. Dies führte dazu, daß die meisten englischen Kunsttischler und Möbelhersteller ihre traditionellen Instinkte für Geschmack und Eleganz zurückstellten und die Möbelherstellung so in die schlimmste Phase ihrer Geschichte kam.

3. Victorian Period
ca. 1830 – 1900

Nach dem Tode von George IV. (dem ehemaligen Prinzregenten) im Jahre 1830 war es schon recht klar, daß die Blüte des klassischen Dekors ein Ende nahm. Die übliche Lehrmeinung ist, daß sich nun eine lange Periode des ungehinderten und katastrophenartigen Niedergangs bezüglich der Standards in Geschmack, Form und Konstruktion anschließt. Diese Zeit läuft nahezu parallel zur Regierungszeit Königin Victorias (1837 – 1901) und ist als Victorian Period bekannt. Obwohl viel Wahrheit in dieser Ansicht steckt, brachte die Victorian Period doch auch qualitätvolle Entwürfe und gut konstruierte Möbelstücke hervor.

Vor dem Hintergrund der industriellen Revolution mit ihren raschen wirtschaftlichen und sozialen Veränderungen von beispiellosem Ausmaß soll auf einige Aspekte der Möbelherstellung näher eingegangen werden. Wichtige Punkte sind dabei die allgemeine kommerzielle Möbelproduktion, die Versuche der Designer, das Mobiliar an die Lebensbedingungen der modernen Welt anzugleichen und die Entwicklung der Alltagsmöbel.

Der Beginn der maschinellen Produktion

Die kommerzielle Möbelproduktion expandierte stark, um den Bedarf der schnell und dauerhaft wachsenden Bevölkerung zu decken. Es hatten mehr Engländer als je zuvor die Gelegenheit und die Mittel, ein Haus mit Möbeln auszustatten. Das Haus war Mittelpunkt des Familienlebens und seine wichtigsten Eigenschaften waren Komfort und ein Eindruck von Solidität und Wohlstand. Dafür konnte die Industrie die Materialien zur Verfügung stellen, und die unteren Schichten konnte dies als Lohn ihrer Fähigkeiten und Mühen beanspruchen.

Dank der maschinellen Produktion konnten sich auch bescheidene Haushalte einfache Möbel mit schmucklosen oder geschnitzten, dunklen und glänzenden Oberflächen leisten. Dünn geschnittenes Mahagonifurnier auf billigem Blindholz wurde mit hochglänzender französischer Politur versehen und wirkte so sehr beeindruckend.

Schreibtisch aus Mahagoni, schlichter viktorianischer Stil, ca. 1840 - 1860. Der Stil ist vom Militärmöbel inspiriert, aber die Ledereinlage und die Profilierung an Platte und Unterteil zeigen, daß das Stück nicht für das Feld gedacht war. Da es frei aufgestellt wurde, befinden sich auf der Rückseite Scheinschübe mit komplett eingepaßten Griffen. B: 122 cm

198

Möbel mit Messingeinlegearbeiten waren durch die Massenproduktion zu geringen Kosten erhältlich, nachdem eine neue Technik perfektioniert worden war, bei der man geschmolzenes Metall direkt in maschinell geschnittene Rinnen und Kanäle goß.

Maschinell hergestellte Aufpolsterungen konnte man zu niedrigen Preisen erwerben, wie auch die neu erfundene Sprungfeder, was bei vielen Sitzmöbeln des späten Regency oder der viktorianischen Zeit dann zu den starken Aufpolsterungen führte, die die vormals eleganten Silhouetten verdeckten. In dieser Hinsicht beschleunigte die kommerzielle Produktion den Niedergang der Standards im Entwurf.

Die maschinelle Herstellung war auch mit einem immer geringeren Kontakt zwischen Kunde und Schreiner verbunden. Wenn man im 18. oder frühen 19. Jahrhundert ein neues Möbelstück haben wollte, ging man direkt zum Schreiner oder Kunsttischler, um über Aussehen, Material und Qualität zu sprechen. Ab 1830 kam verstärkt die Tendenz auf, daß der Kunde in einen Laden ging und seine Möbel nur nach dem oberflächlichen Aussehen auswählte und bestellte. Der Ver-

käufer hatte meist nur ein beschränktes Wissen über die Prozesse, die mit der Möbelherstellung verbunden waren, und konnte daher kaum Rat bezüglich der Qualität geben. Außerdem begann in dieser Zeit die Spezialisierung auf immer kleinere Gebiete. Im Falle der Möbel führte dies zu einem allgemeinen Niedergang der Standards.

Die *Great Exhibition* von 1851 förderte den Prozeß, daß Möbelhersteller ihre besten Waren (z.B. die prächtigsten, neuesten, auffallendsten, exotischsten und am stärksten verzierten) ausstellten, um die Aufmerksamkeit der Käufer zu erlangen. Die gut ausgearbeiteten Möbel, die im Katalog abgebildet sind, dürfen jedoch nicht als typisch für alle zeitgenössischen Möbel angesehen werden.

Familie in ihrem Salon, mittlere Victorian Period, um 1870. Das Mobiliar entspricht der neuesten Mode, der Neo-Renaissance, und wie ein Renaissancefürst hat auch der Hausherr seine Initialien (er scheint kein aristo-

kratisches Wappen zu besitzen) in den Dekor der Vorhangstange integriert. Das Mobiliar ist neu, teuer, beeindruckend und wurde in der Absicht hergestellt, den Wohlstand und die Stellung des Besitzers zu demonstrieren.

Die »Pionierentwürfe« von Sheraton, die auch mechanische Einfälle einschlossen, waren Teil einer interessanten Phase in den Jahren zwischen 1820 und 1850, als englische Möbeldesigner wegweisend waren, indem sie die Fähigkeiten der Tischlerei mit präzisem Maschinenbau kombinierten und wandelbare »Patentmöbel« herstellten (der Begriff bezieht sich auf mechanische Möbel ohne Berücksichtigung, ob sie tatsächlich patentiert waren oder nicht), wie z. B. die »Invaliden- oder Übungsstühle«. Generell betont die breite Palette an wandelbaren Möbeln in dieser Zeit die utilitaristischen Formen, die entweder durch neue technische Fortschritte veralteten oder der Tendenz zu allzu ausgearbeiteten Werken zum Opfer fielen.

Das Material

Ab 1840 wurden Möbel nahezu ausschließlich aus Mahagoni, Nußbaum, Eiche und Palisander (aber weniger häufig) angefertigt. Die exotischen Hölzer wie Zebraholz, Amboyna, Satinholz und Ebenholz, die man zu Beginn des Jahrhunderts häufig finden konnte, wurden jetzt nur noch selten eingesetzt.

Griffe aus Messing wurden nicht mehr verwendet, und man »modernisierte« sogar viele ältere Exemplare, indem man die alten Griffe entfernte und durch modernere aus gedrechseltem Holz, Glas oder Porzellan ersetzte.

Bereits früher war **Pappmaché** zur Herstellung kleinerer Dinge wie Schübe, Schnupftabakdosen und Untersetzer benutzt worden. Das rauhe Papiermaché wurde mit mehreren farbigen Anstrichen oder Lack, gewöhnlich in Schwarz, Grün und Rot, verziert. Außerdem wurden die Oberflächen mit gemalten oder vergoldeten Bildern verschönert, die zum Beispiel Blumen, Blumenbouquets oder romantische Landschaften bei Mondschein darstellten. Ab 1825 legte man dünne Stücke Perlmutt im Korpus ein.

In den 40er Jahren finden sich nun auch ganze Möbelstücke aus Pappmaché, zum Beispiel Stühle, Tische, *Teapoys* und Kaminschirme. Es sind sogar Beispiele für ganze Schlafzimmerausstattungen aus Pappmaché bekannt. Derartige Möbel kamen so sehr in Mode, daß sie Imitationen aus Holz anregten, die schwarz angemalt und in ähnlicher Weise mit Perlmutt verziert, bemalt und vergoldet wurden.

Wie es oft bei einem Material der Fall ist, das für Wunderwerk gehalten wird und noch unerprobt ist, nahm die Begeisterung überhand und führte zu einer Katastrophe. So geschah es, daß der berühmte Architekt John Nash für das Dach von Caerhays Castle in Cornwall speziell dafür entwickelte Platten aus Papiermaché verwendete. Durch Sonne und Regen zerbrach und verrottete das Dach aber schnell. Das führte zu dem Ergebnis, daß innerhalb weniger Jahre aus einem stolzen Schloß eine traurige Ruine wurde und der Besitzer, die ehemals wohlhabende Trevanion-Familie, finanziell ruiniert war.

Ein weiteres Ergebnis des Strebens nach Vielfalt in früher viktorianischer Zeit war Mobiliar aus **Metall**. Dies soll nur am Rande erwähnt werden, da wir uns hier vorwiegend mit der Innenausstattung aus Holz befassen.

Einige Möbel aus Metall tauchen bereits in den späten 30er Jahren in Musterbüchern und Katalogen von Möbelfabriken auf. Sie zeigen schmiedeeiserne und aus Metall gegossene Bänke und Stühle (gewöhnlich mit hölzernen Sitzen und Rückenlehnen), Tische und Bettrahmen.

Diese Art von Möbelstücken war für den Gebrauch in Wirtshäusern und Gasthöfen sowie für Gärten, Wintergärten und Veranden gedacht. Metallbetten erhielten vor allem die Bediensteten, um die Ausbreitung von Bettwanzen zu ver-

Ausziehbarer Eßtisch aus Mahagoni, um 1840. Hochwertiges und prunkvolles Mittelklassemöbel der frühen Viktorianik. Im geschlossenen Zustand ruht der Tisch auf einer oktogonalen Mittelsäule mit Fußbrett, das von vier geschnitzten Löwenfüßen und vier zusätzlichen, gedrechselten Füßen getragen wird. Im ausgezogenen Zustand erscheint ein zusätzliches Bein, das in der Mittelsäule verborgen ist, um die Einlegeplatte zu stützen. Stempel von Meyer & Beckenn, Möbellieferant aus Birmingham. L: 198, B: 150 cm

hindern. Bei Tischen gab es Entwürfe für gegossene Rand-
stützen von einem Typ, der auch heute noch hergestellt wird
(die Tischplatte wurde weiterhin aus Holz gefertigt).

Es scheint jedoch, daß die Idee, Metallmobiliar im Haus
zu benutzen, nur sehr beschränkt Begeisterung fand, da sich,
abgesehen von Betten, fast kein häusliches Mobiliar aus Metall erhalten hat. Diese wurden jedoch in großer Anzahl sowohl aus Messing wie aus Eisen gefertigt.

Frühe Modeströmungen

Da alles Klassizistische aus der Mode war, mußten Alternati-
ven gefunden werden, um die Wünsche der Kunden zu be-
friedigen. Die Antwort fand sich bald in der Wiederbelebung
historischer Stile.

Die historisierenden Entwürfe basieren auf Interpretationen der Originale, die selbst von den begabtesten Vertretern
stark mißverstanden, aber dennoch von den kommerziellen
Fabrikanten begeistert aufgenommen wurden. Dekorative
Details wie Drechselei, Gitterwerk, Bandwerk, Blätter, Blüten, Schnecken und Marketerie waren maschinell billig herzustellen und wurden so gedankenlos und im Überfluß auf
dem Mobiliar verteilt. Der Liebe zum Präsentieren wurde in
Ermangelung einer Öffentlichkeit mit kritischen Ge-
schmacksstandards freier Lauf gelassen. Dies war im 19. Jahr-

Armlehnstuhl aus Mahagoni mit Ballonrückenlehne, ca. 1835 - 1845. Vorderbeine mit oktogonalem Querschnitt. Die Volutenarme sind ein Regency-Motiv, aber die Rückenlehne ist reine Viktorianik, was darauf hinweist, daß der Stuhl in der Übergangszeit zwischen Regency und Viktorianik angefertigt wurde.

hundert vielleicht unvermeidbar, da zahlreiche Bürger ihre gesellschaftliche Stellung erst vor kurzem erreicht hatten und nun zum ersten Mal das Geld besaßen, ein Haus einzurichten, aber ohne jegliche Erfahrung darin waren.

1833 werden in der *Encyclopaedia of Cottage, Farm and Villa Architecture and Furniture* von J. C. Loudon vier Stilrichtungen genannt: griechisch, neogotisch, elisabethanisch und Louis Quatorze.

Neogotisch und elisabethanisch bezogen sich auf frühere englische Geschichte und kennzeichnen so ein Bewußtsein für die Ursprünge der Nation. Diese romantische, nationalistische Bewegung schlug sich vor allem in der Malerei und Literatur nieder. Auch die Publikation von John Brittens illustriertem 14bändigen Werk *Cathedral Antiquities of England*, die zwischen 1814 und 1835 veröffentlicht wurde, ermutigte viele Leute, ihre Häuser im **neogotischen** und kirchlichen *Old English* auszuschmücken. Die *Encyclopaedia* zeigt viele

Beispiele für gotisierende Möbel, die in der Gotik nie existiert hatten, wie z.B. *Canterburys*, Musikschemel, Kaminschirme, Sofas und *Sideboards*.

Um Mobiliar herzustellen, das den Anforderungen des modernen Lebens im **elisabethanischen** Stil entsprach, bediente man sich der Methode, Tausende von originalen Möbelstücken aus dem 16. Jahrhundert auseinanderzunehmen und aus den Einzelteilen ein modernes Möbel zusammenzustellen. Diese Methode hatte den großen Vorteil, daß derartige Möbel viel billiger waren, als wenn sie im elisabethanischen Stil neu hergestellt worden wären. Es bedeutet aber leider auch, daß Tausende perfekt gefertigter antiker Möbel für immer verlorengingen.

Einfacher Stuhl aus Mahagoni mit Ballonrückenlehne und schweren gedrechselten Beinen, um 1850. Stühle dieses Typs, oft mit schwacher Konstruktion, wurden meist in Sätzen von sechs bis zwölf Stück für die untere Mittelschicht angefertigt.

Man kann zwar behaupten, daß im Regency George Smith die **griechischen** Motive nicht archäologisch korrekt wiedergab und einsetzte, aber seine Entwürfe wirken gegenüber der wahllosen Verwendung dieser Motive bei Möbeln aus der Viktorianik fast akademisch. Hier werden nun Girlanden aus farnblattähnlichen Ornamenten mit fallenden Akanthusblättern kombiniert, klassisch kannelierte Säulen entspringen Basen mit Lotusblüten, entwickeln eine Balusterform und enden in Kapitellen, in denen Löwenmasken und kohlähnliche Blätter eingebunden sind.

Dwarf-Vitrine, ca. 1850 - 1870. Verziert mit Marketerie und vergoldeten Messing-Auflagen. Das Innere ist mit Samt ausgekleidet. 104 x 83 x 35 cm

Links und rechts: Stuhlpaar aus Mahagoni für die Eingangshalle, frühe Viktorianik. Diese völlig unbequemen Stühle wurden in Sätzen für größere Häuser hergestellt und standen dekorativ in der Eingangshalle, an Treppenabsätzen und in Fluren für Bedienstete und Besucher. Sie besitzen keine Armlehnen, haben harte, hölzerne Sitze, immer ohne Kissen, und meist massive Holzrücken mit Schnitzereien oder Bemalung und sehr enger Taille. Rückenlehnen meist mit Wappen oder Emblem des Besitzers, um den Besucher zu beeindrucken. Vom frühen 18. Jh. bis gegen 1900 allgemein gebräuchlich, wobei sie im Aussehen den zeitgenössischen Stühlen für den Eßtisch entsprachen. Mitte: Tisch aus Nußholz mit massiver Basis und furnierter Platte, um 1860. Wiederbelebung des Rokoko in der Viktorianik. Ständer aus geschweiften Stützen auf Cabriole-Beinen, alle reich mit Schnitzereien versehen. L: 155 cm

Zwei Stühle aus Nußholz aus einem Satz von sechs Stühlen, Victorian Period, um 1865. Mit Ballonrückenlehne, Cabriole-Beinen und geschweiftem Sitz.

Die Renaissance des **Louis Quatorze** ist ein Indikator für die traditionelle Bewunderung für Frankreich, wo die Rückgabe des Throns an die Bourbonen Stile in der Art des *Ancien Régime* aufleben ließ. Wie bei den anderen Renaissancen der Viktorianik war auch die des *Louis Quatorze* keine treue Rekonstruktion des Stils, der unter dem Sonnenkönig herrschte, sondern schloß Elemente anderer Stilrichtungen ein, vor allem des *Louis Quinze* (Rokoko).

The Great Exhibition

Die mittlere viktorianische Periode wird oft mit einer Ansammlung von Stilen und Formen assoziiert, die in der *Great Exhibition* von 1851 gezeigt wurden.

Die »Große Ausstellung« fand auf Drängen des Ehemanns von Königin Victoria statt, Prinz Albert von Sachsen-Coburg-Gotha, der mehrere Jahre lang versucht hatte, die Fabrikanten dafür zu interessieren. Diese zeigten sich aber einer solchen Idee – der Ausstellung ihrer eigenen Produkte – gegenüber gleichgültig.

Als Präsident der *Society of Arts* stiftete Prinz Albert, nachdem er keinen Erfolg damit gehabt hatte, die Fabrikanten von seiner Idee zu überzeugen, eine Reihe von Entwurfs-

207

preisen für »Gebrauchsgegenstände, die so gestaltet sind, daß sie den allgemeinen Geschmack verbessern«. Im Jahre 1847 nahmen die Preisträger und auch einige andere an der Ausstellung teil, die durch die Gesellschaft organisiert worden war. Diese zog mehr als 29 000 Besucher an und wurde von der Öffentlichkeit mit solcher Begeisterung begrüßt, daß man beschloß, im nächsten Jahr eine weitere stattfinden zu lassen. Als diese sich sogar als noch erfolgreicher erwies, wurde sie zu einer jährlichen Institution.

Zum fünfjährigen Jubiläum im Jahre 1851 wurde eine »Große Ausstellung« geplant. Der Prinz wollte in dieser fünften Ausstellung die ganze Welt einbeziehen und begann mit der Planung bereits 1849. Die Idee dahinter war, der ganzen Welt zu demonstrieren, wie modern Britannien war, welche Dinge es produzieren konnte und natürlich, um ein unvergeßliches Ereignis zu schaffen.

Geschweifte Kredenz oder Side cabinet aus viktorianischer Zeit, um 1865. Korpus aus Nußholz, furniert, mit Bandintarsien und Einlegearbeiten aus Eibe u.a. Platte aus Marmor über einem Fries mit vergoldeten Messingbändern. In der Mitte eine Tür mit Furnier, Bandintarsien, Vertäfelung und Marketerie, an den Seiten verglaste Endstücke, eingerahmt von gedrechselten, geschnitzten und teilweise vergoldeten Säulchen. Sockel auf gedrechselten Knotenfüßen. Weitere Bänder aus vergoldetem Messing rahmen die Paneele der Türen und betonen die Oberseite des Sockels. L: 180 cm

Dreisitziges Sofa mit Rahmen aus Nußholz und teilweise ebonisierten Einlegearbeiten, um 1875. L: 186 cm

Tisch, Nußbaum mit furnierter Platte und solidem Ständer, ca. 1850 - 1860. Tischplatte mit Quarter-Furnier und Einlegearbeiten in Form einer Bandintarsie aus Königsholz, Füße mit Messingrollen. Zeigt exemplarisch die Wiederbelebung des Rokoko in der mittleren viktorianischen Periode: doppelte C-Rollen als Stützen, Cabriole-Beine und reich geschnitzte Blattmotive. Tische dieses Typs wurden im Salon aufgestellt und bei informellen Mahlzeiten, zum Schreiben und Spielen benutzt. L: 178 cm

Als Ort wurde der Hyde Park ausgewählt, und Sir Joseph Paxton wurde damit beauftragt, ein modernes Gebäude zu entwerfen, das diese Werke aufnehmen sollte. Paxton, der auch für Gewächshäuser und Gärten in Schloß Chatsworth verantwortlich war, konstruierte ein riesiges Gebäude aus gegossenem Eisen und Glas, das bald den Spitznamen »Kristallpalast« bekam.

Die Ausstellung, die im Mai 1851 eröffnet wurde, war ein riesiger Erfolg. Sie zog mehr als 6 000 000 Besucher und 13 937 Aussteller an, mehr als 100 000 Werke wurden ausgestellt. Von den Ausstellern kamen 7381 von den Britischen Inseln und aus dem Empire, 6556 waren aus anderen Nationen. Obwohl später die Aufmerksamkeit eher auf die exzentrischen Ausstellungsstücke jeder Abteilung gerichtet wurde, erkennt man beim Nachforschen in den damals herausgegebenen Katalogen doch, daß diese nur einen kleinen Teil der gezeigten Werke ausmachten.

Die Ausstellungsstücke wurden durch eine zwölfköpfige Jury beurteilt. Die Leitung hatte Prof. Roesner aus Österreich, Präsident der kaiserlichen österreichischen Akademien der Schönen Künste, mit Lord Ashburton als Stellvertreter. Die übrigen 10 Mitglieder setzten sich aus fünf Engländern und fünf Vertretern anderer Nationen zusammen.

Jedes Mitglied der Jury schrieb einen Bericht. Unter den diskreten Kritiken aus Prof. Roesners Team war, daß das Mobiliar nicht zu sehr mit Ornamenten überladen oder in der Form so extravagant sein sollte, daß es nicht mehr nützlich oder schön war. Der Bericht lobte eine gute Konstruktion, kleine Verschönerungen und die Einfachheit der Form. Es wurde gefordert, daß das Ornament die Konstruktion unterstreichen sollte, statt sie unter Lagen von überflüssigen und teuren Schnitzereien und anderem Zierat zu verbergen. Schließlich bedauerte es die Jury noch, daß es so wenig gewöhnliche Möbel für den täglichen Gebrauch gab und zu viele auffallende und übermäßig verzierte Möbel, die kaum einen anderen Zweck hatten als den eines Prestigesymbols für den Hersteller oder Besitzer.

Eines der Stücke, das die Bedenken der Jury weckte, war ein aufgepolsterter Armstuhl aus irischer Sumpfeiche, der Geschichte, Denkmäler, Flora und Fauna Irlands illustriert. Die Rückenlehne wird vom Wappen Irlands in einem Rokoko-Rahmen bekrönt, der durch Büsten von alten irischen

Aufgepolsterter Armstuhl, mittlere Viktorianik, ca. 1850 bis 1870. Allgemein als Stuhl mit »Löffelrücken« bezeichnet. Virginia-Walnußholz, Rahmen aus Buche. Die dunkelrote Samt-Aufpolsterung, die Cabriole-Beine und die gerollten Armlehnen sind typisch für die Periode. Die Knöpfung an der Rückenlehne erstreckt sich nur bis zur Taille, was ein Zeichen von Authentizität ist.

Kriegshelden seitlich eingerahmt wird, an die sich Darstellungen heimischer irischer Pflanzen und andere Vegetation, alles in Rokoko-Form, anschmiegen. Zwei irische Wolfshunde, von denen der eine aufrecht sitzt und der andere sich zurücklehnt, bilden die Stuhlarme. Der Rahmen des Sitzes ist mit weiteren Pflanzenformen inkrustiert, und das Möbel steht auf vier großen, haarigen Löwenbeinen und -füßen. Es han-

delt sich tatsächlich um ein sehr beeindruckendes Stück von hervorragender handwerklicher Arbeit, aber es ist schwerlich schön oder nützlich.

Der Vorschlag der Jury, die Einfachheit von Entwurf, Form und Konstruktion wieder in den Mittelpunkt zu stellen, war notwendig, wurde aber nur von wenigen beachtet.

Eine greifbare Folge dieser Ausstellung war die Gründung des *Victoria and Albert Museum*, das ursprünglich »Museum der ornamentalen Kunst« genannt wurde und 1852 im Marlborough Haus eröffnet wurde. Das Museum wurde mit einem Zuschuß des Treasury zum Kauf von Werken aus der Großen Ausstellung gegründet. Ein Teil der Einnahmen aus der Ausstellung wurde später dazu verwendet, Land zu kaufen und in der Zeit von 1899 bis 1909 das heutige Museumsgebäude zu errichten. Aus dem ursprünglichen Konzept, die Anwendung der Schönen Künste an Gebrauchsgegenständen zu zeigen, hat sich eine weltberühmte Sammlung von Gegenständen der angewandten Kunst entwickelt.

Die Reformbewegungen

Daneben gab es eine Gruppe von Möbeldesignern und -herstellern, die als *Reformer* bezeichnet werden. Bis in die 90er Jahre arbeiteten sie ganz im Rahmen der historischen Wiederbelebung. Der Wert ihrer Möbel liegt im echten Verstehen der Werke aus der Vergangenheit und der Anwendbarkeit alter Elemente auf die sich wandelnde zeitgenössische Welt.

Großen Wert legte man dabei auf ehrliche Handwerksarbeit. Das Furnier wurde als unehrenhafter Weg angesehen, um billige und minderwertige Arbeit unter einer beeindruckenden Oberfläche zu verstecken. Charles Dickens, der Sozialreformer und Schriftsteller, stand furnierten Möbeln völlig ablehnend gegenüber und ließ keine Möglichkeit ungenutzt, um seine Ansichten öffentlich zu machen. Sein Einfluß nährte das Vorurteil gegenüber dem Furnier – das auch heute noch weit verbreitet ist. Dabei galt das Furnier seit dem 17. Jahrhundert als kunstvolle Form der Oberflächendekoration, und diejenigen, die es verachteten, hatten wohl nie die hervorragende Arbeit gesehen, die von einem Adam oder Sheraton entworfen wurde.

A. W. N. **Pugin**, Architekt und Innenarchitekt, war einer dieser Reformer. Er entwarf neogotische Möbel aus massivem Holz, meist Eiche, bei denen Ornamente einen festen Teil bildeten und nicht oberflächliche Zusätze auf die geläufigen Formen waren. Das Furnier hatte in seinen Entwürfen keinen Platz. Er führte auch wieder die traditionellen Konstruktionsmethoden wie die Nut- und Zapfenkonstruktion ein und zeigte diese auch offen, weil er sie für grundehrlich und schön hielt und nicht für etwas, das hinter Furnieren oder Ornamentik versteckt werden sollte. Die Möbel Pugins machten nur einen Teil seiner künstlerischen Aktivitäten aus. Unter seinen wichtigsten Aufträgen war der Entwurf von architektonischen Details für die Verschönerung des neuen, neogotischen Parlaments, das zwischen 1840 und 1860 errichtet wurde und das Gebäude ersetzte, das 1834 durch ein Feuer zerstört worden war.

Pugin trug zur Neogotik ebensoviel bei wie Thomas Hope früher zum griechischen Stil. Beide gingen zu den Ursprüngen zurück und machten es sich zur Aufgabe, sie mit Genauigkeit neu zu schaffen.

Der berühmteste Reformer war **William Morris**, der 1861 seine Möbelfirma gründete, um gegen die Häßlichkeit der kommerziellen Produktion vorzugehen.

Morris stammte aus einer wohlhabenden Familie, hatte in Oxford Architektur studiert und war mit vielen Mitgliedern der präraffaelitischen Bewegung vertraut, einer Gruppe von jungen Malern, die ihren Stil an dem orientierten, der vor Raffael (1483 – 1520) geherrscht hatte. Er begann seine Arbeit in einem Architekturbüro, wurde dann aber von seinen präraffaelitischen Freunden überzeugt, daß er sich der Malerei und dem Möbeldesign widmen sollte. Seine Firma stellte nicht nur teures Mobiliar für kultivierte Kunden her, sondern auch einfache Stücke für den täglichen Gebrauch, bei denen die Konstruktionsmethode ein fester Bestandteil des Aussehens war. Bildhafte Glaspaneele, Dekorationsideen für Kirchen und Häuser, Metallarbeiten, Tapeten und andere Produkte wurden gleichfalls von Morris & Co. produziert. Eines der erfolgreichsten Modelle war ein einfacher Stuhl aus einem Buchenrahmen und einem Sitz aus Rohrgeflecht (*Sussex chair*), der sehr kostengünstig herzustellen war. Er wurde äußerst beliebt und blieb für Jahrzehnte in Mode.

Auch andere Firmen stellten in den 70er und 80er Jahren eine Vielfalt von neogotischen Stücken her, die Verständnis und Sensibilität für ihre originalen Vorbilder zeigen. Die Förderung einfacher, nützlicher und anmutiger Möbel aus der heimischen Tradition durch Morris und Co. wurde durch *Century Guild* und andere Fabrikanten fortgeführt.

Charles Locke Eastlake stellte einfache und praktische Möbel her, die auf mittelalterlichen Formen und dem Jacobean Stil basierten.

Eastlake veröffentlichte 1868 seine *Hints on Household Taste*, illustriert durch seine eigenen Entwürfe und die gleichgesinnter Zeitgenossen. Darin spricht er sich für den Gebrauch von Eichenholz und für eher gerade als gekurvte Linien aus und tritt gegen feminin aussehenden Dekor bei Möbeln ein, wie zum Beispiel »ein Musselintuch mit Borte, das am Tisch angebracht ist und wie ein Petticoat zu Boden fällt«. Er unterstützte alternative Entwürfe, die in dieser Zeit spartanisch, unbequem und freudlos wirken mußten und deren Dekor sich auf wenige maschinelle Schnitzereien, einige Drechseleien und wenig oberflächliche Riefelung beschränkte.

Das maschinelle Schnitzen war schon auf der »Great Exhibition« präsentiert worden und wurde seitdem in den größeren Möbelfabriken eingesetzt, war aber erst ab Mitte der 70er Jahre allgemein verbreitet. Die frühen Maschinenschnitzereien auf einem soliden Holzkorpus mußten noch mit der Hand abschließend bearbeitet werden. Erst als die Käufer diese Dekoration auch ohne abschließende Bearbeitung von Hand akzeptiert hatten – mehr oder weniger so, wie sie aus der Maschine kam –, wurde sie rentabel.

Eine andere Form der maschinellen Schnitzerei war die Massenproduktion von einzelnen kleinen geschnitzten Ornamenten wie Schnecken und Blumen, die dann auf die Möbel aufgesetzt werden mußten. Diese wurden von Spezialfirmen geliefert und an Möbeln angebracht, bei denen es geeignet oder dekorativ schien.

Generell kamen Maschinen für die Möbelindustrie, egal ob sie zum Sägen, Profilieren, Schneiden von Furnier oder für die Schwalbenschwanzkonstruktion eingesetzt wurden, in den späten 70er Jahren in Mode und wurden erst in den späten 90er Jahren universell genutzt, obwohl sie für manche

Zwecke schon seit Jahrzehnten erhältlich waren. Das Gewerbe der Möbelmacher war in England in vieler Hinsicht konservativ und langsam, bevor es Innovationen bei der Konstruktion annahm, besonders wenn sie mit größeren Ausgaben wie für eine neue Maschine verbunden waren.

»Sussex«-Stühle, einfacher Stuhl und Armlehnstuhl aus einem Satz, von Morris & Co., um 1870. Basiert auf einem alten Stuhl, den William Morris in einem Dorf in Sussex entdeckte. Repräsentiert den Geist der Reformerbewegung.

Der Architekt **E. W. Godwin**, der zu Beginn seiner Karriere den alten Stil des späten 17. Jahrhunderts (Jacobean) wieder aufgegriffen hatte, wurde nach 1870 stark durch die japanische Kunst geprägt und stellte leichte und feine Möbel mit dünnen Stützen, meist aus eboniertem Holz, her. Sein japanisierender Stil kam in Mode und wurde bald auch von kommerziellen Möbelherstellern kopiert, die mit Blick auf schnellen Gewinn billige Kopien seiner Entwürfe anfertigten. Bald wurde alles Japanische beliebt, und es gab selbst in wenig modeorientierten Haushalten irgendein Stück in diesem anglisierten und kommerzialisierten japanischen Stil.

Japanische Kunst und japanisches Design wurden in den letzten drei Jahrzehnten des 19. Jahrhunderts zum wichtigsten und stärksten neuen Einflußfaktor auf englische Möbel. In den 80er Jahren fand man den Fernen Osten überall: Chinesische Teppiche wurden zu einer Manie, Whistlers japanisierendes Gemälde »Nocturnes« beeinflußte den häuslichen Geschmack, und das blau-weiße chinesische Porzellan war stark in Mode. Innenausstatter forderten exotische Pflanzen in chinesischen oder japanischen Vasen auf Ständern, japanische Fächer in verglasten und gerahmten Kästchen und Bambusmöbel (die man bei Libertys kaufen konnte), besonders kleine Regale, Tische, Schlafzimmermöbel und Garderobenständer für die Diele.

Das dekorative Aussehen von Bambus war bereits im Regency sehr geschätzt, wurde aber nur sparsam als Akzent (gedrechselt) auf Stuhlbeinen, Tischbeinen und Ecksäulen von Schubladenkommoden etc. eingesetzt. Jetzt stellte man dagegen ganze Möbelstücke aus echtem Bambus her, kombiniert mit Holz, das in der Art von Bambus gedrechselt war. Seiten, Schubladenfronten, Platten etc. waren aus Kiefer und mit japanischem Mattenbelag bedeckt oder bestanden aus japanischen Lackpaneelen.

Mit der Gründung der *Central Guild* durch **A. H. MacMurdo** im Jahre 1882 kam es zu einer bemerkenswerten Wiederbelebung des Handwerks durch die Künste und zu einer Bewegung, die stark von Morris beeinflußt war. Gruppen von Handwerkern und Möbeldesignern kombinierten nun handwerkliche Fähigkeiten mit einem guten Entwurf, der einen starken Sinn für die soziale Reform offenbarte, und machten ihre Werke durch Ausstellungen bekannt. Möbel aus dem 18. Jahrhundert dienten als Vorbild, aber auch ländliche Möbel galten als wertvolle Inspirationsquelle.

Diese einfachen Möbel (»*Art Furniture*«) erfreuten sich großer Beliebtheit in der breiten Bevölkerung und konnten deshalb auch in großen Mengen hergestellt und viel billiger produziert werden als Werke mit sorgfältiger Einlegearbeit oder Schnitzerei. Vielen Stücken wurde ein ebenholzartiges Aussehen verliehen, das durch dünne eingeritzte und vergoldete Linien aufgehellt wurde. Sie hatten Paneele, die mit billigen Reproduktionen von Bildern, die für Morris typisch sind, verziert waren.

Art Nouveau

Ab etwa 1890 kam das Art Nouveau auf, das seine Inspiration aus unregelmäßigen Naturformen bezog und damit der einzige Stil in der Viktorianik war, der nicht auf historischen Vorläufern basierte.

Trotz seines französischen Namens verdankt der Stil in seinen Ursprüngen England angeblich viel, vor allem durch die Möbelentwürfe von **C. F. A. Voysey** und **Charles Rennie Mackintosh**. Diese hatten Motive eingeführt wie das Fortsetzen von ursprünglich strukturellen Teilen in die Höhe, zum Beispiel frei stehende Pfosten, im Falle Voyseys mit Formen, die sich aus der Pflanzenwelt ableiten lassen. Das konnte beispielsweise so aussehen, daß sich die Stuhlseiten weit über das Schulterbrett erstreckten und so geschnitzt waren, daß sie stilisierten Knospen ähnelten. Wie auch die anderen reformierenden Designer arbeitete Voysey vor allem mit solidem Eichenholz.

Charakteristisch für die populäre Ausprägung des Art Nouveau sind große schmiedeeiserne Scharniere, dekorative Plättchen aus behauenem Kupfer oder Zinn (zum Teil noch zusätzlich mit Email verziert), geschnittenes Glas und der Gebrauch von Herz-, Tulpen- und Peitschen-Motiven. In geringerem Ausmaß kamen auch Einlegearbeiten vor.

Der Stil des Art Nouveau entwickelte sich schnell von seinen handwerklichen Ursprüngen zur kommerziellen Massenproduktion weiter, und am Ende des Jahrhunderts fanden sich in fast jedem englischen Haushalt Beispiele.

Die Möbeltypen

Während der Viktorianik wurden nur wenige völlig neue Möbelformen geschaffen.

Die meisten Artikel, die ihren täglichen Nutzen bewiesen hatten, wurden weiterhin hergestellt. Das *Sideboard* war immer noch beliebt, aber anstelle des hölzernen Rückenbretts, das den Vorhang ersetzt hatte, besaß es jetzt als festen Bestandteil einen größeren gerahmten Spiegel. Überhaupt zeichnen sich die viktorianischen Möbel dadurch aus, daß sie größer sind. Schubladenkommoden, Kleiderschränke, Eßtische, Stühle, Bücherschränke, *Sideboards* und Kommoden nahmen imposante Proportionen an, um den Wohlstand und den Status der Bewohner zu repräsentieren.

Sitzmöbel

Der Windsor-Stuhl, der während des ganzen 18. Jahrhunderts nie groß von Moden beeinflußt worden war, abgesehen von der Periode, als man Cabriole-Beine verwendete und die Rückenlehnen mit gotischen Motiven verziert waren, blieb auch während der Viktorianik in Charakter und Form fast unverändert. Das Zentrum der Produktion lag um High Wycombe herum, obwohl Windsor-Stühle im ganzen Land angefertigt wurden. Obgleich der Grundcharakter mit den gedrechselten Beinen, dem soliden geschweiften Holzsitz und

Windsor-Armstuhl aus Ulme, Eiche und Eibe, um 1850. Durchbrochenes und geschwungenes Mittelbrett mit bogenförmiger Rückenlehne.

218

der Rückenlehne aus Drechselei und Spindeln im ganzen Land derselbe blieb, gab es doch mehrere hundert Variationen bei der abschließenden Vollendung, der Dekoration und dem Detail.

Tische

Gegen 1850 kommt ein neuer Typus von Toilettentisch auf, bei dem ein Spiegel fest auf der Tischplatte angebracht war und von kleinen Schubladen seitlich eingerahmt wurde. Die Basis dieses Tisches ähnelte dem *Pedestal desk*. Ab etwa 1890 ersetzte eine Schubladenkommode als neue modische Form die Basis mit Mittelstütze, behielt oben aber den gleichen Aufbau bei.

Ein neuer Tischtyp war der **Sutherland**, der gegen 1840 bis 1850 entwickelt wurde. Dies war im Grunde ein kleiner Auszietisch mit einem extrem schlanken festen Mittelteil. Er wurde angeblich nach der Herzogin von Sutherland benannt, eine von Queen Victorias Hofdamen. Der Tisch hat

Schlichter Sutherland-Tisch aus Mahagoni mit geriefelten Beinen, ca. 1860 - 1870. 69,5 x 78,5 x 16 (geschlossen)/ 101,5 cm (offen)

an den Enden stets zwei Stützen, die aus einem oder zwei Beinen auf abgeschrägten Füßen bestehen konnten und zudem zwei ausschwingbare Beine hatten, die die Platte stützten, die fast bis zum Boden reichte. Die Stützen an den Enden waren durch Stege verbunden. Das Mittelteil hatte eine maximale Tiefe von ca. 22 cm. Im offenen Zustand nahm die Tischplatte ein Fünf- bis Sechsfaches der Größe an.

Schränke

Linen presses werden auch nach 1840 noch hergestellt, wenn auch in sinkender Zahl.

Gegen 1850 treten an ihre Stelle die **Kleiderschränke**. Diese bestanden aus einem großen drei- oder viertürigen Schrank, der oft eine durchbrochene Front (*breakfront*) hatte und im unteren Bereich des Mittelteiles gewöhnlich ein oder zwei Schubladen besaß. Der Schrank bot freien Raum, wo Kleidung in ihrer ganzen Länge aufgehängt werden konnte, zuerst an Haken oder Metallhaken an Seiten und Rückwand und nach 1870 an Kleiderbügeln, die an Messing- oder Holzstangen hingen. Bei besseren Exemplaren gab es auch Bereiche mit Schüben oder Schubladen. Ab etwa 1880 war eine der Türen in der Regel mit einem langen Spiegel ausgestattet.

Schuh- und Krawattenständer wurden ab etwa 1900 eingeführt.

Die Kleiderschränke hatten gewöhnlich eine Basis in Form einer Plinthe, standen manchmal auch auf Konsolfüßen und ab 1880 auch auf Blockfüßen.

Betten

Während der Victorian Period gab es zahlreiche unterschiedliche Bettypen, die die Vielfalt der beliebten Stile spiegelten. Auch wenn es nicht mehr üblich war, Besucher im Bett liegend zu empfangen, so blieb das Schlafzimmer doch wichtig. Es war gewöhnlich mit einem riesigen Bett, großen Kleiderschränken, Waschtischen, einem Toilettentisch, Sofa, Stühlen, einem Schreibtisch, Kommode, Nacht-

Whatnot, Mahagoni, aus der frühvikto- rianischen Periode um ca. 1840.

tischen, Bücherschränken und anderen kleineren Möbelstücken ausgestattet.

In den mittleren und höheren Gesellschaftsschichten waren zahlreiche Bedienstete damit beschäftigt, den Raum täglich zu säubern und frei von Ungeziefer zu halten. Die Betten wurden üblicherweise täglich abgezogen, gelüftet. Im Winter wurden sie abends immer mit Bettflaschen angewärmt, die glühende Kohlen enthielten.

Viel Zeit wurde im Schlafzimmer verbracht. Gewöhnlich wurde das Frühstück hier eingenommen, an einem der zahlreichen kleinen Tischchen im Raum. Der Herr oder die Dame machten ihre Toilette im Schlafzimmer oder einem angrenzenden Ankleideraum. Am späten Vormittag zog man sich gewöhnlich ins Schlafzimmer zurück, um sich zum Mittagessen umzuziehen, und anschließend, um einen kurzen Mittagsschlaf zu halten. Gäste zogen sich gewöhnlich am frühen Abend ins Schlafzimmer zurück, um Briefe zu schreiben oder zu lesen, bevor sie sich zum Abendessen umzogen. Metallbetten waren immer stärker verbreitet und wurden kunstvoll ausgearbeitet und verziert. Die Matratzen wurden mit Erfindung der Sprungfedern um einiges bequemer.

Ab etwa 1875 kamen Betten ohne Baldachin in Mode, die nur ein Kopf- und Fußteil besaßen, wobei das Kopfteil meist höher war. Ebenso tauchten Betten mit vier freistehenden Pfosten, aber ohne Baldachin und Vorhänge auf. Doppelbetten wurden ab etwa 1890 eingeführt. Zur selben Zeit kam die Matratzenunterlage aus Drahtgewebe auf.

Während der letzten Jahre der Victorian Period wurden zahlreiche einfache Betten mit hohem Kopf- und niedrigem Fußteil gefertigt, basierend auf den Entwürfen des *Arts and Crafts Movement*, daneben aber auch Betten in verschiedenen historischen Stilarten.

Die traditionellen Wiegen wurden nun zunehmend von freischwingenden Wiegen abgelöst, die in einem Rahmen schwingen. Diese reichten von der einfachen und praktischen Wiege, wie sie in Sheratons *Cabinet Dictionary* beschrieben ist, zu der kunstvoll ausgearbeiteten Wiege aus Papiermaché in Form einer Nautilusmuschel, die bei der *Great Exhibition* ausgestellt wurde.

Zusammenfassung

Die Anzahl der erhaltenen Möbel aus dem 19. Jahrhundert ist deutlich höher als der aus dem 18. Jahrhundert. Nicht allein der tägliche Gebrauch und die tägliche Beanspruchung der Möbel waren für die großen Verluste aus früheren Jahrhunderten verantwortlich, sondern es wurde in den späteren Jahrhunderten einfach viel mehr produziert, um den Bedarf der stark ansteigenden Bevölkerung zu decken. Der Großteil der gewöhnlichen Möbel des 18. Jahrhunderts war schon vor langer Zeit verloren, war der Abnutzung, den Moden, dem Feuer etc. zum Opfer gefallen. Es sind nur wenige Aufzeichnungen über das erhalten, was damals üblich war. Was uns aus dem 18. Jahrhundert erhalten geblieben ist, sind entweder Möbel besserer Qualität oder solche, die in der handwerklichen Ausführung und dem Entwurf für so gut gehalten wurden, daß sie über Jahre hinweg aufbewahrt und gepflegt wurden. Dagegen sind nach 1830 alle Qualitätsstandards und alle Typen repräsentiert.

Es muß daran erinnert werden, daß in der viktorianischen Zeit Firmen wie *Gillows of Lancaster* und viele andere weiterhin solide Mahagonimöbel produzierten, wie sie in der zweiten Hälfte des 18. Jahrhunderts bei der konservativen und etablierten Mittelschicht sehr beliebt gewesen waren. Die Firma *Gillows* zum Beispiel besaß ihre eigenen Archive und Musterbücher sowie die Entwürfe der Möbel, die sie seit ca. 1730 hergestellt hatte. Außerdem wurden laufend exzellente Reproduktionen der Werke Chippendales, Hepplewhites und anderer Designer aus dem 18. Jahrhundert hergestellt.

Viele der viktorianischen Kopien von älteren Möbeln sind daher ihren Originalen so getreu nachgebildet, daß man sie heute – dank einer Patina von einem Jahrhundert – teilweise nicht unterscheiden kann.

Links: gerader, klappbarer Handtuchständer aus Mahagoni, Edwardian Period, um 1905. Mit Fadenintarsien aus Buchsbaumholz verziert. Rechts: gedrechselter Handtuchständer aus Mahagoni, Victorian Period, um 1880.

4. Edwardian Period
ca. 1895 – 1914

Edward VII., der älteste lebende Sohn von Königin Victoria, regierte von 1901 bis 1910. Die Stilperiode, die nach ihm benannt wird, begann ein paar Jahre vor seiner Regentschaft und endete auch ein paar Jahre danach.

Die Mischung aus Möbeln mit historisierendem Stil und dem Art Nouveau, die für das Ende des 19. Jahrhunderts charakteristisch war, wurde auch in der Edwardian Period weiter hergestellt. Es entwickelte sich kein neuer Stil, und die Periode ist eher wegen ihrer technisch (wenn auch nicht immer stilistisch) hervorragenden Reproduktionen früherer Stile bekannt und geschätzt als für ihren innovativen Geist.

Die besten handgemachten Möbel der Edwardian Period waren von weitaus besserer Qualität als viele Möbel, die in der Vergangenheit, vor allem in der Victorian Period, hergestellt worden waren. Wie bei den Vorläufern vor etwa einem Jahrhundert wurde viel dekoratives Mobiliar vor allem aus

Ansicht eines Edwardian Zimmers, ca. 1895 - 1905. Die Möbel, z.B. der Schrank links, zeigen eindeutige Jugendstilzüge in Form und Dekoration, die eine kommerzielle Umsetzung der Arbeiten z.B. Voyseys darstellen. Ganz rechts ein »Sussex«-Armlehnstuhl von William Morris.

Mahagonivitrine mit
Fadenintarsien, Ed-
wardian, ca. 1910 bis
1925. Dünne Beine,
gedruckter Dekor, der
Einlegearbeiten imi-
tiert, verspiegelte
Rückwand und
Rückenbrett an der
Oberseite des Schran-
kes sind Hinweise auf
ein maschinelles
Produkt des frühen
20. Jh. Gut kon-
struiertes Stück, das
in der Qualität mit
modernen Gegen-
stücken vergleichbar
ist.
160 x 60 x 30 cm

*Viktorianische Kopie
eines Hepplewhite-
Armlehnstuhls mit
schildförmiger Rücken-
lehne, spätes 19. Jh.
Der Sitz ist nicht so
breit wie sein Vorbild,
die Schnitzerei nicht so
scharf und klar, das
Holz leichter und nicht
so fein gemasert.*

Gut ausgeführter
Schreibtisch aus
Mahagoni, ca. 1895
bis 1905. Mit ge-
schweifter Front und
in der Tischplatte
eingelegter Leder-
fläche, Bandwerk-
Dekor aus Buchs-
baumholz sowie
Einlegearbeiten aus
Satinholz.
Quadratische Beine,
die spitz zulaufen,
mit Rollen an den
Füßen. Beschriftung:
Maple & Co.
(Kunsttischler der
späten Victorian und
der Edwardian
Period).

Halbkreisförmiger
Spieltisch mit quadra-
tischen, sich verjün-
genden Beinen auf
Laufrollen. Das Bein,
das die klappbare
Platte trägt, bedient
sich der Teleskop-
Technik, mit inte-
grierter Schublade für
Karten. Fries und
Beine mit Blend-
gitterwerk verziert.
Während die Form
dem späten 18. Jh.
entspricht, weisen
handwerkliche
Ausführung und
Dekor auf ca. 1890
bis 1910.
76 x 90 x 46 cm

Prestigegründen heraus angefertigt und nur gelegentlich genutzt. Einige besonders schön gestaltete Schreibmöbel beispielsweise waren sicher nicht für den täglichen Gebrauch gedacht.

Daneben gab es auch viele Möbel aus billigem Korpusholz, mit schwacher Konstruktion und dünnem, ärmlichem Furnier, maschinengeschnittenen Einlegearbeiten und bemaltem Dekor. Zu dieser Zeit wurden viele Furniere mit rotierenden Messern geschnitten und hatten eine Dicke von 0,5 mm oder noch weniger.

Die Fabrikanten der Edwardian Period orientierten sich an den Modellen der Designer des späten 18. Jahrhunderts wie Hepplewhite und Sheraton und am Regency-Stil. Der Stil Sheratons war besonders angesehen und wurde durch begabte Handwerker, die seine Entwürfe abwandelten und Möbel herstellten, die wie ihre Vorbilder elegant, schlicht, leicht und klassisch waren, vielfältig kopiert. Dazu setzten sie vor allem helles Satinholz in massiver Form oder auch als Furnier ein.

Typisch für die edwardianische Auslegung von Sheratonmöbeln sind auch Bandintarsien aus Buchsbaumholz an

Kesselständer aus Mahagoni mit ausziehbarem Schub für Teekanne und Ablage zwischen den Beinen (wahrscheinlich für Vase oder Wasserkrug). Im 18. Jh. weit verbreiteter Typus. Die Konstruktionsmethode und das verwendete Holz weisen auf eine Datierung zwischen 1890 und 1910. 70 x 30,5 x 31 cm

Serviertablett aus Mahagoni mit Einlegearbeiten aus Satinholz, Harewood und anderen exotischen Hölzern im Stile Adams, ca. 1890 - 1910. Konkave Seiten, Einlegearbeiten in der Technik »burnt wood«. Dabei wird das Holz mit heißem Sand leicht verbrannt und so Schatten und ein Tiefeneffekt erzeugt. Dieser Dekortyp war während des letzten Jahrzehnts des 18. Jh. und dann wieder in der Edwardian Period beliebt.

»Patent-Bücher-
schrank« aus Maha-
goni, Edwardian
Period, ca. 1900 bis
1930. Mit Faden-
intarsien aus Buchs-
baum. Hergestellt von
der »Globe Wernicke
Company, London«.
181 x 90 x 28 cm

*Eine für das späte
19. Jh. typische
Garderobe aus
massivem und
furniertem Mahagoni
mit originalen
Messingbeschlägen,
ca. 1890 - 1900.
Mit Stempel von
James Shoolbred.*

Armstuhl aus Mahagoni und hochwertiger Salon-Sessel, Edwardian Period, ca. 1895 bis 1915. Beide im Stil des sogenannten »Sheraton Revival«, mit Einlegearbeiten aus Buchsbaum und Satinholz.

Kleines, elegantes, einstöckiges und drehbares Bücherregal aus Mahagoni mit Fadenintarsien aus Buchsbaumholz, um 1905. Beispiel für die Wiederbelebung des Sheraton in der Edwardian Period. Der Ständer hat gespreizte Füße mit Laufrollen. Ein Stück von höchster handwerklicher Qualität.

Stuhl- und Tischbeinen, an den Fronten von Schubladenkommoden und *Bureaus*. Muschel- und Sternmotive wurden als Einlegearbeiten ebenfalls bei den verschiedensten Möbelstücken verwendet.

Es ist interessant festzustellen, daß die ersten Bücher für den populären Markt, die sich mit dem Sammeln von englischen Möbeln befassen, in edwardianischer Zeit veröffentlicht wurden. Eines der einflußreichsten und am häufigsten gelesenen Büchern war *How to Collect Old English Furniture* von F. Litchfield, das 1906 veröffentlicht wurde.

Abgesehen von den Art-Nouveau-Entwürfen von Voysey und Mackintosh sind in der ersten Hälfte dieses Jahrhunderts kaum Möbel von innovativem Design in Großbritannien entstanden. England verlor in dieser Zeit seine führende Rolle an skandinavische und deutsche Möbeldesigner und hat weder zum Art Déco noch zum industriellen, vom Bauhaus geprägten Design Wesentliches beigetragen.

CHRONOLOGIE WICHTIGER GESCHICHTLICHER DATEN

Diese Zusammenstellung soll der schnellen Information über Stilwechsel, neue Methoden, Materialien, Techniken und Werkzeuge dienen. Außerdem ist die Thronfolge der Könige und Königinnen von England aufgeführt sowie Ausstellungen und sonstige Ereignisse, die für die Entwicklung der englischen Möbel wichtig waren. Alle Daten dürfen nur als Näherungsdaten verstanden werden, außer wenn sie sich auf ganz bestimmte historische Ereignisse beziehen.

1500 – 1660	**(in ländlichen Gegenden auch später)** Periode der einfachen Möbel in Nut- und Zapfentechnik. »Refektoriumstische« sind in großen Haushalten verbreitet. *Settles* (Truhenbänke, lange Sitze mit Arm- und Rückenlehnen, aber ohne Aufpolsterung) werden immer beliebter.
1500	Beginn der Ölpolitur mit Leinöl, Nußöl oder Mohnsamenöl; gleichzeitig gibt es die Politur mit Bienenwachs, vorwiegend sind die Möbel aber noch bunt bemalt.
1509	Tod von Henry VII.
1509 – 1547	Regierungszeit von Henry VIII.
1534	Henry VIII. erklärt sich selbst zum Oberhaupt der Kirche von England, löst die römisch-katholische Kirche auf und konfisziert ihre Besitztümer.
1544	Engpaß beim Eichenholz. Durch Parlamentsbeschluß wird die Neupflanzung von Eichen festgesetzt, auf 30 Bäume pro Hektar beschränkt. Eichenholz wird aus Europa, vor allem Deutschland, importiert.
1547 – 1553	Regierungszeit von Edward VI.
1550 – 1640	Große, melonenförmige Beine, geschnitzt und gedrechselt, sind bei Tischen vorherrschend.
ab 1550	Kleine *Side tables* werden entwickelt und breiten sich aus. Die Weiterentwicklung von Schrank und Eßtisch beginnt. Hölzerne Griffe werden allmählich durch Metallgriffe ersetzt. Der *Gate leg table* kommt auf.
1553 – 1558	Regierungszeit von Mary I.
1558 – 1603	Regierungszeit von Elizabeth I.
um 1560	Aus Deutschland wird die Technik der Messingverarbeitung eingeführt.
1562	Einführung der ersten Laubsäge.
1573	Der Architekt Inigo Jones wird geboren († 1652).
ab 1575	Abgeschrägte Kanten bei Scharnieren, Griffen, Schlössern und anderen Beschlägen.
1600	Gründung der British East India Company (Import/Exportgeschäft). Der Schlosser zählt nicht mehr zu den Schmieden, sondern bildet einen eigenen Berufszweig, zuständig für die Anfertigung von Schlössern, Scharnieren, Griffen und anderen Beschlägen.
1603 – 1625	Regierungszeit von James I.
1625 – 1649	Regierungszeit von Charles I.

ab 1630	Eichenholz wird zunehmend aus Deutschland und Schweden importiert, um die lokalen Vorkommen zu ergänzen.
1642	André Charles Boulle wird geboren († 1732). Meisterhafter Handwerker und Erfinder der »Boulle«-Marketerie.
1648	Grinling Gibbons wird geboren († 1721). Einer der talentiertesten Holzschnitzer aller Zeiten. Sein Werk hatte während der ersten Hälfte des 18. Jahrhunderts großen Einfluß auf den geschnitzten Dekor. 1714 wird er zum Meisterschnitzer von George I. ernannt.
1649	Nach mehreren Jahren Bürgerkrieg wird Oliver Cromwell Vorsitzender des englischen Staates, die Cromwellsche Diktatur beginnt. Exekution von Charles I.
1650	Die ersten Schubladenkommoden werden entwickelt. Die Bemalung der Möbel wird durch die Öl- und Wachspolitur abgelöst – bemalte Möbel kommen erst im späten 18. Jahrhundert wieder in Mode.
1658	Tod Oliver Cromwells.
1660 – 1685	Restauration der Monarchie unter Charles II.
	Nußholz löst das Eichenholz im Möbelbau ab. Anstelle der ungeleimten Zapfen- und Dübelkonstruktion verwendet man geleimte Zapfen/Nut- und Schwalbenschwanzverbindungen.
	Neuentwicklungen bei Möbeln: freistehende Bücherschränke, Tagesbetten, erste Entwürfe für *Bureaus*, Anrichten, die heute als *Welsh dresser* bezeichnet werden, kommen als Unterteile auf, der *Gate leg table* löst die großen Refektoriumstische ab.
	Neuentwicklungen beim Dekor: Marketerie, Furnier (3-4 mm dick), Firnis und Lack als Alternative zu gewachsten und geölten Möbeln, Palisander für Einlegearbeiten.
1660 – 1710	*Bun feet* (Knotenfüße) sind weit verbreitet.
	Importierte orientalische Lackkommoden und Vertäfelungen (die letzteren werden in englische Möbel eingebunden) sind stark in Mode.
1660 – 1690	Marketerie wird zum beliebten Dekor.
1663	Nach der Heirat von Charles II. und Katharina von Braganza wird der spanische Schneckenfuß eingeführt.
1664	Einführung des Flechtwerks, wahrscheinlich aus Holland. 1720 kommt es aus der Mode, erlebt aber am Ende des 18. Jahrhunderts und erneut in der Mitte des 19. Jahrhunderts bei Thonet-Stühlen eine Renaissance.
ab 1670	Handgemachte Schrauben werden eingeführt.
	Die ersten Teetische tauchen auf.
1675	Die Schwalbenschwanzverbindung ersetzt bei Schubladen allmählich das Nageln. Anfangs nur zwei oder drei offene Schwalbenschwänze.
1680 – 1720	Die Konstruktion in Rahmen- und Füllwandtechnik verschwindet (bis auf ländliche Möbel).
	Aufgepolsterte Armstühle aus Nußholz kommen in Mode. Die Rückenlehnen gehen ohne Unterbrechung in den Sitz über. Erste Entwürfe für löffelförmige Rückenlehnen.
	Der *Tallboy* kommt auf.
1685 – 1688	Regierungszeit von James II.

233

1685	Ludwig XIV. von Frankreich widerruft das Gesetz, das die Religion der Hugenotten toleriert, was zu einer Massenflucht der Hugenotten aus Frankreich führt. Viele emigrieren nach England und bringen wertvolle Kenntnisse mit, die zur Weiterentwicklung der Möbel beitragen.
1686	Der Architekt und Möbeldesigner William Kent wird geboren.
1689 – 1702	Regierungszeit von William III. und Mary II. († 1694).
ab 1690	Neuentwicklungen bei Möbeln: *Bureau bookcases*, die ersten Spieltische, Settees in doppelter, dreifacher oder sogar vierfacher Version des normalen Armstuhls mit extra Beinen, Sofas.
	Neuentwicklungen bei Dekor und Technik:
	Einführung der Boulle-Marketerie.
	Zum ersten Mal wird bei Schränken Glas statt Holzpaneelen verwendet.
	Laufrollen werden eingeführt. Anfangs sind sie aus Holz und haben die Form von Rädern. Ab 1700 haben sie Kugelform und sind aus Buchsbaumholz, ab 1710 sind die Rollen aus Buchsbaumholz. Ab 1740 bestehen sie aus Lederscheiben an Messingachsen und ab 1750 aus Messingrädern.
	Bei Scharnieren, Griffen etc. wird außer bei ländlichen Möbeln das Eisen durch Messing ersetzt.
	Die Schwalbenschwanzkonstruktion wird verbessert und ist nun verdeckt.
1690 – 1720	*Japanning*, eine englische Imitation der orientalischen Lackarbeit, die oft von Amateuren hergestellt wird, kommt in Mode. Am Ende des 18. Jahrhunderts lebt es erneut auf und ist auch während des Regency und wieder gegen 1870 – 1900 beliebt.
1690 – 1830	Eckschränke und Hängeeckschränke tauchen auf und bleiben in Mode.
ab 1700	Bei allen Möbeltypen finden sich jetzt Cabriole-Beine, die aus Europa eingeführt wurden. Anfangs sind sie schmucklos, später besitzen sie geschnitzte Muschel-, Anthemion- und Cabochon-Motive am Knie.
	Keulenfuß, Kissenfuß und Ball- und Klauenfuß sowie eingelassene Sitze werden bei Stühlen üblich.
	Die Rückenlehnen von Stühlen entwickeln eine gekurvte Form, die sich dem menschlichen Körper anpaßt. Die Manschetten zwischen Rückenmittelbrett und Sitzrahmen werden zu separaten Teilen.
	Einführung von komplett aufgepolsterten Ohrenbackensesseln.
	Die Schwalbenschwanzkonstruktion ist nun kleiner und zarter (vier bis sechs Schwalbenschwänze pro Schublade).
	Messingbügelgriffe mit massiven Rückenplatten werden eingeführt.
	Welsh dresser werden oft mit einem passenden Regal hergestellt, das an die Wand über den *Dresser* gehängt wird.
1700 – 1725	Bandintarsien in Fischgrätmuster kommen bei Möbeln aus Nußholz in Mode.
1702 – 1714	Regierungszeit von Queen Anne.
1709	Der strenge Winter vernichtet viele Walnußbäume und führt in Frankreich 1720 zu einem Exportverbot für Nußholz.
1710	Der *Kneehole desk*, ein kleiner Schreibtisch mit Platz für die Knie, wird eingeführt.

234

	Die Technik von Schraube und Mutter wird für die Befestigung von Schubladengriffen eingeführt. Die Muttern haben eine annähernd quadratische Form.
1740 – 1730	Die Stühle entwickeln breitere Sitze, niedrigere Rückenlehnen und stärker ornamentierte Rückenbretter.
1714 – 1727	Regierungszeit von George I., Kurfürst von Hannover und König von Großbritannien und Irland.
1718	Thomas Chippendale sen. wird geboren († 1779).
Ab 1720	Stühle für die Bibliothek, zum Lesen und zum Schreiben werden entwickelt.
	Regionale Entwürfe für Welsh dressers werden entwickelt.
1720	Das französische Verbot des Nußholzexports führt zu den ersten großen Importen von nordamerikanischem Virginia-Walnußholz.
	Aus Frankreich wird der Konsoltisch eingeführt.
1721	Die Importzölle der britischen Kolonien auf Hölzer, insbesondere Mahagoni, werden aufgehoben.
1724	Der erste überlieferte Windsor-Stuhl.
1725	Importe von Mahagoni aus den spanischen Kolonien trotz hoher Importzölle.
1725 – 1735	Dekor in Gestalt von Löwenköpfen, Löwentatzen und Masken wird beliebt.
Ab 1726	(mit Unterbrechungen) Cabriole-Beine werden am Knie mit geschnitzten Akanthusblättern und Löwentatzen, am Fuß mit Adlerklauen oder mit Ball- und Klauenfüßen verziert.
1727 – 1760	Regierungszeit von George II.
1728	Der Architekt und Möbeldesigner Robert Adam wird geboren († 1792).
1730 –1750	Bei Schubladenböden allmählicher Übergang von einem Maserungsverlauf von der Vorder- zur Rückseite zu seitlichem Verlauf.
1730 – 1770	Zum Befestigen der Griffe werden quadratische Muttern verwendet.
1730	Erste Entwürfe für den Pedestal desk.
	Bei Schubladen kommt eine Zierleiste auf (cock beading).
	Drop leaf und Tripod-Tische kommen auf.
1731	Erste Erwähnungen der Möbelfirma Gillow & Co., die wohl 1693 von Robert Gillow gegründet wurde.
1732	Die Importzölle für alle Mahagoniarten werden abgeschafft.
1740 – 1775	Der Stil des französischen Rokoko wird bei Stühlen sehr beliebt. Er wird in der mittleren viktorianischen Periode wiederbelebt.
1740	Architektentische tauchen zum ersten Mal auf.
	Bei den Windsor-Stühlen werden die Bügelrücken eingeführt.
Ab 1740	In Bücherschränken werden die Regalbretter durch Nuten in den Seitenwänden gehalten. Ab 1830 werden die Bretter durch hölzerne oder metallene Stifte in Löchern der Schrankseiten getragen und ab 1920 durch Metallstifte in Metallstreifen, die meist die ganze Höhe des Bücherregals entlanglaufen.
1745	Erstmaliges Erscheinen der aufwendigen und teuren »Tortenkrustkante« bei Tischplatten von Tripod tables.

1745 – 1840	Thomas Chippendale arbeitet in London. Der Aufsatzeckschrank wird beliebt.
1749	Thomas Chippendale jun. wird geboren († 1822).
ab 1750	In den Türen verglaster Bücherschränke finden sich profilierte Sprossen, sog. Astragale. Die gestufte Front (*Break front*) entwickelt sich. Chippendales chinesische Periode. Die massiven Rückenplatten der Griffe werden durch zwei separat gefertigte Rosetten ersetzt. Die geschweifte (*serpentine*) Form ist bei Kasten- und Sitzmöbeln weit verbreitet. Nachttische und Nachtkästchen ersetzen den Nachtstuhl. Zum ersten Mal taucht Satinholz auf, das zwischen 1790 und 1820 weit verbreitet ist. Cabriole-Beine und durchbrochene Mittelbretter finden sich häufig bei Windsor-Stühlen. *Welsh dresser* werden als ein Stück gefertigt, wobei das Regal entweder Teil des Unterteils oder lose angebracht ist.
1751	Thomas Sheraton wird geboren († 1806).
1753/54	Chippendale eröffnet eine Werkstatt in der St. Martin's Lane in London.
1754	Chippendale veröffentlicht sein erstes Musterbuch *The Gentleman and Cabinet-Maker's Director*.
1754 – 1775	Chippendales Periode des Rokoko und der Gotik.
1755 – 1770	Windsor-Stühle mit gotischen Motiven kommen in Mode.
1758	Robert Adam kehrt aus Italien zurück und arbeitet als Architekt.
1759 – 1803	Ince & Mayhew sind in London beschäftigt und veröffentlichen das Entwurfsbuch *The Universal System of Household Furniture*, das an Chippendales *Director* ausgerichtet ist.
ab 1760	*Sideboards* in Verbindung mit Schränken werden eingeführt. Die ersten *Pembroke*-Tische sowie Pacht- oder Trommeltische tauchen auf. Sperrholz wird für die Galerie von Tabletts und die Rückenbretter von Stühlen eingesetzt. Es erscheint beispielsweise in einigen Rückenbrettern von Chippendale-Stühlen in Osterly Park.
1760 – 1820	Regierungszeit von George III.
1761	Gillow & Co. eröffnen einen Laden in der Oxford Street in London.
1763	Die ersten Arbeits- oder Nähtische werden hergestellt. Ab 1770 sind sie mit Kästen für Wolle und Stoff ausgestattet.
1770	Erste große Importe von Honduras-Mahagoni. Obwohl es im Vergleich zu anderen Arten minderwertig ist, benötigte man es, um die schwindenden Vorkommen zu ergänzen. Anfangs wurde es (furniert) für den Korpus verwendet, später für alle Teile. Der Architekt Thomas Hope († 1831) wird geboren. Bemalte Möbel erfahren eine Renaissance und sind bis in die 20er Jahre des 19. Jahrhunderts in Mode. Runde Muttern, oft mit Schlitz an einer Seite, werden zum Befestigen der Griffe verwendet. Sie ersetzen schrittweise die quadratischen Muttern.

	Die ersten mit Drehmaschinen gefertigten Schrauben mit geschlitzten Köpfen werden produziert.
	Satinholz, Amboyna und grauer Ahorn sowie andere exotische Hölzer sind beliebt.
1775	Massive Messingplatten, durchbrochen oder mit geprägten Mustern, werden wieder häufig für Griffe verwendet.
1776	Der amerikanische Unabhängigkeitskrieg beendet den Import von Rohstoffen wie Virginia-Walnußholz aus den amerikanischen Kolonien und verhindert den Export von Möbeln nach Nordamerika.
1779	Thomas Chippendale jun. übernimmt das Geschäft seines Vaters.
1780	Bei Windsor-Stühlen wird das Radmotiv am Mittelbrett der Rückenlehne aufgenommen.
	Bei den Böden großer Schubladen wird ein Verstärkungsbrett eingeführt.
	Eßtische mit Mittelfuß (*Pillar foot*) kommen auf.
1781	Die Kreissäge wird kommerziell für den Schiffsbau eingesetzt.
1784	Gründung der Bramah Schloßfabrik.
1786	Tod von George Hepplewhite, dessen Geburtsdatum unbekannt ist.
1788/94	George Hepplewhites *The Cabinet-Maker and Upholsterer's Guide* wird von seiner Witwe Alice Hepplewhite publiziert.
1788	Die erste geknöpfte Polsterung wird eingeführt.
1790 – 1840	Das Wappenzeichen des Prince of Wales (drei Straußenfedern) wird zu einem beliebten Motiv an den Rückenlehnen von Stühlen.
1790	Die Schubladenkommode mit gebogener Front (*Bow front*) kommt auf und bleibt bis 1860 beliebt.
	Die ersten *Cylinder desks* mit rollbarer Abdeckung tauchen auf.
	Die ersten Entwürfe für Sofatische.
	Chiffonièren kommen in Mode und bleiben bis ins frühe 20. Jahrhundert beliebt.
	Messingknöpfe und Löwenmasken mit Ringen sind als Griffe beliebt.
	Schlanke, gedrechselte Beine sind bei den verschiedensten Möbeltypen in Mode.
1791/94	Thomas Sheratons *The Cabinet-Maker and Upholsterer's Drawing Book* wird veröffentlicht.
1793	Kreissägen sowie Maschinen zum Hobeln, Profilieren und für die Schwalbenschwanzkonstruktion werden patentiert, treffen aber bei den Möbelherstellern auf sehr wenig Interesse.
1795	Die ersten *Whatnots*.
1796 – 1812	Die Napoleonischen Kriege unterbrechen den Handel zwischen England und dem Kontinent, was zu einer Ansammlung von für den Export bestimmten Möbeln führt und zu einem Preisverfall auf dem englischen Markt. Ungeheure Mengen werden zu Dumpingpreisen auf dem europäischen Markt angeboten, sobald der Handel wieder aufgenommen wird.
1797	Erfindung eines Werkzeugs, das Geschwindigkeit und Qualität der Schraubenherstellung erhöht.
1800 – 1820	Einführung einer viertelkreisförmigen Leiste bei Schubladen (im Inneren zwischen den Seiten und dem Unterteil).

	Aus Frankreich wird ein Tagesbett, das sich von antiken griechischen Entwürfen ableiten läßt, eingeführt (*Recamière*).
1803	Thomas Sheratons *Cabinet Dictionary* wird veröffentlicht.
1804	Baron Denon, der offizielle Archäologe von Napoleons ägyptischem Feldzug, veröffentlicht die Ergebnisse seiner Forschungen, was zur Beliebtheit des ägyptisierenden Stils beiträgt.
	Thomas Chippendale jr. bankrott.
1805	Nach der Schlacht von Trafalgar und dem Tod Admiral Nelsons werden Seefahrermotive (z.B. gedrehte Seile an Rückenlehnen) beliebt. Die Verwendung von Ebenholzeinlagen und -bandwerk steigt an.
	Klavierstühle mit verstellbarer Höhe tauchen auf.
1806	Die Furnierschneidemaschine wird patentiert, findet aber im Möbelgewerbe anfangs kaum Beachtung.
1807	Thomas Hopes' *Household Furniture* wird veröffentlicht.
1808	Einsatz von maschinellen Sägen, um Baumstämme in Bretter zu zerlegen.
	Patentierung der Kreissäge für feinere Sägearbeiten.
1810 – 1840	Palisander kommt stark in Mode.
	Bei Ausziehtischen wird das Teleskopsystem verwendet.
1811	Prinz George, der Prince of Wales, wird Prinzregent.
	Kreissägen zum Schneiden von Furnier werden entwickelt und als wirtschaftlich erachtet.
1812	A.W.N. Pugin († 1852) wird geboren.
1816	Der Erwerb von antiken griechischen Marmorstatuen wird durch Lord Elgin vermittelt. Die nachfolgende Ausstellung in London steigert das Interesse für klassische griechische Ornamentik.
1820	Gedrechselte Holzknöpfe werden beliebte Griffe.
	Die Regalbretter in Bücherschränken werden von hölzernen oder metallenen Stiften in den Seitenteilen getragen.
	Es werden wieder quadratische Muttern bei Griffen verwendet.
1820 -1830	Regierungszeit von George IV., ehemals Prinzregent.
	Einführung von *French Polish*, einem stark glänzenden Schellackersatz.
1828	Patentierung gerollter Federn für die Aufpolsterung.
1830	Dünneres Furnier, etwa 1,5 mm, wird eingeführt. Dies kann bei der Datierung eines Stückes als Anhaltspunkt dienen.
1830 – 1880	Stühle mit Ballonlehne kommen in Mode.
	Der gotisierende Stil wird beliebt. Neo-elisabethanischer und auch neo-jakobinischer Stil erleben eine Blüte.
1830 – 1837	Regierungszeit von William IV.
1833	J.C. Loudons *Encyclopaedia of Cottage, Farm and Villa Architecture and Furniture* wird veröffentlicht.
1834	William Morris († 1896) wird geboren.
1836	Charles Locke Eastlake († 1906) wird geboren.
1837 – 1901	Regierungszeit von Königin Victoria.
1840	Der Windsor-Stuhl mit niedriger Rückenlehne kommt auf.
ab 1840	Dreieckige Klötze mit gerundetem Umriß werden mit Schrauben am Stuhl befestigt, um die Ecken des Sitzes zu verstärken.

	Sociables oder *Tête-à-Tête-Sofas* aus zwei, drei oder mehr aufgepolsterten Sitzen, in einem Winkel verbunden, werden entwickelt.
1845	Die erste Schnitzmaschine wird entwickelt, aber nicht für den kommerziellen Gebrauch eingesetzt.
1849	Das patentierte Bramah-Schloß wird entwickelt und weitgehend eingesetzt, oft auch bei älteren Möbeln, da es als einbruchssicher gilt.
1850	Die ersten Bugholzstühle werden eingeführt.
ab 1850	Die ersten maschinengefertigten Dübel werden bei billig produzierten Möbeln verwendet.
	Minderwertiges afrikanisches Mahagoni wird zum ersten Mal importiert.
	Maschinengefertigte Schrauben mit zugespitzten Enden werden entwickelt.
	Braune und weiße Porzellanlaufrollen kommen in Mode.
	Nußholz mit reicher Maserung, das sich grundlegend von dem aus der Nußbaumperiode unterscheidet, wird das neue Modeholz.
1851	Die *Great Exhibition* im Kristallpalast.
1857	Der Architekt und Möbeldesigner C.F.A. Voysey († 1941) wird geboren.
1860	Maschinell gefertigte Nägel werden für Polsterarbeiten verwendet.
	Erste Entwürfe für *Sutherland*-Tische. Das *Chesterfield*-Sofa kommt auf.
	Gründung von Morris, Marshall, Faulkner & Co. Sie begründen die *Arts-and-Crafts*-Bewegung. 1865 wird die Firma zu Morris & Co., 1939 wird sie aufgegeben.
	Bei Ausziehtischen wird der Schraubmechanismus verwendet.
1860 – 1890	Der kommerzielle gotisierende Stil (minderwertige Massenproduktion) kommt in Mode.
1865	Windsor-Stühle vom *Captains*- oder *Smokers*-Typ kommen in Mode.
1865 – 1895	Der Stil der *Arts and Crafts* kommt in Mode.
1867	Die ersten Entwürfe des britischen Art Nouveau werden in B. Talberts Buch *Gothic Forms Applied to Furniture* veröffentlicht.
1869	Der Architekt und Möbeldesigner Charles Rennie Mackintosh († 1928) wird geboren.
1870	Weiße Porzellanknöpfe werden als Griffe für Schubladen und Türen verwendet.
1870 – 1900	Der Stil der Neo-Renaissance kommt in Mode.
	Der aus dem Japanischen inspirierte »ästhetische« Stil wird beliebt.
	Das ebenholzartige Finish (gemalt oder durch Beizen) taucht auf.
1875	Der erste Liberty-Shop eröffnet.
1884	Gründung der *Art Worker's Guild* (Zunft der Kunsthandwerker) durch W. Morris, C.F.A. Voysey und W.R. Lethaby.
1888	Die *Arts-and-Crafts*-Bewegung stellt sich offiziell zusammen.
1889	Die Entwürfe des französischen Art Nouveau sind auf der *Exposition Universelle* in Paris zu sehen.
ab 1898	Die ersten populären Bücher zum Thema Sammeln alter englischer Möbel werden publiziert.

Klassizistischer, halb-
runder Kabinettse-
kretär, Satinholz, um
1780. Aus verschiede-
nen seltenen und exo-
tischen Hölzern, mit
Marketerie von her-
ausragender Qualität,
mit klassischen Vasen-,
Arabesken-, Blatt-,
Girlanden- und Putti-
motiven. Oberteil mit
zentralem Schrank mit
Fächern und Schubla-
de, gerahmt von ge-
schweiften Schubladen
mit geheimem Ver-
schließmechanismus.
Fries mit Schiebetüren,
Fächern, Schubladen
und Klapplatte. Un-
terteil mit drei Schub-
laden und zwei
Schränken. Galerie
und Beschläge aus
Messing. Dieses Mö-
belstück ist gut doku-
mentiert und zählte
einst zur Sammlung
von J. Pierpont
Morgan.
178 x 199 x 64 cm

DER KAUF ANTIKER ENGLISCHER MÖBEL

Die goldene Regel für den Kauf ist ganz einfach: Kaufen Sie, was Ihnen gefällt, und kaufen Sie die beste Qualität, die Sie sich leisten können.

Oft ist sich der Käufer antiker Möbel nicht darüber im klaren, was er im Begriff ist zu kaufen oder schon gekauft hat. Dies gilt sicher nicht für alle Käufer antiker Möbel, aber für viele. Wenn Sie auf Nummer Sicher gehen wollen, sollten Sie sich auf alle Fälle vor dem Kauf ein Grundwissen aneignen oder den professionellen Rat eines Gutachters einholen.

Folgendes sollten Sie außerdem beim Kauf antiker Möbel bedenken:

* Antike Möbel sind keine Konfektionsware, die man in verschiedenen Größen und Farbtönen finden kann (»Das ist ein hübscher Tisch, aber haben sie den auch in einer helleren Farbe und 5 cm größer?«). Antiquitäten sind sehr individuell und meist auch einzigartig. Es gibt sie einfach nicht in einer Auswahl von Farben, Größen und Oberflächen wie bei modernen Fabrikproduktionen. Man muß sie als das akzeptieren, was sie sind.
* Die Suche nach speziellen Stücken kann für den Kunden zum Nachteil werden. Ein skrupelloser Händler könnte versucht sein, etwas zu fälschen.

Was ist antik?

Die allgemein anerkannte weltweite Definition ist heutzutage die, daß ein Stück mindestens 100 Jahre alt sein muß, um als antik bezeichnet werden zu können. Trotzdem halten die meisten Leute es für zulässig, daß für Möbel der Edwardian Period oder für bestimmte Stücke von hohem Sammlerinteresse eine Ausnahme gemacht werden kann. In Amerika gilt ein Herstellungsdatum von vor 1940 als akzeptabel. Puristen allerdings setzen die Grenze beim Jahr 1830, das als das offizielle Ende des Regency gilt – für viele die letzte große Epoche von Originaldesign und komplett handgefertigten Stücken.

Die Hauptquellen für den Kauf englischer Möbel sind der Fachhandel und die Antiquitätenläden auf dem Festland sowie Auktionen und Messen in Großbritannien. Einige englische Stücke tauchen auch gelegentlich auf Auktionen und Messen in Europa auf. Weitere Möglichkeiten bieten zum Beispiel private Zeitungsanzeigen oder Flohmärkte.

Der Antiquitätenhandel

Antiquitätenläden reichen vom Spezialisten, der sich auf eine bestimmte Periode oder einen Möbeltyp spezialisiert hat, bis zum allgemeinen Händler, der von allem etwas führt, vom späten 17. bis zum frühen 20. Jahrhundert.

Außerdem ist noch der Trödler zu nennen, der gelegentlich auch ein schönes Stück haben kann. Die Chancen, beim Trödler einen guten Gelegenheitskauf zu machen oder ein preiswertes Möbel zu finden, werden aber immer geringer. Der Trödler ist kein Experte, und viele besitzen eine Kopie des letzten Preisführers oder der Auktionsergebnisse und verlangen den höchsten Preis, den sie glauben, erzielen zu können, ohne die Seltenheit, die Qualität oder den Zustand zu bedenken.

Der Preis, den man im Fachhandel bezahlt, liegt oft nur unwesentlich über dem, den man bei einer Auktion bezahlen würde. Während die Auktionspreise kontinuierlich steigen, gleichen nicht alle Händler regelmäßig die Preise an, nur um dem Trend zu folgen. Auch garantiert das Spezialwissen des Fachhändlers, daß es sich um ein gutes Möbel handelt und daß es sein Geld wert ist. Bei der Festlegung des Preises berücksichtigt der Händler die Qualität, die Seltenheit, den Zustand, die Restaurierung etc.

Der allgemeine Händler mag Kenntnisse über mehr als eine Kategorie von Möbeln haben, aber man kann nicht erwarten, daß er alles weiß. Er gleicht seinen Preis an den an, den er selbst dafür bezahlt hat. Deshalb besteht die Möglichkeit, bei einem allgemeinen Händler, der, ohne es zu wissen, auf ein gutes Stück gestoßen ist, einen Gelegenheitskauf zu tätigen. Dasselbe Prinzip gilt auch für einen Fachhändler, der aus den verschiedensten Gründen ein Stück besitzt, mit dem er normalerweise nicht handelt. Zum Beispiel ein Händler, der sich auf ländliche Möbel des frühen 18. Jahrhunderts spezialisiert hat und ein *Sideboard* aus dem Regency verkauft. Er wird wahrscheinlich den Marktwert nicht kennen und es mit einem Preis auszeichnen, der reflektiert, was er selbst dafür bezahlt hat. Wenn der Händler zu einem günstigen Preis gekauft hat, wird der verlangte Preis auch niedrig sein.

Anders als Auktionäre versuchen viele Händler, vor allem Fachhändler, ihre Waren in einen guten, restaurierten Zustand zu bringen, bevor sie sie verkaufen. Die Restaurierungskosten müssen natürlich bei der Festlegung des Preises berücksichtigt werden. Meist kostet den Händler eine Restaurierung aber weniger als einen Privatkunden. Der Händler hat vielleicht sogar seine eigene Werkstätte, und falls nicht, bekommt er oft einen Handelsnachlaß.

Außerdem gilt für Antiquitätenhändler, daß sie die Möbel häufig innerhalb bestimmter Entfernungen ausliefern oder die Transportkosten ganz oder teilweise bezahlen. Solche Dienstleistungen variieren von Händler zu Händler.

Bedenken Sie bitte: Ein Antiquitätenladen ist kein orientalischer Basar, auf dem man automatisch nach Preisnachlässen fragen kann. Das kommt jedoch immer wieder vor. Der Kunde beginnt, ohne darüber nachzudenken, ob der Preis gerechtfertigt ist oder nicht, mit einem oft ein völlig unrealistischen Angebot unter Preis. Diese Praktik ist dermaßen verbreitet, daß einige Händler dazu übergegangen sind, eine Verhandlungsspanne in ihre Preise einzukalkulieren. Der Händler gibt dann unter dem Druck des Kunden »widerstrebend« einen Nachlaß. Der Kunde freut sich, daß er gesiegt und weniger als den Marktpreis bezahlt hat. Leider ganz falsch – der Händler ist froh, daß er den Preis bekommen hat, den er ursprünglich wollte. Die Situation ist lächerlich, Zeitverschwendung und führt zu einer Eskalation der Preise. Außerdem ist es dem Kunden gegenüber, der den angegebenen Preis bezahlt, unfair, weil der Händler ihm kaum von selbst einen Rabatt anbieten wird.

Die Händler können in zwei Kategorien unterteilt werden:
- Typ A: Händler, die eine große Liebe zu den Dingen haben, mit denen sie handeln, und die über ein breites Wissen bezüglich der Stile, Perioden, Hölzer, Konstruktionsmethoden etc. verfügen.
- Typ B: Händler, die mit allem, von Kartoffeln bis zu Spülmaschinen, handeln könnten und kein profundes

Wissen über ihre Waren haben. Ihre Kenntnisse sind zum großen Teil vorgetäuscht.

Typ A lebt wahrscheinlich auch zu Hause mit antiken Möbeln, liest viel zu diesem Thema und erweitert beständig sein Wissen. Er hat für jedes Stück ein starkes Interesse und analysiert es stilistisch und bezüglich der Konstruktion genau. Er ist vielleicht kein guter Verkäufer, da er alle Einzelheiten des Möbels nach seinem besten Wissen darlegt und seinen Rat anbietet, wenn er danach gefragt wird, und die Kaufentscheidung dem Käufer überläßt.

Typ B ist meist ein guter Verkäufer, der überzeugend spricht und gerne zu sagen vergißt, daß der Bücherschrank sein Leben eigentlich als Kleiderschrank begonnen hat oder daß der Schrank, der genau die richtige Größe für die CDs des Käufers hat, zwar aus altem Holz ist, aber erst vor ein paar Monaten gemacht wurde.

Typ A hat Verkaufsschilder mit einer kurzen Beschreibung des Stückes, seiner Datierung, der Größe und dem Preis. Auf Nachfragen legt er einfach die Fakten dar und verdreht diese nicht, um den Erwartungen oder Wünschen des Kunden zu entsprechen.

Typ B hat Verkaufsschilder mit den kommerziell wichtigen Daten: Größe und Preis. Er möchte sich nicht mit den möglicherweise unangenehmen Fakten der Herkunft und der tatsächlichen Herstellungsperiode befassen. Er ist bezüglich der Datierung lieber vage, läßt gerne Andeutungen fallen (»Chippendale machte Schreibtische dieser Art«) und läßt den Kunden selbst zu einer Datierung kommen. Alle Informationen zum Stück werden sorgfältig auf die Reaktionen des Kunden abgestimmt. Typ B überlegt sich, was der Kunde gerne hören möchte.

Typ A handelt mit einer breiten Vielfalt an Stücken, die original antik sind. Typ B handelt vorzugsweise mit Möbeln, die in Mode sind und die als antik beschrieben werden können oder antik aussehen, gleichgültig, ob sie es wirklich sind oder nicht.

Für den Fall, daß ein Kunde nach einem bestimmten Möbel sucht, das der Händler nicht vorrätig hat, wird Typ A den Wunsch notieren, mit dem Versprechen, daß er ihn anrufen wird, falls ein geeignetes Objekt auftaucht. Typ B wird – den Gewinn im Kopf – alles versuchen, um dem Kunden etwas zu liefern (»Die vier Beine des kleinen Tisches in der Werkstatt können leicht gekürzt werden, um daraus einen Kaffeetisch zu machen«), oder er wird sofort einen Katalog mit Reproduktionen anbieten. Typ A verschmäht dagegen Reproduktionen, außer wenn sie von exzellenter handwerklicher Qualität sind.

Es ist eine Ironie des Schicksals und sehr traurig, daß der Durchschnittskunde sich stärker dem kommerziell orientierten Geschäftsmann als dem Antiquitätenhändler zuwendet, der Gefühl und Leidenschaft für seine Waren hat.

Die oben geschilderten Händlerporträts sind natürlich extreme Beispiele, aber solche Leute existieren tatsächlich. Die meisten Händler sind zwischen diesen beiden Typen angesiedelt.

Im Antiquitätenhandel gibt es einen gewissen Anteil von schwarzen Schafen, so daß es wichtig ist, den Händler und seine Integrität einschätzen zu können. Eine erste Annäherung wird sich lohnen. Wenn man eine Frage stellt, sollte man beachten, ob man eine direkte Antwort bekommt oder ob der Händler um die Sache herumredet. Man sollte seinen gesunden Menschenverstand gebrauchen, um sich darüber ein Urteil zu bilden. In jedem Fall sollte man nach dem Kauf eine Quittung mit Beschreibung, Datierung, dem Namen des Herstellers (wenn bekannt), den verwendeten Holzarten, den Maßen, dem Dekor und dem Preis verlangen. Jeder ehrenhafte Händler, der stolz auf seinen Ruf ist, wird eine solche Quittung schreiben. Außerdem kann ein Käufer auch nach einer Expertise mit den obigen Angaben und einer Schätzung des Marktpreises fragen. Was nicht ausreicht, ist ein Beleg mit lapidaren Angaben wie z. B. »Bücherschrank, England, Mahagoni« sowie dem bezahlten Preis. Solch eine Quittung ist praktisch wertlos.

Die Auktionshäuser

Auktionshäuser in England und zu einem gewissen Grad auch im Ausland sind eine mögliche Quelle für englische Möbel. Es kann sehr aufregend sein und Spaß machen, auf einer Auktion zu kaufen, aber auch riskant.

Wenn es unter den Antiquitätenhändlern eine Reihe von schwarzen Schafen gibt, so gilt das gleiche auch für die Auktionshäuser. Ein Auktionator sollte eigentlich ein unparteiischer Agent sein, der für seinen Kunden handelt. Es ist jedoch bekannt, daß schon so manche Auktionatoren für sich selbst Waren zum Wiederverkauf erworben haben. Einige Auktionshäuser wurden auch wegen anderer zweifelhafter, manchmal sogar illegaler Geschäftspraktiken angeklagt. In den letzten zwei Jahren sind einige Auktionshäuser von internationalem Ruf durch Skandale erschüttert worden, die diesen Ruf getrübt haben.

Der Besuch einer der großen internationalen Auktionen in London ist ein Schauspiel, an dem man sich sicher erfreut. Wollen Sie bei einer Auktion Möbel kaufen, sollten Sie sich aber über folgende Faktoren vorher Gedanken machen.

Preis. Wieviel Sie bei einer Auktion bezahlen, hängt von vielen Faktoren ab:
• Wie viele weitere Leute sind an dem Stück stark interessiert?
• Ist man mit einer »Verschwörung« von Händlern konfrontiert, die sich darauf vorbereitet haben, den Preis in die Höhe zu treiben, um eine Privatperson vom Erwerb des Stückes abzuhalten? Diese Praktik ist illegal, wird aber häufig angewendet und ist fast unmöglich zu kontrollieren.
• Wie gut ist die Auktion beworben worden?
• Wie waren die Lose ausgestellt? War das Stück, an dem man interessiert ist, hinter einer Menge Plunder versteckt oder an prominenter Stelle zu sehen?
• Wie gut ist der Auktionator? Ist er an diesem Stück nicht besonders interessiert und versteigert es schnell? Oder ist er jemand mit dem Talent, sein Publikum zu irrationalen Geboten zu verlocken?
• In welchem Grad steigert der Auktionator die Gebote? Meist, aber nicht immer, liegt das nächste Gebot etwa 10 % über dem vorherigen. Das Ausmaß der Steigerung bleibt aber dem Auktionator überlassen. Manche erhöhen das Gebot sogar um 30 % oder noch mehr.

Zusatzkosten. Wenn man erfolgreich für ein Stück geboten hat, kommen noch eine Gebühr und die Mehrwertsteuer hinzu – insgesamt gewöhnlich etwa 20 % des Hammerpreises. Manche kleinere Auktionshäuser auf dem Lande nehmen nur Bargeld oder Schecks einer englischen Bank an. Um spätere Komplikationen zu vermeiden, ist es besser, sich vor der Auktion nach den Modalitäten zu erkundigen. Einige Auktionshäuser, einschließlich der großen internationalen Häuser, verlangen bei unbezahlten Rechnungen bereits einige Tage nach der Auktion Mahngebühren (meist 1,5 % pro Monat).

Echtheit. Wenn man nach der Auktion bezahlt hat, erhält man eine Quittung. Allerdings bestätigt diese Quittung nur, daß man für das Möbel bezahlt hat. Die Informationen auf der Quittung, die das Stück betreffen – vielleicht die Losnummer und die Katalogbeschreibung – sind als Garantie für die Echtheit wertlos.

Auktionatoren handeln als Vertreter des Verkäufers und übernehmen keine Verantwortung für den Zustand des Stücks, für Irrtümer bei der Beschreibung, für die Echtheit oder versteckte Fehler. Der Auktionator verkauft das Stück in genau dem Zustand, in dem er es bekommen hat. Alle Hinweise im Katalog oder jede Beschreibung spiegeln nur Meinungen des Auktionators, eines Experten oder sogar die des Verkäufers wider und können nicht als Tatsachen gewertet werden. Vor jeder Auktion besteht mehrere Tage lang die Möglichkeit, die Stücke, die versteigert werden sollen, zu besichtigen. Es liegt also in der Verantwortung des Käufers, das Möbel, das ihn interessiert, während dieser Tage zu begutachten. Der Auktionator und sein Personal sind in der Regel bereit, Rat zu geben und über das Stück mit dem möglichen Käufer zu diskutieren, aber dabei handelt es sich immer nur um Meinungen.

Natürlich gelten diese Punkte nur für den schlimmsten Fall. Im allgemeinen kann man sich auf die Beschreibung eines Auktionshauses verlassen, und das Personal des Hauses begutachtet vor der Auktion jedes Los, so daß alle Fehler notiert sein müßten.

Transport. Wenn das Möbel relativ groß ist, paßt es wahrscheinlich nicht in den normalen Pkw. Manche Auktionshäuser bestehen darauf, daß das Stück sofort nach dem Kauf abgeholt werden muß. Andere räumen einige Tage Aufbewahrungszeit ein und verlangen bei einem längeren Zeitraum tägliche oder wöchentliche Lagergebühren. Teilweise organisieren sie den Transport über eine unabhängige Transportfirma, mit der dann der Kunde selbst verhandeln muß.

Restaurierung. Wenn man auf einer Auktion ein Möbelstück kauft, sollte man auch immer die möglichen Restaurierungskosten im Auge behalten und auf den Kaufpreis aufschlagen.

Schon bei vielen Gelegenheitskäufen stellte sich später heraus, daß sie teurer waren, als sie beim Kauf in einem Antiquitätenladen gewesen wären, da zum Verkaufspreis noch die Gebühren, das Aufgeld, der Transport und die Restaurierung hinzukamen. Andererseits können Auktionen großen Spaß machen, und zusätzlich kommt noch das Erlebnis des Jagdinstinkts hinzu.

Antiquitätenmessen

In den letzten 30 Jahren sind auch Messen beliebte Möglichkeiten für den Kauf von Antiquitäten geworden. Messen bieten den Händlern – viele haben nämlich keinen Laden und verkaufen ausschließlich auf Messen – die Möglichkeit, dem Publikum eine große Auswahl und Menge an Objekten unter einem Dach anzubieten.

Jedes Stück wird von einer Gruppe von Experten begutachtet, um sicherzustellen, daß die Möbel bezüglich des Alters, der Echtheit, des Zustandes und der Qualität den Bestimmungen der Messen- oder Händlervereinigung entsprechen.

Folgendes ist dabei zu bedenken:
- Die Expertenrunde setzt sich meist aus Händlern zusammen, die selbst ausstellen oder zumindest Freunde und Bekannte einiger Aussteller sind. Wie unbefangen sind sie wirklich, wenn ein Freund ein Stück anbieten will, das nicht ganz das ist, was es sein sollte? Die Chancen stehen doch recht gut, daß man das Stück akzeptiert.
- Selbst wenn sie unvoreingenommen sind, haben sie meist nicht genug Zeit, sich jedes einzelne Stück genau anzusehen. Eine Messe, die 20, 30 oder noch mehr Aussteller aus allen Teilen des Landes und aus anderen Ländern mit mehreren hundert oder tausend Objekten umfaßt, muß gewöhnlich in ein bis zwei Tagen kontrolliert werden. In dieser Zeit wird von einem Komitee aus drei

bis acht Leuten erwartet, daß es alle Ausstellungstücke begutachtet. Ist dies überhaupt möglich?

- Während man in einem Antiquitätenladen die Gelegenheit hat, in Ruhe und intensiv zu begutachten, sind die Bedingungen bei einer Messe ganz anders. Da sind die Zerstreuung durch die Menschenmassen, der Druck zu einer schnellen Entscheidung, um anderen zuvorzukommen, die Unannehmlichkeit, vor einem großen Publikum eine eingehendere Untersuchung zu machen und das damit implizierte Mißtrauen gegenüber dem Händler. Nur die Mutigsten werden auf Händen und Knien die Unterseite, die Rückseite und die Innenseiten eines Möbels untersuchen, wenn der Händler und 20 andere Schaulustige dabei zusehen.

- Wenn man auf einer Messe kauft, bedeutet das, daß man bei einem Händler kauft, der vielleicht keinen Laden hat oder einige hundert Kilometer weit entfernt gelegen ist. Dies bedeutet im Fall einer Reklamation natürlich Schwierigkeiten.

Sonstiges

Weitere Quellen für den Kauf englischer Möbel finden sich vor allem in England und umfassen Straßenmärkte, *car boot sales* (Verkäufe aus dem Wagen heraus) und Flohmärkte.

Die berühmten Straßenmärkte wie Portobello und Bermondsey bieten wenig Möglichkeiten zu Gelegenheitskäufen. Diese Händler sind Profis und kennen die Preise genau. Der Verkauf beginnt vor Sonnenaufgang in kleinen, schlecht beleuchteten Buden und Lagerhäusern, so daß eine gute Taschenlampe wichtig ist. Aller Wahrscheinlichkeit nach haben mindestens schon 20 Händler oder private Käufer das Objekt gesehen, das man selbst entdecken will. Gegen 8 Uhr sind alle Gelegenheitskäufe, die es gegeben hat, sicher schon gemacht. Wenn man gekauft hat, hat man das Problem, sein Stück für einige Stunden zu sichern und unterzubringen. Der Standbesitzer wird wahrscheinlich gegen 10 Uhr zusammenpacken und kurz darauf gehen. Es kommt durchaus vor, daß Objekte, die auf einem großen Straßenmarkt gekauft worden sind, verschwinden. In den letzten Jahren ist außerdem das Problem hinzugekommen, daß

Märkte am frühen Morgen sehr gefährlich geworden sind. Die kriminellen Elemente wissen, daß die Märkte großteils ein Bargeldgeschäft sind und der Besucher wahrscheinlich eine größere Summe Geld bei sich hat. Taschendiebe und sogar offener Raub sind nicht selten.

Verkäufe aus einem Lieferwagen oder PKW heraus (*car boot sales*) finden vor allem auf dem Land statt und erweisen sich nur selten als Gelegenheit. Obwohl diese Verkäufe für Privatleute gedacht sind, gibt es auch viele professionelle Händler unter den Anbietern. Gelegentlich kann man sicher ein besonders wertvolles Objekt entdecken, aber dieses ist dann meist sehr speziell, so daß man Expertenwissen benötigt, um es zu erkennen.

Flohmärkte wie der Camden Market in London sind heute in England fest in den Händen professioneller Händler, die Preise verlangen, die denen im Laden entsprechen. Ihr Hauptvorteil liegt in der Konzentration vieler Händler und Waren auf sehr engem Raum. Den Besuch eines solchen Flohmarktes sollte man als interessanten Ausflug betrachten. Übrigens ist Deutsch neben Englisch die am meisten gesprochene Sprache auf dem Camden Market.

Englische antike Möbel sind ein Spezialgebiet. Wer sich dafür interessiert, ist gut beraten, bei Händlern zu kaufen, die über ein detailliertes Wissen in diesem Bereich verfügen. Vor zwanzig oder dreißig Jahren, als noch nicht so viele falsche Stücke im Umlauf waren, war es ausreichend, bei einem Händler zu kaufen, dessen Wissen ein breites Feld abdeckte. Heute allerdings ist es ratsam, einen Händler aufzusuchen, der sich genau auf jenes Segment spezialisiert hat, aus dem der Sammler etwas sucht. Der Spezialist kennt sein Gebiet besser als der allgemeine Händler, und es ist weniger wahrscheinlich, daß er seine Ware überteuert anbietet. Andererseits ist es genauso unwahrscheinlich, daß er seine Ware zu billig anbietet – was die Möglichkeit für Schnäppchen vermindert. Letztendlich kann der Käufer jedoch davon ausgehen, daß er für das erworbene Stück einen fairen Preis bezahlt hat und daß es in Alter, Stil, Qualität und Zustand dem entspricht, als was er es gekauft hat.

WICHTIGE PFLEGEMASSNAHMEN

Im täglichen Leben schadet antiken Möbeln am meisten die warme, trockene Luft eines gut isolierten Hauses mit Zentralheizung. Auch plötzliche Temperatur- und Feuchtigkeitsschwankungen führen dazu, daß sich das Holz verzieht und dann splittert oder Sprünge bekommt. Das ist besonders bei englischen Möbeln, die auf das Festland exportiert werden, ein Problem. England hat nämlich ein feuchteres Klima und eine höhere Luftfeuchtigkeit als der Kontinent. Hinzu kommt, daß in England viele Häuser nicht so gut isoliert sind und keine so gute Zentralheizung haben wie im übrigen Europa und vor allem in Deutschland. Deshalb sollte man antike Möbel aus England langsam an die trockeneren klimatischen Bedingungen gewöhnen, in-

Tips zum Einrichten

Möbel der unterschiedlichsten Perioden, Hölzer und Stile können durchaus miteinander kombiniert werden. Eine Queen-Anne-Kommode aus Nußbaum, ein Georgian Klappsekretär aus Mahagoni, ein Satz Hepplewhite-Stühle, ein Regency-Sofatisch aus Palisander und ein viktorianischer *Chesterfield* können zusammen einen harmonischen Raum bilden. Innenarchitekten schlagen eine solche Kombination sogar häufig vor, um den Eindruck einer natürlich gewachsenen, über die Zeiten und Generationen hinweg entstandenen Einrichtung zu kreieren.

Die einzigen Tabus betreffen dabei das Mischen von Möbeln unterschiedlichen Niveaus oder gesellschaftlicher Herkunft. Ländliche Möbel wirken meist fehl am Platz, wenn sie mit aristokratischen Möbeln kombiniert werden. Das ist nicht eine Sache des Wertes, da zum Beispiel ein *Welsh Dresser* aus Eiche mit schöner Patina genausoviel kosten kann wie ein Satz von sechs schlichten Eßstühlen aus Mahagoni im Design von Sheraton aus der gleichen Periode. Es geht hier vielmehr um die Herkunft. Der *Welsh Dresser* paßt wahrscheinlich viel besser zu einem Set von Windsor-Stühlen mit Sprossenlehnen, und die Sheraton-Stühle kommen wesentlich besser in Verbindung mit einem eleganten Londoner *Sideboard* aus Mahagoni zur Geltung.

dem man in den Räumen eine relative Luftfeuchtigkeit von mindestens 50 % herstellt. Das kann am besten mit speziellen Luftbefeuchtern erreicht werden, aber auch durch große Pflanzen in den Räumen oder durch das Aufstellen von Wassergefäßen (z.b. Krügen oder Blumenvasen). Für gute Frischluftzirkulation sorgen, außer wenn die Luftfeuchtigkeit im Freien geringer ist als in den Innenräumen, z.b. an kalten, trockenen Tagen.

Wichtige Maßnahmen gegen Austrocknen

• Holzmöbel niemals in die Nähe einer Heizung stellen.
• Die Politur regelmäßig pflegen. Sie ist wichtig zur Versiegelung der Oberfläche, so daß das Holz seine natürliche Feuchtigkeit behält. Zuerst die Möbel mit einem weichen Baumwoll- oder Leinentuch reinigen. Anschließend das Wachs sparsam auftragen, kurze Zeit einwirken lassen und dann ähnlich wie beim Polieren von Schuhen auf Glanz polieren. Seitenteile und Beine nicht vergessen, da Möbel auch an diesen Stellen Feuchtigkeit verlieren. Verwenden Sie keine Wachspolitur mit Silikon, da dieses die Möbel beschädigen könnte.
• Im Sommer sollten die Vorhänge geschlossen bleiben, wenn direktes Sonnenlicht auf ein Möbelstück fällt. Sonnenlicht trocknet Holz aus und bleicht sein natürliches Pigment, so daß die Farben von Einlegearbeiten und Furnieren zerstört werden können. Nußholz, Satinholz und sonstige Hölzer, die für Einlegearbeiten verwendet wurden, werden sehr leicht durch Sonnenlicht zerstört. Eine trockene und sonnige Umgebung läßt auch Messingintarsien aus der Oberfläche heraustreten.
• Messingbeschläge mit einem speziellen Reinigungsmittel pflegen. Vor dem Gebrauch einer Metallpolitur sollte man das umliegende Holz gründlich mit Wachs einreiben. Das Lösungsmittel der Metallpolitur kann sonst die Patina und das Holz beschädigen. Flüssige Polituren hinterlassen oft einen grünlich-weißen Belag an den Rändern und in den Spalten, den man mit einer alten Zahnbürste entfernen kann. Es gibt auch Metallpolituren in Form von imprägnierter Watte, die keine derartigen Rückstände hinterlassen.

- Ledereinlagen, z. B. bei Schreibmöbeln, bleiben weich und geschmeidig, wenn man sie gelegentlich mit einer speziellen Wachspolitur behandelt, die über Speziallederhändler bezogen werden kann. Eine Alternative ist, mit neutraler Schuhcreme zu behandeln.

Sonstige Pflegemaßnahmen

- Glas- und Spiegelteile lassen sich mit Fensterreiniger und einem weichen Tuch säubern. Bei kleinen Glasteilen oder feinen Sprossen sollte man besser ein dünnes Baumwolltuch und Spiritus benutzen, da Fensterreiniger austrocknend wirken und in den Ecken Rückstände hinterlassen können. Niemals sollte man den Fensterreiniger aufsprühen, denn dabei gelangen unvermeidlich Spritzer auf das Holz und können es beschädigen.
- Vergoldete Oberflächen sind besonders schwierig zu pflegen und sehr leicht zu beschädigen, weshalb sie besser von einem professionellen Restaurator gereinigt werden sollten.
- Oberflächen nie mit Glas abdecken, da dieses Feuchtigkeit anzieht und sich dabei Kondenswasser zwischen dem Glas und dem Holz bildet, das vor allem bei Furnier zu Schäden führt. Vergossene Flüssigkeiten lassen sich viel leichter von einer offenen Oberfläche entfernen, als wenn diese von Glas bedeckt ist.

Behandlung von Flecken

- Schwierige Flecken, die durch Alkohol, Wasser, Essensreste oder Hitze verursacht wurden, sollten besser einem Restaurator überlassen werden. Wenn die Flecken nur oberflächlich sind, kann man versuchen, sie mit einem geeigneten Fleckenentferner oder Politurauffrischer zu entfernen, wobei die Gebrauchsanweisung genau beachtet werden muß. Wenn dies nicht funktioniert, muß man entweder mit dem Fleck leben oder sich an einen Restaurator wenden. Weitere Versuche enden sonst möglicherweise in einem größeren Schaden und höheren Restaurierungskosten.
- Die Marmorplatten von Chiffonièren, Sidetables etc. sind anfällig für Flecken von Wein oder Lebensmitteln.

Innenansicht eines Landhauses, um 1810. Links ein Ausziehtisch aus Mahagoni, Ränder mit Bandintarsien verziert. Die Frau sitzt in einem Armstuhl aus Mahagoni von etwa 1770, der Chippendale-Züge hat. Der Herr hat sich auf einen dreibeinigen, ländlichen Tisch aus Kiefernholz gesetzt, der auch »Cricket table« genannt wird und vor allem im Freien verwendet wurde. Rechts eine elegante, ländliche Version eines Stuhls vom Sheraton-Typ, der gegen 1800 datiert wird.

Solider ländlicher Klappsekretär aus ausgeblichenem Mahagoni, ca. 1790 - 1820. Alte Beschläge im richtigen Stil, aber nicht original. Schubladeninnenseiten aus Eiche. Innenausstattung mit wenig Dekor. Spuren von mehreren Reparaturen durch Dorfschreiner.
105 x 99 x 54 cm

Marmor absorbiert Flecken, so daß man sie nur schwer entfernen kann. Deshalb sollte man sie mit einer Schicht Wachs versiegeln.

- Fettflecken oder Kerzenwachs kann entfernt werden, indem man sie mit einem saugfähigen Papier (z.B. Toilettenpapier) bedeckt und dann mit einem warmen Bügeleisen schmilzt, so daß sie vom Papier aufgesogen werden können. Die restlichen Wachsrückstände lassen sich wie eine Politur in die Oberfläche einreiben.
- Blumen sollte man entfernen, bevor sie Blätter oder Pollen fallen lassen, da diese häufig natürliche Farbstoffe enthalten, die Flecken auf dem Holz hinterlassen.

Holzwurmbefall

Holzwurm ist der allgemeine Begriff für die Larven verschiedener holzbohrender Käfer, die ihre Eier in Holzspalten ablegen. Aus den Eiern schlüpfen die Larven, die sich Wege durch das Holz fressen. Die ausgewachsenen Käfer kommen

durch die Löcher an die Oberfläche und legen wiederum Eier.

Um festzustellen, ob ein aktiver Holzwurm vorliegt, kann man ein Stück schwarzes oder sehr dunkles Papier unter das verdächtige Möbel legen und es mehrere Tage dort liegenlassen. Wenn sich feiner Holzstaub auf dem Papier findet, ist das Möbel von lebenden Holzwürmern befallen.

Einige Hölzer wie Walnuß, Kirsche, Kiefer, Linde und Ahorn sind besonders anfällig. Andere wie Mahagoni, Zeder, Palisander und Teak sind praktisch frei von Holzwurmbefall.

Wenn ein Möbel vom Holzwurm befallen ist, sollte es sofort mit einem geeigneten Produkt behandelt oder einem Restaurator überlassen werden, der diesen effektiver bekämpfen kann, als es zu Hause möglich ist.

Wenn man Möbel sauber hält und gut poliert, trägt dies viel dazu bei, daß die Eier entfernt werden und die Gefahr des Holzwurms gemindert wird.

DIE PATINA

Patina läßt sich als Effekt auf die Oberflächenfarbe und die Struktur des Holzes beschreiben, der durch jahrzehnte- oder jahrhundertelange Oxidationsprozesse an der Luft, durch regelmäßiges Abstauben mit einem weichen Tuch und die regelmäßige Pflege der Oberfläche mit Politur, meist mit einem Tuch und einer Wachspolitur, hervorgerufen wird.

Patina ist das samtige Gefühl und der Glanz, den Holz nach Jahren der Pflege erlangt. Dazu zählen auch die Anhäufung von Schmutz an Stellen, die normalerweise nicht gereinigt werden, sowie das Nachdunkeln des Holzes an Stellen, die häufig von der menschlichen Hand berührt wurden.

Beim Berühren von Möbeln bleiben kleine Rückstände von Schweiß und Talg zum Beispiel an den Unterseiten von Stuhlarmlehnen und von Tischplatten (an Stellen, wo sie beim Wegtragen gehalten wurden) oder an Schubladenseiten zurück.

Bis zu einem gewissen Grad zählen auch oberflächliche Quetschungen, Kratzer, Flecken, ausgebleichte Farben, teilweise Abnutzung der Vergoldung und andere Eigenschaften, die das Alter eines Objektes zeigen, aber zu gering sind, um restauriert werden zu müssen, zur Patina. Die Stellen, die längere Zeit der Sonne ausgesetzt waren, sind immer leicht ausgebleicht, und an den Stellen, die vor der Sonne geschützt sind, wie z.B. unter Beschlägen oder an der Oberkante von Schubladen, sollte die ursprüngliche, dunklere Farbe noch vorhanden sein. Dies ist ein Nachweis für Alter und Originalität eines Stückes.

Die Abrundung von kantigen Ecken nach Jahren der Politur mit einem Tuch und die Abnutzung von Verbindungsstangen, die jahrelang als Fußstützen benutzt wurden, können ebenfalls als Teil der Patina gesehen werden.

Patina ist ein Zeichen für Authentizität, und es ist sehr schwierig, wenn nicht sogar unmöglich, sie erfolgreich zu reproduzieren. Sie ist das Ergebnis eines natürlichen Prozesses, der das Holz unter der Oberfläche nur bis zu einer sehr ge-

Derselbe Stuhl im Profil. Die hinteren Beine und die Pfosten der Rückenlehne sind aus einem Stück gefertigt, was mit einem großen Stück Holz und viel Abfall verbunden war. Derartige Stühle waren daher in der Herstellung sehr teuer.

Sehr schöner Armstuhl aus Mahagoni in zurückhaltendem Chippendale-Stil, um 1770. Geschweiftes Schulterbrett, geschweifte, profilierte Armlehnen, profilierte Beine und eingelassenes Sitzpolster. Rückenbrett mit feinen, z.T. gotischen Mustern durchbrochen. Der Stuhl wurde aus schwerem spanischen Mahagoni hergestellt und hat eine schöne Patina. Sitzbreite: 60 cm

ringen Tiefe angreift – wahrscheinlich weniger als 1 mm –, und sie kann leicht durch übertriebene Reinigung oder Restaurierung zerstört werden.

Nichts mindert den Wert eines antiken Möbels so sehr, wie es bis zum blanken Holz abzuziehen, alle Patina zu entfernen und es dann zu höchstem Glanz zu polieren. Der Käufer könnte dann genauso eine gut gemachte Reproduktion erwerben.

Patina darf nicht mit einfachem Schmutz verwechselt werden. Vor allem in England werden auf dem Markt Möbel angeboten, bei denen die Händler auf eine dicke Ansammlung von Schmutz verweisen, sich dabei für die Patina begeistern und damit das Alter des Stückes in Verbindung bringen. Ein Möbel, das in den 1930ern hergestellt wurde und

259

Unterteil eines Möbels, ca. 1780 bis 1820. Hier wird die Konstruktionsmethode der Füße deutlich sowie die Ansammlung von Patina und Schmutz, die sich bei einem Stück dieses Alters finden sollte.

um das man sich nicht besonders gekümmert hat, kann eine dicke Schicht Schmutz angenommen haben, die das darunterliegende Holz verdeckt. Diesem kann mit einer schnellen Politur Glanz verliehen werden, wobei es sich dann aber nicht um Patina handelt. Das polierte Holz muß sichtbar sein. Es gab nach dem Reinigen von dunklen Möbeln bereits öfter häßliche Überraschungen, als diese sich als Stücke jüngeren Datums erwiesen.

Ein Stück mit optimaler Patina ist seit seinem Bestehen sorgfältig gepflegt worden – gesäubert, abgestaubt, abgerieben und mit Wachs poliert. Ein Möbel mit schöner Patina hat einen weichen, tiefen und mattschimmernden Glanz, der den ganzen Farbenreichtum und die Maserung des Holzes hervorhebt und zugleich Anzeichen des Gebrauchs und des Alters wie kleine Quetschungen, dunkle Ecken, leichte Farbunterschiede, Kratzer und Abnutzungserscheinungen an der Oberfläche besitzt, die bei der regelmäßigen Pflege abgerieben und poliert wurden.

Möbel in diesem Zustand sind äußerst selten und erzielen im Vergleich zu abgeschliffenen und neu polierten Möbeln derselben Zeit enorme Preise. Patina ist ihr Geld wert. Es kommt nicht selten vor, daß ein Möbelstück bei einer Auktion nur aufgrund der gut erhaltenen Patina einen höheren Preis erzielt.

Ein Beispiel für den Wert der Patina ist eine Kommode aus dem 18. Jahrhundert, die 1995 bei einer provinziellen Auktion angeboten wurde. Man erwartete sich aufgrund ihrer Qualität, ihres Typs und ihres Alters (um 1765) einen

Preis von 16 000 bis 20 000 DM. Sie erzielte jedoch mehr als 90 000 DM. Bei dem Käufer handelte es sich um einen Händler mit mehr als 35 Jahren Berufserfahrung, der den Preis der Schubladenkommode mit ihrer wunderbaren Patina begründete. Sie war zeit ihres Bestehens sorgfältig gepflegt worden, hatte nie eine Restaurierung oder Neupolitur erfahren und besaß noch ihre originalen Griffe. Das Stück konnte keinem der bekannten Kunsttischler zugeschrieben werden. Der Hauptgrund für den hohen Preis war allein die Patina.

Leider muß in diesem Zusammenhang an den deutschen Käufern Kritik geübt werden. Im allgemeinen möchte ein deutschsprachiger Käufer ein englisches Möbel, das zwar antik ist, aber wie neu aussieht. Das Ergebnis ist, daß der Kunsthändler seinen Markt bedient, indem er jedes offensichtliche Anzeichen für das Alter, auch die Patina, entfernt und dem Möbel eine gleichmäßige Farbe und ein stark glänzendes Aussehen verleiht.

Man kann darüber streiten, ob der Händler im Unrecht ist, weil er seine Kunden nicht über die Schönheit alter Patina aufklärt, oder ob der Kunde im Unrecht ist, weil er ein wie neu aussehendes Möbel verlangt.

Ein Beispiel für die verschiedenen Möglichkeiten, wie Patina eingeschätzt wird, konnte man 1996 auf einer internationalen Auktion beim Verkauf einer großen Sammlung englischer Möbel, die einem deutschen Sammler gehörten, beobachten. Einige Stücke waren »restauriert« worden, indem man die radikale Methode anwandte, und ein anderer Teil war noch im originalem Zustand. Die allgemeine Reaktion der englischen und amerikanischen Käufer auf die »restaurierten« Möbel war, daß sie diese für ruiniert hielten. Die ausländischen Käufer erwarben also die original belassenen Möbel. Sie hielten die »restaurierten« ästhetisch und kommerziell für wertlos.

Der beste Rat für den Besitzer eines unrestaurierten Möbels, der das Stück auf Vordermann bringen möchte, ist, es in Ruhe zu lassen und den Rat eines Fachmanns zu suchen, der keine Möbel besitzt, die so kantig und sauber wie Reproduktionen sind.

DIE RESTAURIERUNG
ALTER MÖBEL

Der Marktwert eines Möbelstücks hängt nicht nur vom Zeitgeschmack, stilistisch-ästhetischen Entwurfsmerkmalen, Provenienz und Qualität der handwerklichen Verarbeitung ab, sondern auch von seinem Erhaltungszustand. Die Aufgabe eines Restaurators besteht darin, ein beschädigtes, durch fremde Eingriffe verändertes oder durch Alterungsprozesse beeinträchtigtes Möbel in einen Zustand zu versetzen, der dem ursprünglichen ähnelt, ohne seinen an-

Trotz ihres schlechten Zustands lassen sich diese Stücke gut restaurieren. Ihre Qualität ist den Aufwand und die Kosten wert. Wenn Objekte abgebrochene Teile besitzen – ob große Teile wie eine Armlehne oder kleine Teile wie eine Ecke vom Furnier –, dann ist es wichtig, diese Stücke für den Restaurator aufzubewahren. Es ist immer besser, mit beschädigtem, aber originalem Holz zu restaurieren als mit neuem Holz.
Eleganter Armstuhl mit Sheraton-Anklängen, ca. 1810 -1820. Stand jahrelang in einer Scheune. Ein Arm ist abgebrochen, aber noch vorhanden, und die originale Aufpolsterung war so verrottet, daß sie entfernt werden mußte.

Einfacher Beistelltisch aus Mahagoni von guter Qualität und mit originaler Patina (und viel Dreck!). Die abgebrochenen Teile sind, abgesehen von einem kleinen Stück rechts am Bodenrand der Schublade, erhalten. Durch sorgfältige Restaurierung kann dieses Stück wieder in den attraktiven kleinen Tisch verwandelt werden, der er einmal war.

tiken Charakter zu beseitigen. Ein Möbel, das nach einer Restaurierung wie neu aussieht, hat den Charme einer Antiquität verloren und wird wie die Kopie seiner selbst erscheinen.

Bevor Sie ein Möbelstück einem Restaurator anvertrauen oder sich zum Kauf eines unrestaurierten Möbels entschließen, sollten Sie sich über folgendes im klaren sein:

Restaurierungen haben einen funktionalen, einen konservatorischen und einen ästhetischen Aspekt.

- Unter dem funktionalen Aspekt versteht man vor allem die Wiederherstellung des Gebrauchswertes eines Möbels, z.B. durch Verleimen wackliger Stuhlbeine, die Erneuerung von Laufleisten für Schubladen oder die Begradigung einer verworfenen Tischplatte, aber auch durch Ergänzung einer fehlenden Schublade.
- Konservatorisch arbeitet ein Restaurator vor allem, wenn Möbel durch Feuchtigkeit, Fäulnis und Wurmbefall beschädigt sind oder wenn aufgesprungenes Furnier wieder auf das Blindholz geleimt wird. Zuerst muß die Ursache des Schadens behoben werden (z. B. durch Vernichtung der Holzwürmer). Dann werden Maßnahmen ergriffen, um weiteren Schaden zu verhindern (z. B. Auffüllen der Wurmlöcher mit neutralem Kunststoff, um das Holz zu stabilisieren und wieder belastbar zu machen).

- Jede fachgerechte Oberflächenbehandlung (Politur oder Furnierergänzung) ist zwar eine konservatorische Maßnahme, dient jedoch gleichzeitig auch ästhetischen Zwecken, denn erst durch das Auffrischen der Politur und durch das Ersetzen fehlender Dekorationselemente wie Leisten und Beschläge bekommt ein antikes Möbel sein vollständiges stilistisches Aussehen und einen gewissen Glanz zurück.

Was Sie vor einer Restaurierung unbedingt klären sollten:
- Einigen Sie sich mit dem Restaurator über den Umfang der notwendigen Arbeiten, und denken Sie daran, daß es vor allem um den Erhalt der Originalsubstanz geht.
- Lassen Sie sich erläutern, mit welcher Methode die Oberfläche behandelt wird. Lassen Sie sich nicht zu schnellen und damit kostengünstigeren Methoden hinreißen.
- Ist das Möbel furniert, sollte der Restaurator altes Sägefurnier zur Verfügung haben.
- Besprechen Sie die eventuell notwendigen Ergänzungen – von Beschlägen bis hin zur Reparatur alter Schlösser.
- Bei der Erneuerung von Polstern sollten Sie darauf achten, daß Form und Material dem Original nahekommen (kein Schaumstoff!).

Schäden an Möbeln und Restaurierungsmöglichkeiten

Die häufigsten Schäden bei Möbeln entstehen durch unsachgemäße Lagerung und zu geringe Luftfeuchtigkeit, durch Transport und durch den Verlust einzelner Teile. Manche Schäden sind allerdings auch materialbedingt.

Die am leichtesten, wenn auch mitunter sehr arbeitsintensiv zu behebenden Schäden sind stumpf gewordene Oberflächen und das Ergänzen fehlender kleiner Furnierstücke. Auch das Verleimen von abgebrochenen oder wackligen Teilen und Verbindungen sowie das Ergänzen fehlender Teile stellen keine große Hürde für einen Restaurator dar.

Schäden an der Grundsubstanz. Komplizierter sind Fälle von geworfenen Flächen, verzogenen Türen oder millimetergroßen Rissen in Deck- oder Seitenflächen, die sogenannten

Attraktiver kleiner Klappsekretär, ursprünglich aus Eichenholz, ca. 1730 - 1740, mit Ergänzungen um 1790 - 1820 (Mahagonifurnier und Bandintarsien aus Satinholz) und 1900 - 1915. (Die originale Klappe ist nicht abgebildet, aber vorhanden.)

Vor der Restaurierung muß die Entscheidung gefällt werden, in welchem Ausmaß das Stück in seinen originalen Zustand zurückgebracht werden soll und welche Veränderungen man als Teil seiner Geschichte und seines Charakters beläßt.

265

Heizungsschäden, da sie die Grundsubstanz eines Möbels betreffen. Solche Defekte lassen sich beheben, doch ist ein erneutes Auftreten der gleichen Mängel nicht hundertprozentig ausgeschlossen. Denn Holz ist hygroskopisch, das heißt, sein Feuchtigkeitsgehalt paßt sich ständig an die relative Luftfeuchtigkeit der Umgebung an. Einfach gesagt: Es arbeitet. Es reißt, wenn es trocknet, und es wirft sich, wenn es viel Feuchtigkeit aus der Luft aufnehmen kann. Das Maß des Schrumpfens und Aufquellens hängt einerseits von der Kontinuität der Luftfeuchtigkeit, andererseits auch von der Art des Holzes ab. Hartholz wie z.B. Eiche arbeitet nicht so stark wie Weichholz, zu dem Fichte und Kiefer gezählt werden. Allerdings gibt es auch bei Weichhölzern große Unterschiede: Langsam gewachsenes Holz mit dicht beieinander liegenden Jahresringen zeigt sich gegenüber Feuchtigkeitsschwankungen weniger empfindlich als schnell gewachsene Bäume mit weit auseinander liegenden Jahresringen, zwischen denen viele zur Wasseraufnahme fähige Zellen liegen.

Antike Möbel wurden unter ganz bestimmten klimatischen Verhältnissen hergestellt, die sich auch in den Räumen der Auftraggeber fortsetzten. Ändern sich die klimatischen Verhältnisse extrem, wie es heutige Wohnbedürfnisse mit sich bringen, ändert sich ebenso der Zustand eines Möbels.

Werkstätten des 18. und 19. Jahrhunderts hatten eine relative Luftfeuchtigkeit von ca. 60 %. Eine Wohnung unserer Tage mit Fußbodenheizung weist dagegen nur noch 25 % Luftfeuchtigkeit auf. Ein Standortwechsel dieser Extreme muß Folgen haben, die sich aufgrund der hygroskopischen Angleichung meist nach zwei bis vier Wochen als Risse zeigen können, aber eben auch von der Qualität der Grundsubstanz abhängen. Der umgekehrte Fall: Im feuchten Keller gelagerte Möbel quellen auf, gerade Flächen verziehen sich, Furniere lösen sich, Füße verfaulen. Auch Dachböden und Scheunen sind keine idealen Lagerplätze. Starke Temperaturschwankungen und die eindringenden Witterungseinflüsse bewirken häufig, daß die Oberflächen stark vergrauen.

Oberflächenbehandlung. Nach Art der Oberfläche lassen sich gefaßte (d.h. mit einem farbigen Anstrich versehene), schellackpolierte, kurz polierte und gewachste Möbel unterscheiden.

- Ist es erforderlich, die Fassung eines farbigen Möbels zu erneuern, hüten Sie sich vor den modernen Farben Ihres Malermeisters. Es gibt Spezialisten, die diese Arbeiten auf die traditionelle Weise mit Kreidegrund und Farben entsprechend der Entstehungszeit Ihres Möbels ausführen. Allerdings ist eine neue Fassung immer auch eine erhebliche Reduzierung der Originalsubstanz.
- Anders verhält es sich bei der Auffrischung und Erneuerung von Polituren und Wachsen. Ihr Verschleiß (Stumpfwerden, Kratzer) ist ein natürlicher Abnutzungsprozeß. Gewarnt sei in diesem Zusammenhang vor modernen Lacken, die das Holz nicht atmen lassen und zu Verfärbungen und zur Trübung neigen können. Traditionell verwendet man Wachs oder Schellack. Abraten muß man auch von der sogenannten Spritzmethode, die Schellack nicht im traditionellen Verfahren per Hand und in zahlreichen Arbeitsgängen aufträgt, sondern wie beim Autolackieren mit einer Spritzpistole ausgeführt wird. Dabei entsteht eine überstark glänzende, unnötig dicke und der Eleganz eines Möbels abträgliche Lackschicht.
- Die Stärke des Politurglanzes ist variabel und hängt von Ihren Maßgaben ab. Die mögliche Skala reicht von speckig bis seidenmatt.

Oberflächenbehandlung ist wie vieles in der Restaurierung eine Ermessensfrage. Gewiß ist ein Restaurator in der Lage, viele Gebrauchsspuren – von Kratzern bis Druckstellen im Furnier – zu beseitigen, doch ein Möbel, das wie neu aussieht, hat seinen antiken Charme verloren. Der Trend heutiger Restaurierung heißt Beseitigung von Schäden, aber Erhaltung der sogenannten Patina, jener Oberflächenerscheinung, in der sich die Spuren unserer Vorfahren leise verewigt haben.

Ergänzung fehlender Teile. Sind von vier Füßen eines Tisches noch zwei vorhanden oder von den Füllungen einer Stuhlrücklehne wenigstens noch ein Motiv eines Satzes existent, wird man das Originalteil als Vorlage nehmen. Solch starke Ergänzungen geben dem Möbel zwar formal wieder das ursprüngliche Aussehen, sind jedoch für den Marktwert abträglich, wenngleich immer noch für den Liebhaber die beste Lösung.

Komplizierter ist die Situation, wenn bestimmte Partien eines Möbels komplett fehlen. Ein erfahrener Restaurator wird aber in der Lage sein, Ihnen stilistisch entsprechende Ergänzungen zu fertigen, wie z.B. die Füße eines Schrankes um 1800. Doch sind Restaurierungen solcher Fragmente – auch wenn sie mit Kompetenz ausgeführt werden – immer nur eine angenommene und keine authentische Version des ursprünglichen Zustandes und nur eine wahrscheinliche Wiederherstellung der stilistischen Einheit.

Authentisches Restaurierungsmaterial – Furniere, Schildpatt, Elfenbein, Knochen, Ebenholz bis hin zu Beschlägen aus der jeweiligen Zeit – unterstreicht stärker den originalen Charakter eines Möbels als moderne Ersatzstoffe. Ein guter Restaurator wird immer einen gewissen Vorrat alter Materialien zur Verfügung haben.

Restaurierung zur Wertsteigerung?

Ist eine Restaurierung immer sinnvoll und bringt sie eine Wertsteigerung? Die Antwort hängt von zwei Faktoren ab:
- Handelt es sich um ein stilistisch interessantes, solides, im Entwurf sicheres Qualitätsmöbel mit einem hohen Anschaffungswert, kann eine Restaurierung die Attraktivität und den Wert erhöhen.
- Handelt es sich um ein drittklassiges, schlecht gefertigtes Möbel, wird auch eine Aufarbeitung das Stück nicht wertvoller machen, höchstens gebrauchsfähiger.

Übrigens: Restaurierungswerkstätten sind spezialisierte Handwerksbetriebe. Die Kosten sind von den benötigten Arbeitsstunden abhängig und hängen in keiner Weise damit zusammen, ob sie den Melkschemel einer schottischen Bäuerin oder das Bett der Königin Victoria zur Restaurierung geben.

REPRODUKTIONEN

Es gibt heutzutage viele Hersteller, die Reproduktionen englischer Möbel anfertigen und einen blühenden Markt mit Kopien original antiker Stücke bedienen oder auch mit Stücken, die nie existierten, aber einen bestimmten Stil haben.

Die Reproduktion von Möbeln ist nicht neu. Sie wurde in England bereits in den 1830ern praktiziert, als die Mode für gotisierende Möbel zur Herstellung einer großen Anzahl solcher Stücke führte. Während des übrigen 19. Jahrhunderts und des ganzen 20. Jahrhunderts wurden von fast jedem Stil und jeder Zeit Kopien angefertigt. Die meisten lassen sich auch als solche erkennen, da es stets Anzeichen für die Zeit gibt, in der sie hergestellt wurden: z.B. die Konstruktion, die verwendeten Materialien (vor allem die Holzart), die Art der Griffe und Schlösser und die Größe des Stücks.

Reproduktionen gibt es in einer breiten Qualitätsspanne von schön ausgeführten, in Handarbeit und aus besten Materialien hergestellten Möbeln bis zu massenproduzierter Fabrikware, bei der das billigste Material eingesetzt und die

Reproduktion eines Chesterfield-Sofas, mit Leder bezogen. Dieser Typ wurde ursprünglich für Herrenzimmer, »Gentlemen´s Clubs« etc. hergestellt.
78 x 175 x 90 cm

Handarbeit auf ein Minimum reduziert wurde. Beim Kauf von Reproduktionen sollte man fragen, wie das Stück hergestellt worden ist, und seine Aufmerksamkeit auf Details und Beschläge richten.

Zahlreiche Händler verkaufen Reproduktionen. Nur wenige, wenn überhaupt, sind aber bereit, diese zurückzukaufen oder sie als Austausch für eine Teilzahlung zu akzeptieren.

Reproduktionen guter Qualität

Solange eine qualitativ gute Reproduktion auch als solche verkauft wird, muß sie nicht verachtet werden. Wenn sie handgemacht ist, aus gutem Holz, in traditionellen Konstruktionsmethoden, mit qualitativ hochwertigen Beschlägen und handpoliert, sollte man sie als gutes Möbelstück anerkennen. Derartige Reproduktionen werden oft hergestellt, weil die Nachfrage des Marktes die Originale sehr teuer gemacht hat. Eine gute Reproduktion kann man zum halben

Preis des Originals oder noch günstiger erwerben, und sie wird ihren Wert auch behalten.

In achzig oder hundert Jahren wird es bei solchen Stücken schwierig sein, sie von Originalen zu unterscheiden, wie das heute bereits bei guten Reproduktionen älterer Möbel aus der Victorian oder Edwardian Period der Fall ist.

Reproduktionen schlechter Qualität

Reproduktionen von schlechter Qualität, meist aus großen Fabriken, haben nach dem Verkauf nur den Wert eines gebrauchten Möbels. Sie sind so billig wie möglich aus Materialien von minderer Qualität hergestellt, und der Entwurf ist nur ein Abklatsch des Originals.

Links: Reproduktion eines Tripod-Eßtisches aus Mahagoni. Mit denselben Techniken wie seine Vorbilder aus dem späten 18. Jh. hergestellt.
Dm: 120 cm

- Das offensichtlichste Zeichen für mindere Qualität ist die Verwendung von furniertem Preßspan als Korpus.
- Anstelle von Mahagoni werden billigere Holzarten, wie zum Beispiel gebeizte Buche, herangezogen.
- Bei billigen Reproduktionen wird gerne Eibenfurnier verwendet. Eibe wird traditionell selten eingesetzt – meist verwendete man sie als dekoratives Einlegeholz bei qua-

271

Schreibtisch oder Bibliothekstisch aus Mahagoni mit je drei Schubladen an den Längsseiten und eingelegter Lederschreibfläche, ca 1955 - 1975. Tischenden auf Stützen mit gespreizten Füßen, die in Löwentatzen auf Laufrollen enden. Dieser Typus wurde im frühen 19. Jh. hergestellt, aber das nur papierdicke Furnier, die schlechte Qualität des Holzes (durch eine dunkle Lackschicht verborgen), die imitierten Griffe und die Konstruktionsmethode der Schubladen weisen auf eine Reproduktion aus der zweiten Hälfte dieses Jahrhunderts. 77 x 156 x 96 cm

litätvollen Möbeln des 18. Jahrhunderts, bei massiven Teilen des Windsor-Stuhls und bei hochwertigen ländlichen Möbeln.

- Beschläge, Griffe und Laufrollen sind gewöhnlich schlecht ausgeführt und oft nur mit Messing überzogen anstatt aus massivem Messing hergestellt.
- Statt der aufwendigen und teuren Schwalbenschwanzkonstruktion werden einfachere Verbindungskonstruktionen verwendet.
- Die Politur wird bei billigen Reproduktionen durch Maschinen aufgesprüht und ist meist gefärbt und glänzend, macht also das darunterliegende Holz stumpf und manchmal unsichtbar.
- Das Glas in Bücherschranktüren ist nicht durch Sprossen unterteilt, sondern in einem Stück gefertigt und mit einem Sprossenmuster beklebt.

Diese Art von Möbeln findet man häufig in Hotels. Meist sind solche Reproduktionen auch nur unwesentlich billiger als Reproduktionen von guter Qualität.

Möbel aus altem Holz

Es werden auf dem Markt heute viele Möbelstücke mit der Angabe angeboten, sie seien aus altem Holz. Sie werden verkauft, als ob die Tatsache, daß sie aus altem Holz sind, sie wertvoller machte oder eine Art Vorteil sei. Dies ist kompletter Unsinn. Abgesehen davon, daß es ökologisch lobenswert ist, altes Holz zu recyceln, bietet altes Holz bei der Möbelherstellung keinerlei Vorteile.

Wichtig ist die originale Oberfläche von altem Holz. Viele Leute glauben, daß sich junges Holz verzieht, wirft oder bricht – was manchmal zutrifft – und daß altes Holz solche Nachteile nicht mehr hat – was manchmal ebenfalls zutrifft, aber nur, wenn auch die alte Oberfläche intakt ist. Wenn altes Holz geschnitten, abgehobelt, geschliffen, abgelaugt oder neu poliert wird – was sein muß, damit daraus Möbel hergestellt werden können –, dann verzieht es sich, schrumpft und bricht genauso schnell wie frisch geschlagenes Holz. Nicht das Alter des Holzes ist dafür verantwortlich, ob dieses bricht oder sich verzieht, sondern die relative Luftfeuchtigkeit der jeweiligen Umgebung. Wenn man einen Tisch aus altem Holz in einen Raum mit Zentralheizung mit weniger als 50 % relativer Luftfeuchtigkeit stellt, wird er bald austrocknen, sich verziehen und splittern.

Schraubmethode zur Befestigung eines Schubladenbodens. Erstmals in der späten viktorianischen Ära benutzt, heute noch bei qualitativ hochwertigen Reproduktionen verwendet.

FÄLSCHUNGEN

Ziel dieses Kapitels ist es, einen allgemeinen Eindruck davon zu vermitteln, wie englische Möbel gefälscht werden können und worauf man achten sollte, wenn man angeblich antike Möbel begutachtet. Es ist nicht möglich, hier das Wissen zu vermitteln, das notwendig ist, um originale und gefälschte Stücke zu unterscheiden. Dieses Wissen läßt sich durch das Lesen allein gar nicht vermitteln. Nur nach mehrjährigen Studien und praktischen Erfahrungen mit Möbeln ist man in der Lage, eine Beurteilung mit einem hohen Grad an Sicherheit abzugeben. Selbst Experten sind manchmal noch unterschiedlicher Meinung, und viele Stücke in Sammlungen und Museen, die vor Jahren für echt gehalten wurden, erwiesen sich später als Fälschungen.

Bedauerlich ist, daß die übertriebene Restaurierung in Deutschland und der Schweiz zur Zerstörung einiger der feineren Zeichen von Authentizität führen kann. Diese Gewohnheit arbeitet zugunsten der Fälscher.

Es besteht kein Zweifel daran, daß es eine ungeheure Menge gefälschter englischer antiker Möbel auf dem Markt, in Privathäusern und in den Sammlungen der ganzen Welt gibt. Wenn man sein Haus mit antiken Möbeln ausgestattet hat, so hat man sicher ein Stück darunter, das teilweise oder sogar ganz gefälscht ist.

Seit etwa 100 Jahren exportiert Großbritannien ungeheure Mengen antiker Möbel in alle Welt. Die Oberschicht in den USA, Kanada, Südafrika, Australien, verschiedenen südamerikanischen Ländern, verschiedenen europäischen Ländern, Japan und zahlreichen britischen Ex-Kolonien ist stolz auf ihre antiken englischen Möbel. Ein Spaziergang durch die besseren Wohngegenden von London, Edinburgh, Dublin, Cardiff, Bath und Dutzende anderer Städte zeigt, daß Großbritannien immer noch mit antiken Möbeln vollgestopft ist. Zusätzlich zu den Möbeln in Privatbesitz kommen noch 10 000fach die Möbel, die in Antiquitätenläden, Auktionshäusern, Museen, Antikmärkten, Flohmärkten, Büros,

Reproduktion eines Whatnot aus Mahagoni nach einem Vorbild von etwa 1800. Von einem Originalstück kaum zu unterscheiden, abgesehen vom Fehlen der Patina und den üblichen Abnutzungserscheinungen. 142 x 50 x 35 cm

Bücherschrank aus Mahagoni mit nach vorne gestufter Front, Reproduktion, ca. 1993 - 1995. Diese Form wird als typisch englisch angesehen und entspricht den Bücherschränken der Georgian Period aus dem 19. Jh. Er ist aber tatsächlich sehr neu. Bei näherer Betrachtung erkennt man, daß versucht wurde, das unpolierte Holz durch Beize altern zu lassen, daß die Kanten noch scharf sind, daß es sich um eine jüngere Mahagoniart handelt und daß neues Holz verwendet wurde (Überprüfung von Innen-, Unter- und Rückseiten). Die allgemeine Erscheinung dieses Stückes, der Gebrauch von altem Glas für die Scheiben der oberen Türen, die handpolierte Schellack-Oberfläche und die sorgfältig zugefügten, nur oberflächlichen Beschädigungen (beispielsweise kleine Quetschungen um das Schlüsselloch herum) vermitteln den Eindruck einer bewußt ausgeführten Fälschung.

Clubs und öffentlichen Gebäuden im ganzen Land verteilt sind. Wieviel davon kann original sein? Die Antwort auf diese Frage ist unbekannt. Es ist jedoch sicher, daß nicht alles antik sein kann.

Herbert Cescinsky, der 1931 *The Gentle Art of Faking Furniture* verfaßte, das zu einem Standardwerk geworden ist, behauptet, daß im Jahr 1930 mehr »antike« englische Möbel in die USA exportiert wurden, als während des gesamten 18. Jahrhunderts in Großbritannien produziert wurden. Zur Zeit jenes Buches bedeutete antik, daß die Möbel vor 1800 angefertigt worden waren.

In seinem Buch *Assume Nothing* (1993) schätzt der amerikanische Anwalt und Sammler F. Weinhagen jun., daß 75 bis 85 % der Antiquitäten, die zwischen 1906 und 1936 in die USA importiert wurden, Fälschungen sind.

Einige englische Kunstschreiner (z.B. W. Crawley) haben ihre Karriere als Fälscher antiker englischer Möbel schriftlich bekannt. Die meisten arbeiteten in der Zeit zwischen 1910 und 1960. Sie und eine weitere Anzahl von un-

»Veredeltes« Sideboard mit eckig gestufter Front aus Mahagoni, das als antik verkauft wurde, aber ca. 1960 - 1970 zu datieren ist. Gut angefertigtes Stück, das auf Formen der Georgian Period basiert. Die Handpolitur gibt dem Sideboard ein zeitloses Aussehen. Eine nähere Betrachtung offenbart jedoch folgendes: Das Holz ist afrikanisches Mahagoni mit langweiliger Maserung oder Mahagoni-Ersatz. Das innere Holz wurde dunkel gebeizt, die originalen Griffe sind von einem Typ, der häufig ab 1920 verwendet wurde, und sie sind mit maschinengefertigten Stahlbolzen und Muttern befestigt, die nach 1940 produziert wurden. Die Regale werden von Messingstäbchen in Löchern mit Messingmanschetten gehalten, eine Technik, die erst ab 1930 eingesetzt wurde. Die Kanten und Ecken zeigen kaum eine Abrundung.
87 x 200 x 47/51 cm

bekannten Kunsttischlern müssen 10 000fach gefälschte Möbel hergestellt haben.

Herbert Cescinsky befaßte sich mit der Möbelfälschung in der Zeit zwischen 1900 und 1930, der Blütezeit der Fälschungen. Damals wurden eindrucksvolle Möbel von bester Qualität und bestem Entwurf gefälscht, die hohe Preise erzielten.

Aber seither sind die Kosten für Material und Arbeit stark angestiegen, und es wurden neue wissenschaftliche Untersuchungsmethoden entwickelt, so daß es sich nicht länger lohnt, Möbel bester Qualität zu fälschen. Heute kann mit »antik« alles vor der Edwardian Period (bis 1920) gemeint sein, und dies schließt nicht nur qualitätvolle Möbel ein, sondern auch tägliche Gebrauchsmöbel.

Das gibt dem Fälscher mehr Möglichkeiten und macht seine Arbeit leichter. Wer ein Möbel zwischen 2000 DM und 50 000 DM kauft, wird kaum den verwendeten Leim und die Holzart analysieren lassen. Tatsächlich holen nur wenige Leute, die in dieser Preisklasse kaufen, eine zweite Meinung ein.

Oft besteht stilistisch und in den Konstruktionsmethoden nur ein geringer Unterschied zwischen einem klassischen *Pedestal desk*, der 1940 hergestellt wurde, und einem,

der 1870 gemacht wurde. Hinsichtlich des Wertes ist der Unterschied aber beträchtlich. Mit wenig Arbeit und einer geringen Investition läßt sich der Tisch von 1940 in einen »antiken« Tisch aus der Zeit um 1870 und früher verwandeln und erwirtschaftet so einen beträchtlichen Gewinn für den Händler oder denjenigen, der ihn auf einer Auktion oder in einer Zeitungsanzeige anbietet.

Die Idee hinter der Fälschung ist der Profit.

Viertelrundleiste in einer Schublade. 1799 von Sheraton zur Verstärkung eingeführt, ab ca. 1805 allgemein verbreitet.

278

Türriegel von Bücherschränken und anderen Möbeln mit Türen. Datierungsmerkmal: bis ca. 1840 hatte der Riegel einen Stift mit quadratischem Querschnitt, später einen runden.

Deshalb sind gefälschte Objekte immer solche, die zur jeweiligen Zeit in Mode sind und nach denen eine große Nachfrage besteht. Im Moment sind dies alle Arten von Bücherschränken, vor allem solche mit gestufter Front, Vitrinen, Schreibtische (vor allem *Pedestal desks* und *Bureau plats*) und Eßtische.

Viele Autoren von Antiquitätenbüchern raten daher, gegen den herrschenden Trend zu kaufen. Dies ist aus zwei Gründen ein sehr guter Rat:

• Ein Objekt, das gerade nicht in Mode ist, ist viel billiger als eines von derselben Qualität und demselben Alter, das in Mode ist.

• Der Käufer kann relativ sicher sein, daß es nicht gefälscht ist, einfach weil es sich aus wirtschaftlichen Gründen nicht lohnt.

Einige Objekte, die zur Zeit nicht in Mode sind und deshalb unter Wert verkauft werden, sind z.B. Nachttische, Truhen, *Drop leaf tables*, Schubladenkommoden (außer Militärkommoden, *Wellington chests* und Sammler-Kommoden), Klappsekretäre, Stumme Diener, *Sideboards*, *Tallboys* und *Linen presses*.

Es muß jedoch daran erinnert werden, daß sich die Moden ändern und daß ein Objekt, das heute nicht wert ist, gefälscht zu werden, gut vor einigen Jahren in Mode gewesen sein kann.

Was gilt als Fälschung?

Bei englischen Möbeln ist eine Fälschung ein Objekt, das in betrügerischer Absicht als etwas verkauft wurde, was es nicht ist.

Deshalb ist eine Reproduktion keine Fälschung. Eine Reproduktion ist eine moderne Kopie eines antiken Stückes, die mit ihm in jeder Hinsicht übereinstimmt, bis auf das Alter und die Patina, also die Auswirkungen der Zeit und der Abnutzung.

Die Reproduktion kann vom Original auch in verschiedenen Bereichen abweichen. Zum Beispiel wurden bei der Herstellung zeitsparende moderne Maschinen und Arbeits-

Schwalbenschwanz-
verbindung. Merkmal
der Handfertigung ist
eine geritzte Linie, die
dem Schreiner anzeig-
te, wie weit er das
Holz einschneiden
durfte. Ist keine Linie
vorhanden, weist dies
auf Maschinenferti-
gung und ein jüngeres
Herstelldatum.

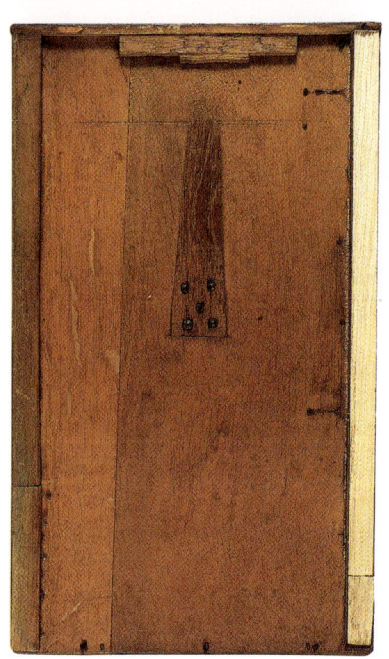

Schubladenunterseite,
Eiche, frühes 18. Jh.
Altersmerkmale:
nachgedunkeltes, oxi-
diertes Holz; rostige,
handgefertigte Nägel,
die das umgebende
Holz verfärbt haben;
Maserungsverlauf
von der Vorder- zur
Rückseite; reparierte
Laufleisten, eine
komplett ausgetauscht
(hellere Farbe des
neueren Holzes).

Hölzerne Feder, die
gleichzeitig als Schloß
diente, öfter bei klei-
nen Schubladen des
frühen 18. Jh (s. Abb.
Mitte oben). Da
Schlösser teuer waren,
wurden sie häufig
durch einfachere Kon-
struktionen ersetzt.
Zeichen von Authenti-
zität, da sich die mei-
sten Fälscher nicht die
Mühe machen, sie zu
kopieren.

280

methoden eingesetzt und beim Mahagoni wurde wohl brasilianisches oder afrikanisches verwendet, da spanisches nicht mehr erhältlich ist. Die Politur ist wahrscheinlich eine moderne, hitze- und wasserbeständige, und das Furnier ist mit Maschinen geschnitten.

Eine Reproduktion kann jedoch zu einer Fälschung werden. Ein viktorianischer Stuhl von 1880 im Chippendale-Stil sieht heute alt aus, und wenn vorsätzlich alle Zeichen der viktorianischen Herkunft entfernt werden und er als Chippendale verkauft wird, dann wird die viktorianische Reproduktion zu einer Fälschung.

Diese Art von Fälschung ist, wenn sie gut gemacht ist, sehr schwierig zu erkennen und manchmal unmöglich aufzudecken. Aus diesem Grund haben verschiedene Gruppen des britischen Antiquitätenhandels eine Gesetzgebung gefordert, die alle Hersteller von Reproduktionen zwingt, ihre Produkte zu kennzeichnen. Obwohl dies ein guter Gedanke ist, kommt er leider mindestens 100 Jahre zu spät.

Häufig hängt es von der Art des Verkaufs ab, ob ein Objekt eine Fälschung ist oder nicht. Nehmen Sie zum Beispiel einen frühviktorianischen Waschtisch. Diese Möbel wurden in riesigen Mengen hergestellt und haben gewöhnlich die Form eines kleinen Tisches mit einer oder mehreren Schubladen und einer Deckplatte, die massiv sein oder Löcher für die Seifenschale und das Waschbecken haben kann. Meist befindet sich an den drei Seiten ein Schutzbrett für die Wand. Nach der Ausbreitung der Badezimmer und der fest eingebauten Waschbecken in Ankleidezimmern am Anfang dieses Jahrhunderts wurden diese Objekte überflüssig. Viele wurden in kleine Schreibtische umgewandelt. Diejenigen mit Löchern bekamen massive Deckplatten, oft mit Ledereinlage. Die Schutzbretter wurden oft belassen, da sie als Buchstützen dienen konnten. Wenn das Stück als kleiner frühviktorianischer Damenschreibtisch verkauft wird, ist es eine Fälschung. Wenn es als Waschtisch verkauft wird, der in einen Schreibtisch umgewandelt wurde, ist es keine Fälschung.

Dieselbe Regel läßt sich auf viele andere Möbel anwenden, deren originaler Zweck weggefallen ist und für die ein neuer gefunden wurde. Einige Nachtkästen des 18. und frühen 19. Jahrhunderts sind in der Art kleiner Scheinschubladenkommoden hergestellt. Bei vielen wurde die Nachttopfeinrichtung entfernt, und sie wurden in eine echte kleine Schubladenkommode umgewandelt. Eine echte Schubladenkommode dieser Größe und diesen Alters ist ein sehr begehrtes und teures Stück. Wenn der vormalige Nachtkasten jetzt als Schubladenkommode verkauft wird, ist er eine Fälschung. Wenn er als umgewandelter Nachtkasten verkauft wird, dann nicht.

Wenn Objekte umgewandelt wurden, um sie nützlich zu machen, sollte man diese Tatsache dem potentiellen Käufer deutlich machen. Leider wird dies meist nicht getan. Es werden wahrscheinlich Tausende von Bücherschränken und Vitrinen an ahnungslose Kunden verkauft, die ursprünglich Kleiderschränke waren. Möglicherweise ist der einzige Weg, sicherzustellen, daß man keine Fälschung gekauft hat, der, eine Quittung oder eine Expertise mit einer vollständigen Beschreibung einschließlich des ursprünglichen Zwecks des Stückes zu verlangen. Es wäre interessant zu erfahren, wie viele Händler es vermeiden würden, eine solche Beschreibung anzufertigen.

Verbesserungen. Die Umwandlung nutzloser Objekte in nützliche Möbel ist nicht unbedingt ein Fälschungsvorgang. Doch die Umwandlung relativ schmuckloser Möbel in prächtigere und gewinnbringendere durch das Hinzufügen von teuren Beschlägen, modischem Dekor, handpolierten Oberflächen und attraktiverem Furnier usw. ist Fälschen. Solche Objekte sind nur schwer zu erkennen, und auch eine Quittung mit kompletter Beschreibung bringt wenig Sicherheit, da das Stück ja original und nur veredelt ist.

In solchen Fällen ist gesunder Menschenverstand gefragt. Nehmen Sie zum Beispiel einen Schreibtisch. Sind die Beschläge neu? Ist das Stück überrestauriert oder neu poliert? Ist die Ledereinlage neu? Gibt es Anzeichen für neues Holz? Sind irgendwelche Elemente wie Schnitzereien, Konsolen oder Beine entfernt oder ersetzt worden?

Wenn die Antwort auf solche Fragen »ja« ist, ist die nächste Frage: Warum? Es mag sein, daß das Stück komplett restauriert worden ist, aber meist bedeutet es, daß es komplett verbessert worden ist.

Veränderungen. Stücke, die in der Vergangenheit aus praktischen Gründen, aber ohne betrügerische Absicht verändert wurden, können nicht als Fälschungen bezeichnet werden.

Bücherschrank, um 1900, der für den deutschen Markt bearbeitet wurde. Mögliche Veränderungen: geschlossener Sockelfuß statt der gedrechselten oder Konsolfüße; schlichte Holzpaneele statt Glas- oder geschnitzten Holzpaneelen; Überfurnieren der geschnitzten Ornamente an Ecken oder entlang des Frieses; Entfernen der viktorianischen Messinggriffe; Vereinfachen des viktorianischen Gesimses zu einer schlichten »Georgian« Profilleiste.

Nehmen wir den Fall eines Mannes, der einen guten Eß-
zimmerstuhl besitzt und beim örtlichen Schreiner aus Gründen der Bequemlichkeit Arme hinzufügen läßt. Dies ist kein
gefälschter Armlehnstuhl, und meist wurde dabei auch kein
Versuch unternommen, die Tatsache zu verbergen, daß Arme hinzugefügt wurden. Derartige Ergänzungen sind stilistisch oft nicht passend, fast immer aus unterschiedlichem
Holz und in falscher Konstruktionsweise. Ob die Ergänzungen entfernt werden sollen oder nicht, ist eine Frage des persönlichen Geschmacks.

Arbeitstisch aus Mahagoni mit gedrechselten, spitz zulaufenden Beinen auf Laufrollen, um 1815 - 1825. Mahagoni mit schöner Maserung, Fadenintarsien aus Ebenholz. Eine echte und eine Scheinschublade (an der Front) mit Griffen in Form von Messingknöpfen. Besaß ursprünglich einen mit Seide ausgekleideten Kasten für Wolle und Stoff zwischen den Beinen, der entfernt wurde, um das Stück für den heutigen Markt attraktiver zu gestalten. 73 x 47 x 62 cm

Ein Anhaltspunkt in bezug auf Armlehnstühle ist, daß die Stuhlsitze vorn immer wenigstens 3-4 cm breiter sein sollten als bei einfachen Stühlen desselben Satzes. Wenn dies nicht der Fall ist, wurde der Armstuhl aus einem einfachen Stuhl gefertigt, oder es handelt sich um eine spätere Ergänzung des Satzes. Als allgemeine Regel kann man sich merken, daß Armlehnstühle des 18. Jahrhunderts etwa 51 cm oder breiter sein sollten (außer bei ländlichen Möbeln). Das heißt aber nicht automatisch, daß ein mindestens 51 cm breiter Sitz allein beweist, daß das Möbel aus dem 18. Jahrhundert ist.

Aus Gründen der Bequemlichkeit wurden z.B. auch Tische in der Höhe oder Größe reduziert. *Tallboys*, die zu groß waren, um in Häuser mit einer niedrigen Decke zu passen, wurden in eine Schubladenkommode und einen *Lowboy* umgewandelt.

Das sind legitime Veränderungen aus praktischen Gründen, und ein ehrlicher Händler wird eine solche Veränderung dem Käufer gegenüber erwähnen. Nur wenn solche Veränderungen in der Absicht vorgenommen werden, einen höheren Preis zu erzielen, handelt es sich um Fälschungen.

Marriages. *Marriages* steigern den Wert eines Stückes und sind deshalb oft Fälschungen.

Von *Marriage* spricht man bei der Verbindung von zwei Stücken, die einzeln nur geringen Wert haben, um ein einziges, wertvolleres Stück zu erhalten. Dies ist im Antiquitätenhandel eine übliche Praktik.

Bücherschränke, *Bureau bookcases*, *Welsh dressers* und andere Aufsatzmöbel, die begehrte und teure Objekte sind, sind beliebte Stücke für *Marriages*. Wenn eine *Marriage* nicht sehr gut gemacht ist, erkennt man sie leicht. Dekor, Qualität, Konstruktionsmethoden und verwendetes Holz sollten an allen Stellen gleich sein. Wenn das Holz des Oberteils eines Bücherschrankes leicht unterschiedlich zum Unterteil ist, ist das Objekt vermutlich eine *Marriage*. Untersuchen Sie, ob die Schlösser, die Scharniere, die Griffe, die Dekoration, das Holz und die Konstruktionsmethoden an beiden Teilen identisch sind. Wenn nicht, fragen Sie nach einer Erklärung.

Trennungen. Trennungen sind viel schwieriger zu entdecken. Aufsatzkommoden sind keine sehr beliebten Möbel, und man kann meist mehr Geld mit ihnen verdienen, wenn man sie teilt und daraus zwei Schubladenkommoden macht. Das heißt, man muß beiden Hälften neue Deckplatten geben und einer neue Füße. Diese Teile sollte man also hinsichtlich einer Veränderung oder einer anderen Holzart genau untersuchen.

Fälschungen erkennen

Fälscher konzentrieren sich meist auf die Teile des Möbels, die gut zu sehen sind, wie die Vorderseite, die Seiten und die Deckplatte. Wenn gut gearbeitet wurde, wird man an diesen Stellen wenig entdecken. Wenn man sich ein Möbel ansieht, ist es also wichtig, die Rückseite, die Unterseite und die Innenteile zu begutachten.

* Lassen Sie das Stück von der Wand wegziehen und prüfen Sie die Rückseite von oben bis unten auf neues Holz, scharfe Kanten und Beizflecken.

- Dasselbe sollten Sie unter dem Möbel und innen überprüfen.
- Wenn das Möbel einen durchgehenden Sockel hat, sollten Sie versuchen, es von der Rückseite aus zu prüfen, oder das Möbel umdrehen lassen. (Erwarten Sie aber nicht, daß jemand, der ein großes Möbelstück verkauft, es mit Begeisterung für die Begutachtung der Unterseite umdrehen wird!)

Ein Möbel, das außen alle Anzeichen von Alter hat, aber innen aus neuem, sauberem oder gebeiztem Holz ist, ist fast mit Sicherheit eine Fälschung.

Auch wenn Sie gebeizte Oberflächen an Stellen entdecken, wo eigentlich keine zu erwarten sind, ist das ein si-

Links: Whatnot aus Mahagoni in einfacher klassischer Form aus vier Regalen und einer Schublade, um 1800. Gedrechselte Füße. 142 x 50 x 35 cm Rechts: Whatnot, um 1840. Häufig wurden Whatnots einfach verkleinert, um sie dem modernen Leben anzupassen. Ursprünglich war dieses Stück so groß wie das vorherige. Es wurde auf einen Schrank mit nur einem darüberliegenden Regalbrett reduziert. 82 x 53 x 38 cm

cheres Zeichen, daß etwas verborgen werden soll. Denken Sie daran, daß auch ein antikes Möbel einmal neu war. Neue Möbel haben niemals an anderen Stellen Beize (außer in ganz seltenen Fällen) als an denen, die poliert werden. Es dürfte an der Unterseite, innen, in den Schubladen und an der Rückseite keine Beize sein. Das Holz sollte nur dort durch Alter und Schmutz nachgedunkelt sein, wo es der Luft ausgesetzt ist. Nach einer Reparatur oder einer Restaurierung kann das neu hinzugefügte Holz aber auch gebeizt worden sein, um es besser an das umgebende Holz anzupassen. Wenn einige Bretter des Rückenteils, die Seite oder das Unterteil einer Schublade gebeizt wurden, sind das durchaus akzeptable Ergänzungen, die man bei einem Möbel, das ein Jahrhundert oder länger in Gebrauch war, erwarten kann. Diese sind kein Grund für Aufregung. Großflächig gebeizte Stellen sind jedoch ein Hinweis auf ein jüngeres Herstelldatum und ein Versuch, das Holz altern zu lassen, indem man junges Holz nachdunkelt.

Reparaturen und ergänzte Stellen weisen nicht automatisch auf eine Fälschung hin. Bei den meisten Schubladenkommoden oder anderen Schubladenmöbeln wurden in irgendeinem Stadium meist aus modischen Gründen die Griffe ersetzt. Heute herrscht der Trend, ergänzte Griffe durch Kopien der Originale zu ersetzen, was den Wert des Stückes nicht beeinträchtigt. Beine und Stege zerbrechen zuweilen und müssen repariert oder ersetzt werden. Laufleisten nutzen sich ab, Füße faulen weg, Leim und Aufpolsterung verschlechtern sich, Schlösser und Glas brechen, der Holzwurm ruiniert ein Teil, so daß es ersetzt werden muß usw.

Die Entdeckung einer kleineren Ergänzung oder einer Reparatur bedeutet nicht, daß das ganze Möbel um- oder aufgearbeitet wurde. Wenn es für diese Veränderungen eine logische Erklärung gibt, muß man keine Beanstandungen haben.

Es gibt jedoch keine andere logische Erklärung für ein Möbel, das eine alte Tür, aber neue Seitenteile, ein neues Inneres, eine neue Deckplatte und eine neue Rückwand hat, als die einer Fälschung.

Bramah-Patentschloß, um 1850. Leicht daran zu erkennen, daß der sichtbare Teil einem runden Knopf ähnelt (oben). Teilweise in ältere Stücke eingesetzt, da es als einbruchssicher galt, teilweise auch in jüngere, um den Anschein eines alten Möbels zu erwecken (links).

»B-Line & Co., safety lock. Secure handmade, 4 Lever«. Messingschloß aus dem späten 20. Jh. In der Regel gilt, daß ein Schloß um so moderner ist, je mehr Beschriftung es trägt.

Reproduktionen von Schlössern und Beschlägen. Einige Firmen verwenden zur Kennzeichnung der Reproduktionen die hier gezeigten Stempel.

Das Muster der Stahlstifte ist typisch für das späte 18. und frühe 19. Jh., aber die aufgerauhte Oberfläche, die präzise Arbeit bei Löchern und Rändern und die geringe Oxidation zeigen, daß es sich um ein modernes Schloß handelt.

Neues Schloß, zu erkennen am sauberen Messing, das noch dazu die gesamte Hülle ausmacht, an den maschinengefertigten Schrauben und den sauberen, glatten Werkzeugspuren.

Dasselbe alte Schloß von oben. Deutlich ist zu erkennen, daß keinerlei Buchstaben oder Wörter auf dem Schloß zu finden sind, das Metall ist abgenutzt und glattpoliert.

Häufig verwendetes Schloß, ca. 1785 bis 1830, vor allem an Bureaus und anderen Kastenmöbeln. Gehäuse aus Messing, Innenleben aus Stahl (später wurden Schlösser komplett aus Messing gefertigt). Kennzeichnend sind die Oxidation des Metalls auf den handgemachten Schrauben, das fein geschnittene Schlüsselloch und die abgeschrägten Kanten.

Häufig verwendetes Schloß, ca. 1785 bis 1830. Hier sind die Abnutzungs- und Alterungsspuren zu sehen, die man bei einem Schloß dieses Alters erwarten kann.

Dasselbe Schloß wie oben ohne Deckplatte. Die Zeichen handwerklicher Arbeit sind offensichtlich.

Offensichtlich modernes Schloß. Deutlich erkennbar das glänzende Metall und die Kreuzschrauben (erst seit ca. 20 - 30 Jahren in Verwendung). Maschinell gestempelte Deckplatte, scharfe, nicht abgeschrägte Kanten.

Schloßtyp (rechts
oben und unten) für
Schubladen und klei-
ne Schranktüren, ca.
1730 - 1760. Schlös-
ser vor 1780 waren
meist aus Stahl, ohne
Messingteile. Die
Oxidation des Metalls
ist hier zu erkennen.
Die Kanten waren
immer abgeschrägt,
der Bart in Form und
Größe unregelmäßig,
die Schraubenlöcher
ungleichmäßig ge-
setzt. Häufig mit Nä-
geln oder mit zwei
Schrauben und zwei
Nägeln befestigt.

Echte Altersmerkmale

Verwerfungen. Jedes Holz schrumpft mit dem Alter in Gegenrichtung der Maserung. Ein Tisch mit runder oder quadratischer Tischplatte wird daher nicht völlig rund oder quadratisch sein, wenn er wirklich alt ist. Einlegeplatten und die Klappen von Klapptischen und Sekretären können sich verziehen oder werfen. Vertäfelungen und selbst dicke und massive Bretter wie die Seiten eines Schrankes können schrumpfen, sich verziehen und manchmal sogar splittern. Rückenteile und Schubladenböden können kleine Spalten aufweisen. Gedrechselte Teile wie Beine und Spindeln können leicht oval werden und bleiben nicht perfekt kreisförmig. Quadratische Beine bleiben nicht völlig quadratisch.

Dies sind alles Zeichen von Alter, aber selbst ein nur 100 Jahre altes Möbel zeigt einige Verwerfungen, und eine sehr trockene Umgebung wird diesen Prozeß noch beschleunigen.

Abnutzung. Antike Möbel sind alt und häufig benutzt, so daß man an gewissen Stellen Zeichen des Gebrauchs findet.

Man sollte sich sorgfältig überlegen, wie man einen Stuhl, einen Tisch, eine Schubladenkommode oder andere Möbel benutzt und an den entsprechenden Stellen nach Abnutzungserscheinungen und Flecken von fettigen Händen suchen.

Großer Schreibtisch aus Mahagoni, »veredelt«. Ursprünglich handelte es sich um einen gewöhnlichen Arbeitstisch von 1930 oder später. Er wurde abgeschliffen, stark poliert, die Platte erhielt eine Schreibfläche aus eingelegtem Leder. Die ursprünglich zwiebelartigen Füße wurden schlanker gemacht, neue Füße und Griffbeschläge aus Messing mit Jugendstil-Anklängen hinzugefügt. Dieser neue Partners bureau plat repräsentiert nun die Jahrhundertwende. Eine nähere Betrachtung offenbart die vorgenommenen Veränderungen. Der offensichtlichste Fehler sind die zu dünnen Beine. 79 x 182 x 106 cm

- Die Armlehnen eines Stuhls sollten dort, wo man seine Hände ablegt, abgenutzt sein.
- Der vordere Steg eines Stuhls oder eines Tisches sollte dort Abnutzungsspuren zeigen, wo man seine Füße abstellt. Die seitlichen Stege sollten Gebrauchsspuren aufweisen, aber die hinteren müßten in fast perfektem Zustand sein.
- Die Außenseiten der Vorder- und Hinterbeine von Stühlen und Tischen und die Füße von Kastenmöbeln sollten Quetschungen und Schrammen haben, ihre Kanten sollten gerundet und teilweise abgenutzt sein.
- Die Unterseiten der Beine von Stühlen und kleinen Tischen sollten bis auf einige tiefe Kratzer nahezu poliert und glatt sein.
- Die Laufleisten von Schubladen sollten durch die Abnutzung eine leicht konkave Form angenommen haben.
- Profilierte Tischränder sollten leicht abgerundet und nicht scharf und kantig sein.

> Gar keine Abnutzung oder Abnutzung an nicht sinnvollen Stellen weist meist auf eine Reproduktion oder eine Fälschung hin. Scharfe Kanten bei Möbeln, die 100 Jahre oder älter sein sollen, sind absolut verdächtig. Denn selbst Möbel, die nur 50 Jahre alt sind, weisen an Stellen, wo sie häufig abgestaubt oder poliert wurden, abgerundete Kanten auf.

Farbe. Achten Sie auf die dunklen Fettflecken von Händen an Möbeln, die häufig bewegt wurden, denn diese Flecken können nur schwer nachgemacht werden.
- Unter den Kanten von Tischplatten, unter den Armlehnen von Armstühlen und unter den Schulterbrettern von Stühlen sowie an den äußeren Vorderkanten von großen Schubladen und um alle Schlösser und Griffe herum sollten sich leichte Fettflecken finden.
- Unpolierte Oberflächen sollten mit dem Alter und durch die Einwirkung von Luft, Licht, Feuchtigkeit und Schmutz nachgedunkelt sein. Der Grad des Nachdunkelns sollte in logischer Weise variieren, je nachdem, wie stark die Stellen der Luft ausgesetzt waren.
- Die Außenseite der Rückenbretter sollte viel dunkler sein als die Innenseite.

Bücherschrank aus Nußholz, ca. 1890 bis 1900. Beispiel für einen möglichen Eingriff, der den Ansprüchen nach schlichten Möbeln in Deutschland genügen und einen hohen Preis erzielen sollte: Die Füße können durch einen geschlossenen Sockel, die Kassetten-Vertäfelung durch eine schlichte Vertäfelung ersetzt, die rautenförmigen Sprossen gegen klassische Sprossen und altes Glas ausgetauscht werden. Geschnitzte Ornamente können entfernt oder mit schlichtem Furnier verdeckt werden. Da Nußholz nicht so beliebt ist, kann man es vor der Neupolitur rötlich einfärben, um die Farbe von Mahagoni zu erzielen. 232 x 183 x 50 cm

- Das Innere einer kleinen Innenschublade eines Sekretärs sollte heller sein als das einer großen Schublade desselben Möbels.
- Die Unterseite eines Möbelstücks mit Füßen sollte dunkler als die Rückseite oder das Innere sein.

Fälscher bedienen sich der Beize, um ein Nachdunkeln zu erzeugen, das üblicherweise durch das Alter hervorgerufen wird.

MÖBELDIEBSTAHL

Der Diebstahl von Antiquitäten in Europa ist innerhalb der letzten zwanzig Jahre alarmierend stark gestiegen. Antike Möbel sind international zu vermarkten, und ihr stetig steigender Wert hat sie zu einem so begehrten Diebesgut wie Juwelen, Silber oder Malerei werden lassen.

Allein in einer der verschiedenen englischen Fachzeitschriften sind jede Woche mindestens zwei bis sechs Seiten abgedruckt, auf denen Besitzer, Polizei oder Versicherungsgesellschaften nach gestohlenen Waren suchen und zum Teil erhebliche Belohnungen anbieten. In einer Ausgabe waren über 40 verschiedene Anzeigen abgedruckt, von denen jede eine große Anzahl gestohlener Gegenstände auflistete. Einige der Listen lasen sich wie die Gesamtaufstellung eines gutbestückten Antiquitätengeschäftes.

Dabei repräsentieren diese Anzeigen nur einen kleinen Teil dessen, was tatsächlich gestohlen wird. Die meisten bei der Polizei gemeldeten Diebstähle werden nicht in den Fachzeitschriften annonciert.

Ein Teil der Inserate ist durch Fotos oder Zeichnungen illustriert, wodurch sich die Chance, die Stücke wiederzufinden, leicht erhöht. Eine Annonce, die nach einem spät-georgianischen Sofa-Tisch aus Palisander sucht, ist ohne Illustration praktisch wertlos, da Tausende von Tischen auf diese Beschreibung passen.

Vorbeugende Maßnahmen

Leider muß man sagen, daß es nur wenige Möglichkeiten für den Besitzer antiker Möbel gibt, sich Diebe vom Leib zu halten. Selbst eine gute Alarmanlage ist mit Sicherheit kein Problem für einen Profi. Vergangene Kunstdiebstähle zeigen, daß auch die Größe eines Sekretärs oder eines Bücherregals Einbrecher nie davon abgehalten hat, die Stücke durch die Tür oder das Fenster abzutransportieren.

Ein irgendwo an einem Freitag gestohlenes Stück kann auf einem anonymen Flohmarkt Hunderte von Kilometern entfernt schon bis zum späten Vormittag des folgenden Tages den Besitzer gewechselt haben. Es wird womöglich von seinem neuen Besitzer am nächsten Tag auf einer Messe angeboten und ist bis zum Dienstag danach schon in die Einrichtung eines anderen Hauses, möglicherweise im Ausland, integriert.

Daher ist es für Sammler von größter Wichtigkeit, sich um eine umfangreiche Dokumentation ihrer Stücke zu kümmern und diese Auflistung an einem sicheren Ort aufzubewahren.

Möbelversicherung mit Dokumentation und Gutachten

Gestohlene Antiquitäten sind sehr schwer wieder aufzufinden. Anders als bei Malerei oder Silber tragen die Stücke häufig keine Signatur, und sie lassen sich kaum durch einzigartige Merkmale oder Datierungen eindeutig identifizieren. Mit einem ausreichenden Satz an Fotos und einem detaillierten Gutachten kann dieser Schwierigkeit jedoch entgegengewirkt werden. Die Chance, gestohlene Möbel wiederzufinden, erhöht sich dadurch beträchtlich.

Versicherung. Bevor ein Gutachten angefertigt wird, ist es ratsam, abzuklären, ob der Gutachter von der Versicherungsgesellschaft akzeptiert wird. Verständlicherweise wird ein Versicherer nicht das Gutachten eines beliebigen Trödelhändlers annehmen. Eine Bewertung durch eine nicht qualifizierte Person mag zwar billiger sein als ein von einem Experten angefertigtes Gutachten, es kann jedoch zu einer bösen Überraschung führen, wenn das Schriftstück von der Versicherungsgesellschaft nach einem Diebstahl nicht anerkannt wird.

Gutachten. Es gibt verschiedene Möglichkeiten für ein Gutachten. Die meisten der professionellen Antiquitätenhändler verfügen über ein ausreichendes Wissen und den Zugang zu Quellen, um eine Sammlung oder ein Einzelstück zu beurteilen. Manche Auktionshäuser sind darauf eingerichtet, Begutachtungen durchzuführen, und einige Versicherungen, wie z.B. Nordstern, bieten diesen Service ebenfalls an, der bei Abschluß einer Police meist kostenlos ist.

Auf jeden Fall sollte der Sammler sicherstellen, daß das Gutachten folgende Informationen enthält:

- eine umfangreiche Beschreibung des fraglichen Stücks mit Angaben zu Material, Abmessungen (Höhe, Breite/ Durchmesser und Tiefe), Herkunftsland, Alter und Stil.
- Kopien aller für das Stück relevanten Dokumente, die z.b. seine Geschichte beleuchten.
- Beschreibung aller Etiketten oder Inschriften, die sich auf dem Stück befinden. Beides ist wichtig, da Etiketten zwar leicht entfernt werden können, jedoch meist an unzugänglichen Stellen angebracht sind. Inschriften sind kaum zu entfernen, ohne das Möbel mehr oder minder schwer zu beschädigen. Beschläge haben manchmal Patent- oder Musternummern eingestempelt.

Dokumentation. Am wichtigsten ist jedoch, daß die Beschreibung des Stückes mit Fotos dokumentiert wird.

- Fotos sollten scharf sein und einmal das ganze Objekt zeigen sowie zusätzlich alle Details wie Dekorationen, Beschädigungen, ungewöhnliche Holzmaserungen oder jedes andere Merkmal, das an dem Stück einmalig oder außergewöhnlich ist.
- Es ist ratsam, von jedem Foto eine Kopie machen zu lassen und sicherzustellen, daß Fotos und Gutachten an einem sicheren Ort und von dem Stück getrennt aufbewahrt werden.

Kennzeichnung. Die meisten Sammler möchten ihre Antiquitäten nicht durch Aufkleber verunstalten. Mit einem ultravioletten Stift lassen sich jedoch unsichtbare Markierungen anbringen, die bei einer Identifizierung sehr hilfreich sein können.

Maßnahmen nach einem Diebstahl

Nachdem der Diebstahl bei der Polizei gemeldet wurde, gibt es verschiedene Möglichkeiten, ihn bekanntzumachen und dem Dieb so den Weiterverkauf zu erschweren.

Gestohlene Antiquitäten werden nicht zwangsläufig in dem Land weiterverkauft, in dem sie entwendet wurden. Deshalb ist es notwendig, einen Diebstahl maximal publik zu machen, am besten auf dem gesamten Kontinent. Auch wenn die Polizei über Interpol bereits viele Details verbreitet, können Sie als Besitzer noch folgendes tun:

- Lassen Sie die gestohlenen Stücke beim ART LOSS REGISTER (13, Grosvenor Place, London SW1) eintragen, einer Firma, die der Polizei bei Nachforschungen bezüglich Kunstraub zur Seite steht und die weltweit Auktionskataloge kontrolliert, bevor die Versteigerungen stattfinden. Die gestohlenen Objekte bleiben so lange registriert, bis sie wieder aufgefunden sind.
- Es gibt zahlreiche Zeitungen und Zeitschriften, die Fotos und Beschreibungen von gestohlenen Kunstwerken und Antiquitäten veröffentlichen, z.B. die WELTKUNST in Deutschland, die ANTIQUES TRADE GAZETTE in England und die GAZETTE DROUOT in Frankreich.

Das Wiederfinden von gestohlenen Antiquitäten dauert in der Regel sehr lange. Bis zum Auftauchen der Gegenstände vergehen durchschnittlich bis zu zwei Jahre. Jedoch hat der Besitzer gestohlener Möbel den Vorteil, daß diese nicht wie bei Schmuck oder bei Silber eingeschmolzen oder auseinandergenommen werden können, das Stück vielmehr irgendwann in seiner Originalform wieder auftauchen muß.

Ein Paar Gainsborough-Stühle aus Mahagoni aus der Zeit Chippendales, um 1760. Hervorragende Qualität. Rückenlehnen mit geschweiftem Umriß, Armstützen mit Blütenmotiven verziert. Dekor in Form von geometrischem Gitterwerk und durchbrochenen Stegen. Laufrollen aus Leder. Sitzbreite: 71 cm

ENGLISCHE MÖBEL ALS INVESTITION

Obwohl es stimmt, daß Antiquitäten während der letzten Jahrzehnte stetig und manchmal dramatisch im Wert gestiegen sind, sollten sie nicht vorrangig als profitable Investition angesehen werden. Der Preis, den Antiquitäten erzielen, hängt häufig von Moden und der Nachfrage des Weltmarktes ab. Zugegebenermaßen gibt und gab es seit ca. 100 Jahren eine hohe weltweite Nachfrage nach antiken englischen Möbeln, und es ist weitgehend sicher, daß die Preise, die für diese Möbel gezahlt werden, auch in Zukunft noch steigen. In der Geschichte des Antiquitätenhandels kam ein Verfall von Preisen unter normalen wirtschaftlichen Bedingungen bisher noch nicht vor. Die Preise selbst können dabei aber von vielen Faktoren beeinflußt werden:

- Zustand
- Begehrtheitsgrad
- Seltenheit
- Größe
- Farbe
- Patina
- Herkunft
- Restaurierungszustand
- Verkauf einer bekannten Sammlung
- neuer Spezialistenverkauf in einem großen Auktionshaus
- Veröffentlichung eines neuen Fachbuches
- internationale Kursbewegungen
- Zuweisung eines Stückes zu einem bestimmten Kunstschreiner

Kaufen Sie immer die beste Qualität, die Sie sich leisten können. Es ist besser, ein wirklich gutes Stück zu besitzen als fünf durchschnittliche. Sie werden mehr Freude an einem hochwertigen Stück haben und einen höheren Wertzuwachs erleben als bei einem durchschnittlichen und weniger teuren Stück. Antike Möbel, die oft genausoviel kosten wie ihre zeitgenössischen Gegenstücke, haben im Gegensatz zu diesen einen Wiederverkaufswert, der in der Regel höher liegt als der Einkaufspreis.

Wenn ein antikes Möbel verkauft wird und einen gewissen finanziellen Gewinn erlöst hat, ist dies ein Bonus. Der wahre Gewinn liegt jedoch in der Freude, den das Stück bis zu diesem Zeitpunkt geschenkt hat.

Ist das Hauptmotiv das finanzielle Interesse, dann sollte man die Investition als Spekulation betrachten, auch mit dem damit verbundenen Risiko. Das bedeutet, den Markt gut zu beobachten, die nationale und internationale Lage einzuschätzen, Moden und Trends zu analysieren und dementsprechend zu investieren.

Nachfolgend sind einige Wertvergleiche aufgeführt, die die Entwicklung über 20 Jahre bis zu ihrem heutigen Stand aufzeigen sollen. Im Durchschnitt sind antike englische Möbel in den letzten 20 Jahren im Preis um ca. 400-500 % gestiegen. Die Preise beziehen sich auf Stücke von gutem, möglicherweise restauriertem Zustand.

Armlehnstuhl und einfacher Stuhl (aus einem Satz von acht) aus Mahagoni mit kompletter Aufpolsterung und gedrechselten Beinen, Regency, ca. 1825 bis 1835.
Die Anzahl der Stühle in einem Satz wirkt sich auf den Preis aus. Sätze, die mehr als sechs Stühle umfassen, sind wesentlich teurer.

Preisbeispiele

1976	1996

Windsor-Stuhl (ca. 1820)
DM 400 – 600   DM 1 700 – 3 000

Tripod table, Mahagoni (ca. 1790)
DM 350 – 650   DM 2 800 – 3 800

Klappsekretär, Mahagoni, mittlere Qualität (ca. 1780)
DM 3 500 – 4 500   DM 10 000 – 14 000

Aufsatzsekretär, Mahagoni, mittlere Qualität (ca. 1820)
DM 6 500 – 9 000   DM 25 000 – 35 000

Einfache Kommode, Mahagoni, mittlere Qualität (ca. 1780)
DM 700 – 1 200   DM 6 000 – 9 500

Welsh Dresser, Eiche (ca. 1810)
DM 5 000 – 7 000   DM 14 000 – 22 000

Militärkommode (ca. 1860)
DM 1 500 – 2 500   DM 6 500 – 10 000

Bowfront Kommode (ca.1800)
DM 2 000 – 3 000   DM 5 800 – 8 000

Satz von sechs schlichten Eßzimmerstühlen, Mahagoni (ca. 1785)
DM 3 500 – 5 500   DM 18 000 – 24 000

Schlichter *Pedestal desk*, Mahagoni (ca.1880)
DM 2 500 – 3 500   DM 12 000 – 15 000

Drop leaf table für sechs Personen, Mahagoni (ca. 1770)
DM 1 500 – 2 500   DM 6 500 – 8 500

Armlehnstuhl, Mahagoni (ca. 1820)
DM 900 – 1 200   DM 3 500 – 4 500

Schreibtisch, Mahagoni (ca.1900)
DM 1 500 – 2 200   DM 10 000 – 15 000

Pembroke table, Mahagoni, mittlere Qualität (ca. 1820)
DM 1 200 – 1 500   DM 4 800 – 6 800

*Regency-Schreibtisch
aus Palisander, um
1820. Mit Messing-
beschlägen in Form
einer vitruvischen
Rollwerkgalerie,
Löwenköpfen als
Griffen und Löwen-
tatzenfüßen. Zwei
Schein- und zwei
echte Schubladen.
76 x 110 x 67 cm*

ANHANG

DIE WICHTIGSTEN HERSTELLER UND DESIGNER

Im nachfolgenden werden einige der wichtigsten Designer und Hersteller englischer Möbel, aber auch Polsterer und Architekten vorgestellt, die in ihrer Arbeit innovativ waren, neue Möbelformen entwarfen, das Design beeinflußten oder neue Stile prägten.

Sie repräsentieren jedoch nur einen Bruchteil der großen Zahl von Kunstschreinern und Designern, deren Schaffen in England dokumentiert ist. Daneben gab es außerdem noch zahllose unbekannte, aber durchaus kompetente Möbelbauer, von denen kein Nachweis erhalten ist.

Adam, Robert
1728 – 1792

Robert Adam war der zweite von vier Söhnen des schottischen Architekten William Adam. Er studierte an der Universität von Edinburgh, wo er 1743 seinen Abschluß machte. Zunächst arbeitete er als Assistent seines Vaters. Nach dessen Tod übernahm er 1748 zusammen mit seinem Bruder John das Geschäft.

1754 ging er auf eine lange Bildungsreise (*Grand Tour*) durch Europa, von der mit Ideen zurückkehrte, die nachhaltig das Design und die Dekorationsformen in England beeinflussen sollten. Adam wurde damit zu einem Vorreiter des Klassizismus in England. Bereits zu Beginn des 18. Jahrhunderts war verschiedentlich Interesse an klassischen Ornamenten aufgekommen. Doch erst nach der Entdeckung von Herculaneum (1738) und Pompeji (1748) und den damit verbundenen Publikationen wurde der klassizistische Stil verbreitet und populär. Robert Adams große Reise begann 1754 mit einem kurzen Aufenthalt in Frankreich, wo der griechische Stil bereits en vogue war. 1755 war er in Florenz, 1756 in Rom. 1757 reiste er von Venedig nach Split, um die Ruinen des Palastes des römischen Kaisers Diocletian abzumessen und zu zeichnen. Anschließend kehrte er nach Italien zurück und reiste über das Rheinland nach England weiter, wo er 1758 ankam und sich in London niederließ.

Obwohl er kein Möbelbauer war, hatte Adam als Architekt und Designer entscheidenden Einfluß auf die Entwicklung der englischen Möbel. Wenn er einen Innenraum entwarf, sah er das Mobiliar als wichtigen Bestandteil des Designs. Adam bestand darauf, daß jedes Detail, bis hin zu den Ornamenten des Sideboards, mit der Gesamtidee harmonieren sollte. Das berühmteste Beispiel hierfür ist wahrscheinlich Harewood House, dessen Einrichtung von Adam entworfen und von Chippendale gebaut wurde.

Adam entwickelte eine äußerst individuelle Interpretation klassischer Motive und kreierte ein ausgedehntes Vokabular klassischer Dekorationsformen, das ab 1773 als Serie in *The Works of Architecture* veröffentlicht wurde. Adams Dekorationen waren weitaus feiner als jene seiner Zeitgenossen. Er verwendete Ornamente wie das Akanthusblatt, Ährenketten, das Geißblatt, Vasen, Draperien, Reliefs mit Bildern aus der Mythologie, Schafsköpfe oder Grotesken. Er führte Marketerie und Einlegearbeiten wieder ein und benutzte dafür Satinholz, Palisander, Amboyna und andere Hölzer. Häufig griff auf er gemalte Dekorationen im Stil von Angelica Kauffmann zurück.

Adam verwendete niemals den Barockfuß, vielmehr entwarf er sein eigenes Design, das sich verjüngende, eckige Bein, meist mit einem Spatenfuß. Dieses Bein war immer mit klassischen Motiven, wie z. B. hängenden Ähren, verziert. Außerdem ist Adam die Einführung des Sideboards zuzuschreiben, wobei er den bis dahin gängigen Serviertisch umfunktionierte.

Obwohl Adam eine große Menge von Entwürfen erarbeitete, gibt es nur wenige - meist sehr imposante - Möbelstücke, die unmittelbar von ihm entworfen und unter seiner Anleitung hergestellt wurden. Sein Erfolg führte aber dazu, daß er recht schnell kopiert wurde. Das Mobiliar, das heute im weitesten Sinne als »Adam« bezeichnet wird, ist zwar nach Adams Entwürfen und Ideen entstanden, doch meist handelt es sich dabei um vereinfachte Abwandlungen, die von anonymen Kunstschreinern für Kunden aus der Mittelschicht entworfen und hergestellt wurden.

Bullock, George

? – 1818

Bullock war in London und Liverpool tätig und arbeitete im griechischen Stil. Sein Name wird meist mit Messing-Einlegearbeiten in Verbindung gebracht, einem wichtigen Dekorationselement der Regency-Periode.

Chambers, Sir William

1727 – 1792

Von George III. ernannter Architekt und Konkurrent von Robert Adam. In seiner Jugend verbrachte er längere Zeit in China und Italien und war dadurch in einer frühen Phase einer der Vorreiter bei der Entwicklung des chinesischen und klassizistischen Stils.

Chippendale, Thomas, sen.

ca. 1718 – 1779

Wahrscheinlich der berühmteste Kunstschreiner und Designer, von dem gleichzeitig aber nur sehr wenig bekannt ist und dem meist fälschlicherweise eine enorme Anzahl von Möbeln und Möbeldesigns zugeschrieben wird. Seine herausragende Position in der englischen Möbelgeschichte ist auf zwei Tatsachen begründet: zum einen auf den Möbeln selbst, die auch heute noch sein enormes Können erkennen lassen, und zum anderen auf der Veröffentlichung seiner Möbel und Entwürfe im *Director*, der einen großen Einfluß auf andere Kunstschreiner ausübte.

Die frühesten Hinweise auf sein Leben stammen aus dem Kirchenregister der Gemeinde von Otley in Yorkshire, wo die Taufe eines Thomas Chippendale, Sohn des Tischlers John Chippendale, am 5. Juni 1718 dokumentiert ist. In der Familienlegende heißt es, daß Thomas in Otley für seinen Vater zu arbeiten begann, bis eine adelige Familie vom Talent des Jungen hörte und ihn veranlaßte, nach London zu gehen, wo er schnell die Gunst des Adels gewann und zu einem bekannten und erfolgreichen Kunstschreiner wurde. Eine andere Geschichte besagt, daß er um etwa 1740

Entwurf für ein Bureau-bookcase von Thomas Chippendale sen. Aus: The Gentleman and Cabinet Maker's Director, 3. Auflage 1763.

in der Nostell Priory gearbeitet habe, wo er den Innenarchitekten James Paine traf. Paine soll ihm geraten haben, in London Zeichnen und Design zu studieren. Es ist durchaus möglich, daß Chippendale zu dieser Zeit nach London ging und an der St. Martin´s Lane Academy studierte, die 1734 von William Hogarth gegründet worden war.

Das erste nachweisbare Ereignis, das Chippendales Anwesenheit in London dokumentiert, ist seine Heirat mit Catherine Redshaw 1748 in Mayfair. Laut Register hatten die beiden 11 Kinder, bevor Catherine 1772 starb. 1777 heiratete er Elizabeth Davies. Zwei Jahre später starb er und wurde in St. Martin's-in-the-Fields in London begraben. Obwohl er äußerst erfolgreich und in ganz England bekannt war, blieb Chippendales Tod 1779 relativ unbemerkt. Während die meisten Geschäftsleute in der Presse in kleinen Nachrufen gewürdigt wurden, wurde von Chippendale bisher keine solche Erwähnung gefunden.

Die Nachweise über seine berufliche Karriere zeigen, daß er ab 1749 in Long Acre wohnte, bevor er 1752 ein Haus in Northcumberland Court anmietete. Es gibt keine Hinweise darauf, daß er an einem der beiden Orte Möbel herstellte, und tatsächlich weisen Pläne darauf hin, daß beide Wohnungen für die Produktion von Möbeln zu klein waren, so daß er wahrscheinlich eine Werkstatt angemietet hatte. Bis zum Winter 1753 war Chippendale in ein Anwesen in der St. Martin's Lane gezogen, das er für 60 Jahre anmietete.

1754 erschien sein berühmtes Buch *The Gentleman and Cabinet-Maker's Director*, das erste Musterbuch für Möbel, auf dessen Veröffentlichung Chippendales Ruhm und Ansehen beruht. Ebenfalls 1754 nahm er James Rannie als Partner auf. Eine Versicherungspolice, die von beiden 1755 abgeschlossen wurde, zeigt, daß das Anwesen von Chippendale und Rannie ein Wohnhaus, ein Lager, einen Garten und ein Geschäft umfaßte. Der Bericht über ein Feuer in Chippendales Werkstatt im selben Jahr weist nach, daß zu dieser Zeit mindestens 22 Schreiner für ihn arbeiteten.

1766 starb James Rannie. Um den Besitz aufzulösen, wurden die partnerschaftlichen Anteile versteigert. Die Aufzeichnungen über die Auktion zeigen, daß Chippendale und Rannie nicht nur Möbel in Kommission bauten, sondern auch ein Lager mit fertigen Möbeln führten und ebenso mit Teppichen, Polstermaterial und Federn zum Füllen von Matratzen und Kissen handelten.

1771 schloß sich Chippendale mit Thomas Haig als neuem Partner zusammen, der vorher Rannies Assistent gewesen war und weiterhin die Buchhaltung der Firma betreute. Einige von Chippendales geschäftlichen Transaktionen können anhand seiner weitreichenden Korrespondenz nachvollzogen werden. 1768 schrieb er z.b. an Sir Roland Winn, um sich für die verspätete Erledigung einer Bestellung mit der Erklärung zu entschuldigen, daß er einen größeren Auftrag der königlichen Familie fertigstellen mußte. Allerdings taucht Chippendale auf den Listen der Händler, die den Hof oder die Familien von König George II. oder George III. belieferten, nicht auf.

In einem zweiten Brief an Sir Thomas Winn schiebt Chippendale eine Verspätung auf seinen Vorarbeiter und erwähnt dabei, daß er sich in der fraglichen Zeit in Frankreich aufgehalten habe. Diese Information ist deshalb interessant, da Chippendale diese Gelegenheit, sich mit den neuesten Entwicklungen des französischen Möbeldesigns vertraut zu machen, mit Sicherheit nicht ungenutzt ließ und der französische Einfluß auf seinen Stil in dieser Zeit unverkennbar ist.

In einem Schreiben von 1771, das Thomas Haig an Sir Edward Knatchbull von Kent schickte, entschuldigte er eine überzogene Lieferfrist damit, daß Chippendale sich im Norden Englands aufhalte, um an einem großen Auftrag zu arbeiten. Chippendale scheint demnach häufig auch vor Ort gearbeitet zu haben.

Auch heute noch werden von einem unwissenden Publikum viele Stilelemente Chippendale zugeschrieben, die in keinster Weise mit ihm zu tun haben, oft in der Hoffnung, ein mittelmäßiges Möbelstück aus ihrem Besitz durch die Verbindung mit dem bekanntesten Namen des englischen Möbeldesigns aufzuwerten. Allen Lesern, die sich genauer mit Chippendale beschäftigen möchten, sei daher geraten, sich ein Facsimile des *Director* zu besorgen.

Neben diesem Buch, das sehr detailfreudige und prächtige Möbel enthält, veröffentlichte Chippendale außerdem *Household Furniture in Genteel Taste for the Year 1760*, das ungefähr 180 verschiedene Objekte und auch Stücke von anderen Kunstschreinern und Polsterern enthält. Das Buch erschien in einer zweiten Auflage, auf 350 Objekte erweitert, und in dritter Auflage 1763. Im Gegensatz zum *Director* enthält es nur einfache, alltägliche Mittelklasse-Möbel. Hätte nicht Chippendale selbst die meisten Zeichnungen angefertigt, würden nur wenige Leute auf die Idee kommen, daß das Buch vom selben Autor wie der *Director* stammt.

Chippendales Entwürfe können, grob gesagt, in vier Kategorien eingeteilt werden: die französischen, die chinesischen, die klassizistischen und die gotischen. Dabei kommt es häufig vor, daß Elemente mehrerer Stilrichtungen in ein und demselben Möbelstück anzutreffen sind, besonders bei Möbelstücken von Kunstschreinern, die Chippendales Bücher als Ideenvorlage benutzten. Chippendale entwarf auch Möbel, die als feinere, modernisierte Versionen von Kents schweren Möbeln des Palladianismus aus dem frühen 18. Jahrhundert gelten können.

Die französischen Entwürfe zeigen eine üppige Verwendung von Rokoko-Motiven wie Schnecken, Blumenelementen und Asymmetrie.

Seine chinesischen Entwürfe sind gekennzeichnet durch Laubsägearbeiten, Pagodenformen sowie eine europäische Interpretation chinesischer und orientalischer Ornamente, die allerdings meist nur noch wenig mit ihren Ursprungsformen zu tun haben.

Chippendales gotische Entwürfe basieren auf Ornamenten aus der Architektur, wie z.B. Spitzbogenformen, gebündelten Säulen, Kleeblättern, Kreuzen, Turmspitzen und stilisierten Pflanzenformen.

Möbel, die eindeutig Chippendale zuzuweisen sind, sind sehr selten und befinden sich meist in den Häusern, für die sie konzipiert wurden, wie z.b. Nostell Priory und Harewood House. Auch andere Häuser verfügen über gewisse Einzelstücke oder sind im Besitz von Rechnungen, die nachweisen, daß sich dort Chippendale-Möbel befanden. Diese sind aber oft nicht mehr zu identifizieren.

Chippendale, Thomas, jun.
1749 – 1822
Ältester Sohn von Thomas Chippendale sen. (oben). Er wurde von seinem Vater ausgebildet. Es sind Geschäftsbriefe erhalten, die er mit 18 Jahren schrieb und die seine laufenden Arbeiten betreffen. Seit Mitte der 70er Jahre, einige Jahre vor dem Tod von Chippendale sen. 1779, übernahm der

junge Chippendale immer mehr die Verwaltung und Über-
wachung der verschiedenen Werkstätten der Firma in London und der Projekte in den großen Landhäusern. Nach dem
Tod seines Vaters schloß er mit Thomas Haig, der auch
schon der Partner von Chippendale sen. gewesen war, bis zu
dessen Ruhestand 1796 die Partnerschaft Chippendale und
Haig. Chippendale jun. entwarf einige der späten, klassizistischen Werke der Firma sowie 1805 einen sehr beeindruckenden Bibliothekstisch für Stourhead House in Wiltshire. Chippendale jun. entwarf und lieferte von 1797 bis
1820 Möbel für Stourhead. Chippendale war mit Robert
Adams wichtigstem Entwerfer befreundet, was man auch in
der Vermischung von Entwurfs- und Ornamentideen in den
Werken der beiden sehen kann. Chippendales Geschmack
entwickelte sich zum Neoklassizismus und zu einfachen, li-
nearen Ornamentformen hin. Geriefelte Pilaster waren ein
beliebtes Motiv. Aber er machte auch Entwürfe im ägyptisierenden Geschmack der 1790er. Seine Entwürfe gehören
zu den besten des späten 18. und frühen 19. Jahrhunderts.
Außerdem war er auch ein begabter Maler, und seine Werke
wurden in der Royal Academy ausgestellt. Im Jahre 1804 er-
klärte Chippendale jun. seinen Bankrott, erholte sich aber
und setzte seine Arbeit bis zu seinem Tod 1822 fort. Seine
Hauptarbeit, von hervorragender Qualität und immer noch
in herausragendem Zustand, war für den Landsitz der Hoare-
Familie in Stourhead, Wiltshire. Außerdem gibt es exzellente Stücke von ihm in Corsham und Harewood House. Er veröffentlichte auch ein kleines *Book of Designs*.

Cobb, John
1715 – 1778
John Cobb machte eine Lehre als Aufpolsterer und wurde
später Partner von William Vile. Ihm werden einige sehr
schöne klassizistische Möbel zugeschrieben, und seine Ideen
sollen diesen Stil beeinflußt haben. Siehe auch Vile und
Cobb.

Dresser, Christopher
1834 – 1904
Designer und Autor mehrerer Designbücher. Er studierte
Pflanzenformen, die seine Entwürfe beeinflußten, und hatte
Einfluß auf die Art-Nouveau-Bewegung. Er mißbilligte »Fäl-

schungen« wie minderwertiges Holz, dem der Anschein von Mahagoni verliehen wurde.

Edwards und Roberts
1845 – 1899
Modische Londoner Firma, die im frühen 19. Jahrhundert gegründet wurde. Die Firma war nicht innovativ, stellte aber Möbel von hoher Qualität sowie exzellente Reproduktionen von Entwürfen des 18. Jahrhunderts her. Die Arbeiten tragen oft einen Namensstempel an den Schubladenkanten oder ein Schild an einer unauffälligen Stelle. Die Reproduktionen sind von den Originalen so schwer zu unterscheiden, daß skrupellose Händler oft den Stempel oder die Aufschrift entfernt haben und die Möbel als Originale verkaufen.

Gillow, Robert
1703 – 1773
Gründer der äußerst erfolgreichen Firma *Gillows of Lancaster and London*. Robert Gillow gründete seine Firma 1728 in Lancaster und wurde schnell sehr erfolgreich. Die Firma überlebte mehr als zwei Jahrhunderte, und ihre Archive sind die vollständigsten aller Möbelfirmen in Europa.

Gillows produzierte nicht nur Möbel, sondern importierte auch Holz einschließlich großer Mengen von Mahagoni aus Westindien und anderen Quellen. Sie handelten auch mit anderen Gütern, wobei sie alles, was verlangt wurde, mit ihren Schiffen zu den Kolonien verschifften. Sie waren beispielsweise lizensierte Rumhändler.

Die frühen Arbeiten sind bis etwa 1750 selten und nur wenig dokumentiert und deshalb schwer zu identifizieren. Danach waren sie jedoch die einzige englische Firma, die ihre Waren durchgehend auszeichnete. Diese Auszeichnung hatte gewöhnlich die Form eines Stempels mit *Gillows* oder *Gillows Lancaster* in einer Schublade oder an einem anderen unauffälligen Platz. Von 1790 bis etwa 1820 kennzeichnete Gillows seine Möbel nur gelegentlich, aber nach 1820 ist fast jedes Stück von Gillows gekennzeichnet. Es gab mehrere Methoden zur Kennzeichnung der Möbel wie zum Beispiel kleine Schilder, die an der Innenseite der Schublade angebracht waren.

Im Jahre 1771 eröffnete Gillows in London eine Filiale in der Oxford Street. Eine erhaltene Zeichnung aus dieser Zeit

zeigt, daß sie spätestens ab dieser Zeit ihre eigenen Entwürfe machten, wahrscheinlich schon beträchtlich früher. Die Bandbreite der hergestellten Möbel ist recht groß, von einfachen Koffern und Eichenmöbeln bis zu teuren Stücken mit Einlegearbeiten von bester Qualität. Gillows blühte durch das 19. Jahrhundert hindurch auf und erhielt Entwurfspreise der »Großen Ausstellung« von 1851 wie auch viele andere Auszeichnungen. Sie konnten auch wunderbar die Welle der viktorianischen Mode im 18. Jahrhundert bedienen, da ihre Aufzeichnungen darüber nahezu komplett waren und sie viele ihrer eigenen Entwürfe reproduzierten. Ihr Erfolg war am Ende des 19. Jahrhunderts so groß, daß sie in London und Liverpool wie auch in Lancaster Fabriken aufbauen und neue Filialen in Paris, Johannesburg, Madrid etc. eröffneten. Gillows beschäftigte viele Designer und nutzte die Entwürfe externer Designer wie die des Architekten E.W. Godwin. Die Firma existiert heute noch als Waring and Gillow, nachdem Lord Waring ihr Ende des 19. Jahrhunderts beigetreten war.

Godwin, Edward William
1833 – 1886
Architekt und Designer, der in der zweiten Hälfte des 19. Jahrhunderts den anglo-japanischen Stil schuf. Seine Entwürfe waren in Europa, vor allem in Österreich und Deutschland, gut bekannt. Sein Markenzeichen sind die elegante Linienführung, die durch die japanische Kunst beeinflußt wurde, und das schwarz eingefärbte, hochpolierte Holz.

Heal, Sir Ambrose

1872 – 1959

Er entwarf sowohl handgemachte wie auch maschinengefertigte Möbel und bewies, daß schön entworfene Möbel für jeden erschwinglich sind, wenn sie fabrikgefertigt sind. Er trat 1893 als Designer der Familienfirma Heal & Son bei und brachte 1898 seinen ersten Katalog mit massenproduzierten Eichenmöbeln heraus.

Hepplewhite, George

? – 1786

Wenn man seinen Einfluß auf die Entwicklung englischer Möbel bedenkt, ist bedauerlich wenig über das Leben und die Laufbahn von George Hepplewhite bekannt. Er war in London Kunsttischler und arbeitete dort seit spätestens 1760. Er ist für eine Serie von 300 Entwürfen verantwortlich, die von seiner Witwe, die auch das Geschäft weiterführte, nach seinem Tode veröffentlicht wurden.

Hepplewhites Name ist ebenso bekannt wie der von Chippendale und Sheraton, und wie bei ihnen kann man davon ausgehen, daß sein Ruhm sich auf die Tatsache gründet, daß seine Entwürfe im *Cabinet Maker and Upholsterer's Guide* zahlreich von anderen Kunsttischlern kopiert wurden.

Es ist kein einziges Möbelstück bekannt, das aufgrund von Dokumenten Hepplewhite oder seiner Werkstatt zugeschrieben werden könnte. Es gibt jedoch zahlreiche Möbel, die direkt auf Entwürfe seines Buches zurückgehen, und der Hepplewhite-Stil, der sich der Elemente dieses Buches bedient, war vor allem bei provinziellen Schreinern weit verbreitet. Der *Guide* hatte drei Auflagen, wobei die dritte 1794 veröffentlicht wurde. Eine interessante Tatsache ist, daß weder in der ersten noch in den späteren Ausgaben der Anspruch erhoben wird, daß die Entwürfe Originale von Hepplewhite seien. Da jedoch keine andere Urheberschaft nachgewiesen ist, wird das Werk, das unter seinem Namen veröffentlicht worden ist, als sein eigenes betrachtet.

Die Entwürfe, die nahezu jeden Typ von Haushaltsgegenstand umfassen, entsprechen dem klassizistischen Stil, der in England im letzten Drittel des 18. Jahrhunderts beliebt war und als Vereinfachung von Adams Stil interpretiert werden kann. Ein Charakteristikum, das bisher Hepplewhite alleine zugewiesen wird, ist die schildförmige Rückenlehne bei Sitzmöbeln. Ihm wird auch die Popularisierung des Marlborough-Beines zugeschrieben, das profiliert und oft spitz zulaufend ist und meist bei Sitzmöbeln eingesetzt wird. Auch die »Leiter«-Rückenlehne bei eleganten Möbeln soll auf ihn zurückgehen. Vorher fand man sie nur bei ländlichen Stühlen.

Wahrscheinlich war der Stil Hepplewhites so beliebt und weit verbreitet, weil er bei der sehr großen Mittelschicht Anklang fand. Er entwarf Möbel, die preiswert waren und elegant, leicht und frisch wirkten. Sie sind zwar schlicht, aber qualitätvoll ausgeführt und zeigen einen zurückhaltenden Einsatz von klassischen Ornamenten. Selbst die aufwendigsten Möbel Hepplewhites haben nicht den schweren Reichtum des Dekors wie bei Chippendale. Während Chippendale vor allem schwere Hochrelief-Schnitzereien als Dekor einsetzte, stützte sich Hepplewhite auf Einlegearbeiten, Malereien, den geschickten Einsatz kontrastierender Furniere und zarte Flachreliefschnitzereien mit klassischen Ornamenten wie Vasen, Girlanden und Weizenähren, eines seiner Lieblingsmotive. Auch die Federn des Prince of Wales verwendete er gerne. Neben der schildförmigen Rückenlehne sind weitere typische Lehnenformen die Bügellehne, die ovale Lehne, die herzförmige Lehne und das geschweifte Schulterbrett, das in einer durchgehenden Linie in die Pfosten übergeht. Er setzte häufig die französische Version des Cabriole-Beines und das elegant gedrechselte, spitz zulaufende Bein ein. Auch gestaltete er die Pfosten in Form von dünnen, elegant gedrechselten Balusterformen wie beispielsweise bei den Armstützen von Stühlen. Seine Entwürfe für *Sideboards*, Schreibtische, *Bureaus*, *Linen presses*, Schubladenkommoden etc. ähneln denen Sheratons. Viele Möbel, die als Hepplewhite bezeichnet werden, zeigen auch Einflüsse Adams und anderer Designer aus dem späten 18. Jahrhundert.

Holland, Henry
1745 – 1806

Holland war Architekt, und seine Entwürfe sind wohl zum Teil für die Entstehung des Regency-Stiles verantwortlich. Zu Beginn seiner Karriere war er Assistent und Partner des berühmten Landschaftsarchitekten Lancelot »Capability« Brown. Holland besuchte Frankreich bis nach der Französischen Revolution und hatte auch in London zahlreiche Gelegenheiten, importierte französische Möbel zu studieren. Spätestens seit den frühen 80er Jahren arbeitete er mit französischen Handwerkern und Designern von sehr hohem Standard zusammen. Holland schickte auch einen seiner Angestellten zum mehrjährigen Studium in den Mittelmeerraum. Er erhielt regelmäßig Briefe von dort, unter anderem mit detaillierten Beschreibungen und Zeichnungen der klassischen antiken Kunstwerke, die er für moderne Architektur- und Möbelentwürfe adaptierte. Holland überwachte 1783 die Neumöblierung von Carlton House, das Londoner Haus des zukünftigen Prinzregenten. Carlton House übte in den letzten Jahren des 18. Jahrhunderts und den ersten Jahren des 19. Jahrhunderts großen Einfluß auf den Zeitgeschmack für Möbel und Innenausstattungen Englands aus.

In den späten 90er Jahren änderte sich der französische Geschmack und man legte nun den Schwerpunkt auf klassische Formen und Dekors, wie es dem Geschmack am Hof Napoleons I. entsprach. Er wurde als Empire-Stil bekannt. Dieser Stilwandel beeinflußte auch Holland, der wiederum diesen Wechsel an England weitergab.

Im Jahre 1796 erhielt Holland den Auftrag, Southhill, das Befordshire House des wohlhabenden Brauers Samuel Whitbread, neu auszustatten. Er konzentrierte sich dabei auf dunkles Mahagoni mit Beschlägen aus hellem Ormolu in Form von klassischen Motiven wie dem Anthemion. Die Grundform der Möbel war französisch. Der Gebrauch von Mahagoni, das fast keine Maserung hatte, in Kombination mit den architektonischen Entwürfen erzeugte Möbel, die aussahen, als ob sie aus Stein wären.

Viele der Möbel, die von Henry Holland entworfen wurden, wurden von der Firma Marsh and Tatham in London produziert. Beispiele hierfür finden sich in Southhill und im Buckingham Palace (ehemals Carlton House). Obwohl Holland 1806 starb, wurden seine Entwürfe noch bis mindestens 1830 hergestellt.

Holland & Sons
um 1815 – 1896
Die Firma entstand als Tapwell & Holland etwa im Jahre 1815 durch Stephan Tapwell und William Holland. Der letztere war mit Henry Holland, dem wichtigen Architekten des Regency, verwandt.

Sie waren Möbellieferanten für Königin Victoria, die britische Regierung und viele Londoner Clubs und somit unter den größten und wichtigsten Möbelfirmen der viktorianischen Periode.

Die Firma besaß mehrere Filialen in London und beschäftigte 1851 350 Arbeiter. Einige ihrer wichtigen Aufträge waren die Ausstattung für die Beerdigung des Duke of Wellington, die Möblierung des Hauses von Königin Victoria auf der Isle of Wight und Osborne Castle, die Beerdigung von Prinz Albert 1861, die Lieferung von Möbeln und anderen Dingen wie Vorhänge für Windsor Castle, Sandringham, Buckingham Palace und Balmoral, für das House of Parliaments und das House of Lords etc. Im Jahre 1855 führten sie die maschinelle Produktion ein. Sie beschäftigten begabte Designer und die besten Handwerker und setzten die kostbarsten Materialien wie exotische Hölzer, Marmor und Halbedelsteine ein. Hollands maschinell gefertigte Möbel waren im viktorianischen England in allen Stilrichtungen einschließlich Reproduktionen des 18. Jahrhunderts, der Neo-Gotik, der Jakobinik, des Rokoko und der *Arts and Crafts* beliebt. Die Firma wurde 1896 von Morris & Co. übernommen.

Hope, Thomas
1769 – 1831

Ein Jahr nach dem Tode von Henry Holland veröffentlichte Hope, ein anderer Architekt und Möbeldesigner, dessen Stil dem Hollands sehr ähnelte, ein Buch, das eine bedeutende Wirkung auf die Möbel der Regency-Periode haben sollte. Thomas Hope, ein anglo-schottischer Erbe von großem Vermögen, wuchs in Amsterdam auf und kam nach dem Studium der Architektur und Reisen im Mittelmeerraum 1794 nach London. Er entwarf die Innenausstattung und die Möbel für sein eigenes Haus in London und seinen Landsitz in Surrey. In beiden Häusern bewahrte er große Sammlungen mit antiken Vasen und Skulpturen auf. Im Jahre 1807 veröffentlichte er die Schrift *Household Furniture and Interior Decoration*, die seine Entwürfe für das Londoner Haus abbildete. Dabei handelte es sich um gelehrte Interpretationen und Adaptionen der klassischen Elemente einschließlich ägyptischer Motive, die durch die Veröffentlichungen von Baron Denon, der Napoleon nach Ägypten begleitet hatte, bekanntgemacht worden waren. Ein veröffentlichter Entwurf, der direkt auf Baron Denon zurückverfolgt werden kann, ist der eines Bettes für seinen Landsitz in Surrey. Es vereint ägyptische und griechische Motive und besteht aus teilvergoldetem Mahagoni. Der Dekor besteht aus stilisierten Pflanzenmotiven und ägyptischen Figuren an der Vertäfelung und wird durch vier große vergoldete, kauernde Löwen an den vier Ecken vervollständigt.

Hope wurde dafür kritisiert, daß seine Möbel zwar archäologisch korrekt waren und beeindruckend aussahen, aber unglaublich teuer und unbequem waren. Dieser Vorwurf wird durch seine Entwürfe für einen Klismos-Stuhl gestützt, der von klassischen griechischen und römischen Modellen aus der antiken Vasenmalerei adaptiert worden war. Er ist eine getreue Kopie und in Konstruktion und Dekor von bester Qualität, aber im Gebrauch so unbequem, daß er wohl vor allem dekorative Zwecke hatte.

Ince and Mayhew
1759 – 1813

William Ince (1738 – 1804) und Thomas Mayhew (1745 – 1808) gründeten ihr Möbelgeschäft 1759 in London. Wie Thomas Chippendale boten auch sie einen Katalog ihrer lieferbaren Möbel an. Dieser wurde zuerst nur teilweise (ab 1759) und später gegen 1762 als ein Band unter dem Titel *The Universal System of Household Furniture* herausgegeben. Die Entwürfe ähneln denen Chippendales, mit dem Unterschied, daß *Tripod*-Teetische noch dabei sind. Sie vertraten eine Mischung aus französischem, chinesischem und gotischem Stil. Ince and Mayhew hatten auch einige Entwürfe für die verschiedenen Ausgaben von Chippendales *Household Furniture* beigetragen.

Obwohl die Firma viele Jahre lang bestand, gibt es sehr wenige Möbel, die eindeutig mit Ince and Mayhew identifiziert werden können. Es gibt einen dokumentierten Satz von Stühlen, der 1813 für das Vorstandszimmer des Westminster Fire Office geliefert wurde und noch heute dort steht. Es gibt auch einen Bücherschrank, der das aufgedruckte Schild von Ince and Mayhew trägt und sich im Museum für dekorative Künste in Kopenhagen befindet. Mehrere andere Möbel werden Ince and Mayhew zugeschrieben und entsprechen ihren veröffentlichten Entwürfen, aber das Fehlen von Dokumentationsmaterial läßt keine eindeutige Zuschreibung zu. Es wird allgemein angenommen, daß sie auch von jedem anderen besseren Kunsttischler, der im Besitz der Firmenbücher war, angefertigt sein könnten.

Kauffmann, Angelica
1741 – 1807
Als besonders talentierte Malerin von internationalem Ruf wurde Angelica Kauffmann nach ihrer Ankunft in London 1776 von Robert Adam angestellt, um die Entwürfe für die klassizistischen Malereien auf seinen Möbeln zu liefern. Viele dieser Bilder findet man auf Kommoden, Stuhlrückenlehnen etc. Obwohl sie nur bis etwa 1782 in London blieb, breitete sich ihr Einfluß auf Dekor und Malerei in England durch die Drucke ihrer Werke aus und blieb bis in die frühen Jahre des 19. Jahrhunderts bestehen.

Kent, William
1685 – 1748
Architekt, Maler, Designer und Landschaftsarchitekt mit beträchtlichem Talent, der im frühen 18. Jahrhundert Einfluß auf die Entwürfe der Möbel für die wohlhabende Bevölkerung nahm. Er kehrte 1719 nach England zurück, nachdem er zehn Jahre mit Studien in Italien verbracht hatte, und arbeitete für Richard Boyle, den dritten Earl of Burlington, und den Zirkel seiner wohlhabenden Freunde. Die Möbelentwürfe Kents waren meist in der Tradition Palladios und des Barock sehr schwer, reich mit Schnitzereien versehen und vergoldet. Einige finden sich im Palace von Chatsworth.

Liberty & Co.
1865 – heute
Kaufhaus, das 1865 in London gegründet wurde. Er war für die Verbreitung der *Arts and Crafts*, des Art Nouveau und der ägyptischen Stile des späten 19. Jahrhunderts sehr wichtig.
Die Firma begann sich in den letzten zwei Jahrzehnten des Jahrhunderts für die Möbelherstellung zu interessieren. Die Dinge, die sie herstellten, waren von großem Einfluß. Liberty & Co. übernahm in der Art-Nouveau-Bewegung einen bedeutenden Anteil, da sie Möbel, Glas, Keramik und Textilien verkauften und ihre Ideologie, die wie bei William

Morris in die Richtung »zurück zu den Ursprüngen« ging, also einfache, ehrliche und rustikale Möbel propagierte. Liberty & Co. war an historischen Neubelebungen beteiligt, und ihr Londoner Anwesen spiegelte dies in den zahlreichen alten englischen Vertäfelungen und dem geschnittenen Glas wider. Wie bei Morris verfehlten sie ihr Ziel, und die rustikalen Möbel landeten in den Häusern der reichen Mittelschicht, so daß am Ende des Jahrhunderts die meisten großen Landhäuser einen »Liberty-Raum« besaßen, der mit dem Chintz, den Eichen- oder Mahagonistühlen, den Anrichten, den Sofas, den Vertäfelungen etc. verziert war. Das Ziel war es gewesen, nützliche und schöne Objekte zu Preisen zu produzieren, die sich alle Klassen leisten konnten. Dies wurde nicht erreicht.

Linnell, William
um 1702 – 1763
Linnell, John
1729 – 1796

Diese Vater-Sohn-Firma wird heute als beste Produktionsstätte des 18. Jahrhunderts in England für Möbel des Klassizismus und des Rokoko angesehen.

William Linnell wurde gegen 1702 geboren und besaß 1729 eine Kunsttischlerei in London. Williams Sohn John trat dem Geschäft wohl in den frühen 50er Jahren bei, übernahm nach dem Tod seines Vaters 1763 die Firma und hielt sie bis zu seinem eigenen Tod im Jahre 1796. Einige Möbel im chinesischen Stil, die ursprünglich Thomas Chippendale zugeschrieben wurden, ließen sich jüngst in Entwurf und Herstellung der Firma Linnell zuweisen. Dokumente belegen außerdem, daß Linnells Firma etwa die gleiche Zahl von Angestellten hatte wie Thomas Chippendale und daß Vater und Sohn auch die gleiche vornehme Klientel als Kunden hatten wie dieser. Wie Chippendale arbeiteten auch die Linnells in verschiedenen Stilen wie dem chinesischen, dem französischen Rokoko und später dem klassizistischen. Viele Informationen zur Arbeit Linnells lassen sich einer Sammlung von Zeichnungen und Entwürfen von John Linnell entnehmen, die heute im Victoria und Albert Museum zu sehen sind und ein weites Spektrum von Möbeln abdecken. Viele der Zeichnungen, die zwischen 1755 und 1796 datiert sind, tragen die Namen der Kunden, die die Möbel in Auftrag gegeben hatten. Es ist bekannt, daß die Linnells bei einigen Projekten im klassizistischen Stil mit Adam zusammengearbeitet haben, wie zum Beispiel bei Osterley Park in den späten 60er Jahren.

Manwaring, John
gegen 1765

Im Gegensatz zu großen Firmen wie Thomas Chippendale, die eine große Bandbreite von Möbeln und anderen Inneneinrichtungsgegenständen lieferten, gab es auch kleine Firmen, die sich auf einen Möbeltyp konzentrierten. Dies ist der Fall bei John Manwaring, der ausschließlich Stühle herstellte. Wie seine Zeitgenossen veröffentlichte auch er ein Buch mit Entwürfen, das *The Cabinet and Chair Maker's Real Friend and Companion* oder *The whole system of chair making made plain and easy* hieß und 1765 veröffentlicht wurde. Es enthielt 100 Entwürfe für Stühle aller möglichen Typen. Wie seine Zeitgenossen der 60er Jahre machte er Entwürfe in der französischen, chinesischen und gotischen Stilrichtung. Es gibt mehrere Stühle, die nach Manwarings Entwürfen gefertigt wurden, bei denen aber nicht nachgewiesen werden kann, daß sie tatsächlich aus seiner Werkstatt stammen. Wie bei vielen seiner Zeitgenossen finden sich einige seiner Entwürfe in Chippendales *Household Furniture* von 1760 und in späteren Ausgaben.

Mayhew, John
siehe Ince & Mayhew

Mackintosh, Charles Rennie
1868 – 1925

Schottischer Architekt und Designer und führende Persönlichkeit der Glasgow Schule (bei der Glasgow Schule der Künste). Seine Arbeiten hatten internationalen Einfluß, seine Entwürfe sind durch gerade Linien und leichte Kurven charakterisiert. Mackintoshs Möbel, die oft schwarz und weiß bemalt sind, sind dem Art Nouveau näher als die der meisten englischen Designer.

Die Möbel, die er für eine Reihe von Teeräumen in den späten 1890ern entwarf, waren sehr beliebt und wurden zahlreich kopiert. Seine Entwürfe gegen 1890 gehen in einigen Details auf Godwin und Philip Webb zurück, und seine

Stühle zeigen den Einfluß von häuslichen chinesischen Möbeln. Den Einfluß Godwins erkennt man an den symmetrischen, japanischen Entwürfen.

Abgesehen von seiner lokalen Bedeutung in Glasgow blieb Mackintosh in Großbritannien fast unbekannt. Sein Ruf auf dem Kontinent war aber vor allem in Deutschland und Österreich beträchtlich. Im Jahre 1898 schlägt sich sein Einfluß bei der Innenausstattung der Wiener Sezession nieder.

Morris, William
1834 – 1896

Hauptquelle der *Arts-and-Crafts*-Bewegung. Er war sowohl Theoretiker und Ideenschöpfer wie auch Designer von Textilien und Tapeten. 1861 gründete er eine eigene Firma und verkaufte Möbel, die von Philip Webb entworfen wurden. Siehe Morris & Co.

Morris & Co.
1861 – 1940

Der erste Prospekt von Morris, Faulkner & Co. wurde 1861 herausgegeben und enthielt unter den Designern Namen von vielen Präraffaeliten wie Edward Burne-Jones, Ford Maddox Brown und D. G. Rossetti wie auch William Morris und seine Partner Philip Webb, C. J. Faulkner und P. P. Marshall. Laut Prospekt führte die Firma jede Form von Dekoration einschließlich Wandmalerei, Schnitzen, Glasmalerei, Metallarbeiten und Möbelbemalung aus.

Den ersten wichtigen Auftritt hatte die Firma bei der Internationalen Ausstellung von 1862, wo sie auch zwei Preise für Möbelentwürfe von Philip Webb und ein Sofa von Rossetti erhielt. Die Firma wurde wenig geschäftsmännisch geleitet, und ihre Finanzen waren sehr instabil. In der Mitte der 70er Jahre, nach einer Periode der Verwirrung und der Produktion vieler unpraktischer Möbel, organisierte man sie ganz neu. Die unproduktiven Partner zwang man zum Rückzug, und Morris wurde zum Verkaufsmanager ernannt. Faulkner, Webb und Burne-Jones blieben bei der Firma.

Morris & Co. wollten preiswerte Möbel produzieren, die sich durch gutes Design und solide Handwerksarbeit auszeichneten und weniger durch luxuriöse Materialien und teure Techniken. Ihr Vorbild waren die frühenglischen Eichenmöbel. Jedoch verlangten die Entwürfe Handarbeit in allen

Produktionsstadien, was die fertigen Möbel sehr teuer machte. Daher sprachen sie vorwiegend die reiche, gebildete und liberale Mittelschicht an. Die Präsentationsräume lagen in der Oxford Street in London, kaum der Ort, wo die ärmeren Klassen kauften.

Eines ihrer erfolgreichsten Möbel war der Sussex-Stuhl mit einem Sitz aus Binsengeflecht und einem Rahmen aus schmuckloser oder schwarz gebeizter Buche. Der Entwurf basierte auf einem alten Stuhl, der in einem Dorf in Sussex entdeckt worden war. Die Herstellungskosten waren sehr gering und das Design gelungen, so daß er bald ein Bestseller wurde. Er blieb über 40 Jahre lang in Produktion.

Gegen 1890 wurde George Jack (1855 – 1932) zum Chefdesigner, ein Amerikaner, der zum Architekten ausgebildet worden war. Er änderte die Richtung der Firma von den original rustikalen und mittelalterlichen Prototypen zu Modellen des 18. Jahrhunderts aus Mahagoni und Walnuß. Seine ersten Entwürfe für Morris & Co. wurden bereits in den 1880ern hergestellt.

Morris und die anderen Gründer wandten sich anderen Tätigkeiten zu und hatten immer weniger mit der Firma zu tun. Morris beschäftigte sich bis zu seinem Tode 1896 mit sozialistischen Ideen, hielt Vorträge und arbeitete in der englischen Sozialistenbewegung mit.

Seddon, George
1727 – 1801

Die Kunsttischlerei-Firma von George Seddon hatte nach jüngsten Forschungsergebnissen in der letzten Hälfte des 18. Jahrhunderts mehr Bedeutung als ursprünglich angenommen.

George Seddon wurde 1727 in Lancaster geboren und war 1743 in London Lehrling bei einem Kunsttischler. Ein Bericht über ein Feuer im Jahre 1768 erwähnt, daß Seddon 80 Leute beschäftigte. Seine Verluste beliefen sich auf 20 000 Pfund. Der Bericht über ein zweites Feuer 1783 schlägt die Verluste mit etwa 140 000 Pfund an. Gegen 1786 beschäftigte er mehr als 400 Leute. George Seddon starb 1801 in London und war bei seinem Tode nicht Kunstschreiner, sondern Privatier, ein sozialer Rang, der von einem Kunstschreiner nicht oft erreicht wurde. Mitglieder seiner Familie führten die Firma bis ins 19. Jahrhundert weiter, und sie existierte, wenn auch nicht unter direkter Familienleitung, auch später noch. Seddon, Sons und Shackelton lieferten 1826 für 200 000 Pfund Möbel nach Windsor Castle, was den Umfang der Firmenkapazitäten verdeutlicht.

George Seddon und seine Firma stellten ab 1750 enorme Mengen an Möbeln her, und nur ein kleiner Teil trug Messingschilder mit der Aufschrift »T & G Seddon«, wobei alle gestempelten Exemplare, soweit bekannt, zwischen 1818 und 1822 datieren. Viele Stücke ließen sich auch identifizieren, weil die originalen Warenrechnungen noch erhalten waren. Alle Möbel, die nachweislich aus der Seddon-Werkstatt sind, haben beste handwerkliche Qualität, aber Entwurf und Dekor leiten sich von den Ideen Hepplewhites und Shearers ab. Die Seddons scheinen keine neuen Möbelformen oder originalen Entwürfe eingeführt zu haben.

Shearer, Thomas
um 1788
Shearer ist ein weiterer einflußreicher Designer im späten 18. Jahrhundert, von dem nur wenig bekannt ist. Sein Ruhm gründet sich auf ein Buch (*The Cabinet Maker's London Book* – verkürzter Titel), das 17 Zeichnungen seiner Möbelentwürfe enthält.

Es sind keine Einzelheiten über Shearers Leben bekannt, und es gibt keinen Nachweis, daß er Kunsttischler war. Er könnte auch einfach nur Designer gewesen sein. Das *Cabinet Maker's London Book* wurde 1788 veröffentlicht und hatte insgesamt vier Auflagen, die letzte 1823. Danach wurden bis 1866 weitere Ausgaben unter einem anderen Titel, aber mit demselben Grundtext und denselben Illustrationen herausgegeben. Es hatte also auf drei bis vier Generationen von Kunsttischlern Einfluß. Die Zeichnungen in dem Buch, die nicht von Shearer stammen, sind mit »Hepplewhite« unterzeichnet, aber nach dessen Tod datiert. Es ist deshalb unklar, ob sie von George Hepplewhite oder vielleicht von seiner Witwe Alice Hepplewhite in Auftrag gegeben wurden.

Das Buch enthält eine Preisliste sowie die verschiedenen Möglichkeiten der Politur, des Dekors, der Konstruktion und des Holzes. Es gibt beispielsweise den Grundpreis für einen Toilettentisch und eine Liste verschiedener Abwandlungsmöglichkeiten wie extra Länge und Breite, gebogene oder geschweifte Front, extra Schubladen, gegengemasertes Furnier, Ausstattung der Türen mit Holzvertäfelung oder Messinggittern etc. Es sind zwei Möbel abgebildet, die neue Entwicklungen dieser Zeit sind: ein *Sideboard* als einzelnes Möbelstück und ein Schreibtisch mit niedrigem geschwungenen Aufsatz, der später als *Carlton House desk* bekannt wird.

Das Buch gab es bei drei Londoner Adressen zu kaufen. Nachforschungen haben ergeben, daß es sich dabei um Kneipen handelte, die von Kunsttischlern besucht wurden. Dies spricht dafür, daß es sich hierbei um eine Art Musterbuch handelt, wie viele andere in dieser Zeit, und daß es ein Arbeitsbuch und kein Katalog war.

Sheraton, Thomas

um 1751 – 1806

Sheraton ist einer der vier bekanntesten Namen in der Geschichte der englischen Möbel. Wie bei Hepplewhite ist auch von ihm kein einziges Möbelstück bekannt, das er selbst gemacht hat.

Thomas Sheraton kam etwa 1790 nach London, nachdem er als Kunsttischler und Designer ausgebildet worden war. Seine Geschäftskarte bezeichnet ihn 1796 als Lehrer der Perspektive, der Architektur, des ornamentalen Entwurfs, als

Firmenstempel von James Shoolbred, einer kleineren Londoner Firma (1817 bis 1931).
Oben: In die Seite einer Schublade eingestempelt.
Unten: Emailschild, das angeschraubt oder festgenagelt wurde. Kann natürlich leicht von einem beschädigten oder unpopulären Möbelstück entfernt und an einem anderen angebracht werden, um dessen Wert zu erhöhen.

Buch- und Zeichnungsverkäufer sowie als Möbeldesigner und Kunsttischler. In seiner Todesanzeige steht, daß er ab 1793 seinen Lebensunterhalt als Autor verdiente. Er verließ 1800 London und kehrte in seinen Geburtsort County Durham zurück, wo er Pfarrer wurde. Er schrieb und publizierte ab den 1780ern religiöse Traktate.

Wie bei Hepplewhite gründet sich sein Ruf auf seine Veröffentlichungen. Sein erstes Buch über Möbelentwürfe wurde zwischen 1791 und 1793 im Abstand von jeweils 14 Tagen publiziert und hieß *The Cabinet-Maker and Upholsterer's Drawing Book*. Eine zweite Edition mit sieben neuen Entwürfen kam 1794 heraus, und im selben Jahr wurde die deutsche Ausgabe produziert, die Einfluß auf die Biedermeier-Möbel haben sollte. In der dritten Ausgabe von 1802 ist eine Liste der Kunsttischler und Aufpolsterer in England und Schottland enthalten, wobei George Seddon einer der bekanntesten ist. Aus dem Text des *Drawing Book* geht klar hervor, daß Sheraton dieses Buch für die Arbeit der Möbelschreiner konzipiert hatte.

Das zweite Buch, das *Cabinet Dictionary* von 1803, hat seinen Schwerpunkt auf Entwürfen für Kunsttischler und Aufpolsterer mit detaillierten Anweisungen und Konstruktionshinweisen. Er empfahl in seinen Texten zu den jeweiligen Entwürfen verschiedene Hölzer wie Mahagoni und Satinholz oder gemaltes Finish. Von seinem dritten Buch, *The Cabinet Maker, Upholsterer and General Artist's Encyclopaedia* von 1805, wissen wir, daß es über 1000 Kopien gab. Bezüglich ihres Inhalts unterscheiden sich Sheratons Bücher beträchtlich von denen Chippendales. Der letztere konzipierte Bücher, die den Charakter eines Katalogs für seine wohlhabenderen Kunden hatten. Sheratons Bücher gaben dagegen eher Hinweise für die Möbelhersteller.

Seine Entwürfe waren für die Zeit sehr modern und zeigen eine Entwicklung zu geraden Linien im Vergleich zu denen Hepplewhites, die ein paar Jahre vorher veröffentlicht worden waren und eher zu Kurven und gerundeten Formen tendieren. Abgesehen von den Sitzmöbeln haben Sheratons und Hepplewhites Entwürfe viele Ähnlichkeiten, und es ist oft unmöglich zu sagen, ob ein Möbel zur Sheraton- oder Hepplewhite-Schule gehört. Bei seinen Stuhlentwürfen war Sheraton eigenständig. Sie sind leichter als die anderer Designer, die Rückenlehnen sind niedriger und die

Silhouetten gerader. Das Schulterbrett ist nicht Teil einer durchgehenden Linie mit Seitenstützen, sondern definitiv ein eigener Teil zwischen den beiden Pfosten. Die Beine sind entweder elegant gedrechselt oder quadratisch und spitz zulaufend, nie vom Cabriole-Typus. Die Armstützen treffen in einer durchgehenden fließenden Linie auf die Rückenlehne und buchten nicht zur Seite aus. Diese Art des Entwurfs war ganz neu und anders als alles, was zu dieser Zeit gemacht wurde. Sheraton schlug oft vor, daß seine Stühle bemalt werden sollten – etwas, was kein anderer Designer tat – und fügte malerische Szenen nach den Entwürfen Angelica Kauffmanns an den Querstreben der Rückenlehnen hinzu. Oft sind die Rückenlehnen fast quadratisch und die Beine von vorne gesehen gerade – exklusive Merkmale von Sheratons Entwürfen. Sein Hauptdekor waren Einlegearbeiten. Zarte Linien aus Buchsbaum, Satinholz, Palisander, Ebenholz u.a. werden entlang der Kanten von Schubladenfronten und Vertäfelungen oder als Bandintarsien entlang der Tischplatten eingelegt. Er machte reichlich Gebrauch von Malerei, aber kaum von geschnitztem Dekor – selbst Zahnschnitt oder Kanneluren waren oft als Einlegearbeit ausgeführt.

Sheratons Entwürfe hatten großen Einfluß in Amerika und Europa, und sein Werk in den 1790ern griff Stilen voraus, die sich in den ersten Jahrzehnten des 19. Jahrhunderts verbreiten sollten.

Smith, George
(Erstmals erwähnt ab 1804) – 1826
Modebewußter Kunsttischler und Aufpolsterer, der für den Prince of Wales, den späteren Prinzregenten, arbeitete. Er brachte 1808 sein Buch *A Collection of Designs for Household Furniture and Interior Decoration* heraus. Seine Entwürfe greifen viel von dem neuen ägyptisierenden Stil auf, der schon durch Thomas Chippendale jun. und Sheraton 1804 sowohl in ihrer Arbeit wie auch durch ihre Publikationen verbreitet worden war. Smiths Wiedergabe ägyptischer Motive zeigt, daß er diese wohl aus französischen Publikationen der Zeit um 1800 entnahm. Er zeigt mangelndes wissenschaftliches Verständnis, da seine Entwürfe archäologisch nicht korrekt sind. Dafür sind sie aber praktisch und weniger formal als die seiner gebildeteren Kollegen. Er entwickelte außerdem Ent-

würfe für den gesamten Haushalt, nicht nur für die wenigen
repräsentativen Haupträume.

Sein Buch zeigt auch Entwürfe des gotischen, chinesischen
und französischen Stils. Seine Lieblingsmotive waren Tierformen, schwere klassische Ornamente, Säulen mit Lotus-
blattornamentik und Konsolstützen.

Stuart, James

1713 – 1788

Ein Architekt mit wichtigem Einfluß auf das Wiederaufleben
griechischer Motive in der englischen Architektur und den
Möbelentwürfen der späten 1750er. Er reiste weit und war
1762 Mitautor des Buches *Antiquities of Athens*. Er war ein
begabter Designer, wie seine Entwürfe für den ersten Lord
Spencer in Spencer House London zeigen. Er adaptierte gerne antike römische und griechische Objekte für den täglichen Gebrauch, wie z.b. einen *Tripod*-Ständer auf Geißfüßen
mit einem Ramseskopf und Lorbeergirlanden als Dekor, der
als Kesselständer eingesetzt wurde. Er wurde von Adam beeinflußt.

Vile and Cobb
Vile, William

um 1700 – 1767

Diese Firma wurde 1750 gegründet und hatte wie Thomas
Chippendale eine Filiale in der St. Martin´s Lane in London.
Sie war sehr erfolgreich und nahm bald einen dritten Part-
ner auf, William Hallet (1707 – 1781). Im Jahre 1752 hatte
Vile and Cobb vier Werkstätten in London und expandierte
bald noch weiter.

Vile and Cobb arbeitete für die königliche Familie, und es
sind Stücke im Buckingham Palace, in Windsor Castle und
in Langford Castle, Wiltshire, dokumentiert. Die Möbel von
Vile and Cobb sind alle von außergewöhnlicher Qualität in
Entwurf und Ausführung. Wie Chippendale orientierten sie
sich am französischen Rokoko. Rechnungen belegen, daß sie
große Mengen von Möbeln aus Frankreich importierten,
manchmal wegen des leichteren Transports auch in unvoll-
endetem Zustand, wobei sie dann nach den Wünschen der
Auftraggeber vollendet wurden. Sie fertigten auch Möbel im
klassizistischen Stil und in anderen Stilen, die im 18. Jahrhundert beliebt waren.

Die Hölzer englischer Möbel

Das Erkennen der Hölzer, die in Möbelbau und -dekoration über die Jahrhunderte gebraucht wurden, kann sich sehr schwierig gestalten. Das liegt an den vielen Faktoren, die das Aussehen von Holz beeinflussen.

- Holz kann mit **Politur und Beize** so behandelt werden, daß seine charakteristischen Eigenschaften nicht mehr sichtbar oder sogar verändert sind. Zum Beispiel kann die relativ billige Buche wie Palisander oder Walnuß aussehen, oder, wenn sie rot gebeizt wurde, sogar wie Mahagoni wirken.

- Der **Schnitt** hat ebenfalls großen Einfluß auf Aussehen und Struktur des Holzes. Ein Brett, das entlang der Maserung geschnitten wurde, sieht vollkommen anders aus als eines, das quer zur Maserung geschnitten ist, auch wenn es vom gleichen Baum stammt. Wieder anders erscheint das Holz, wenn man durch den Wurzelstock schneidet.

- Auch die **Umgebung,** in der das Möbelstück steht, kann das Aussehen des Holzes verändern. Ist es über einen längeren Zeitraum der Sonne ausgesetzt, wird das Holz heller, rauchige Zimmer können es dunkler machen. Eine generelle Regel ist, daß helle Hölzer wie zum Beispiel Eiche mit der Zeit dunkler, dunkle Hölzer wie Mahagoni jedoch heller werden.

Eine Beschreibung der Holzarten kann nur eine grobe Auflistung der Charakteristika der einzelnen Arten geben. Um ein Holz sicher erkennen zu können, muß man möglichst viele Anschauungsobjekte gründlich studiert haben.
Der Anfänger sollte daher nie zögern, nach der Holzart zu fragen, wenn er sie nicht erkennt. Gleichzeitig sollte er aber auch nicht enttäuscht sein, wenn die Antwort lautet: »Es könnte entweder dieses oder jenes Holz sein …« Denn auch Fachleute aus dem Antiquitätengewerbe, Restaurateure wie Händler, sind sich bei der Identifikation einer Holzart häufig nicht einig.

Amboyna - Amboyna
Holz von den Ost- und Westindischen Inseln, das hauptsächlich für Einlegearbeiten oder Furniere kleinerer Flächen verwendet wurde. Das Holz hat eine lebhafte Maserung und ist von rotbrauner Farbe.

Applewood - Apfel
Sehr hartes, in England heimisches Holz, das eine rosa-braune Farbe hat, die leicht ins Goldbraune übergeht, und das sich gut aufpolieren läßt. Die Struktur des Holzes ist sehr dicht. Es wird hauptsächlich für Einlegearbeiten und kleinere Möbelstücke verwendet, v. a. für ländliche Möbel (*Country furniture*).

Ash - Esche

Schön gemustertes einheimisches Holz, das sich gut aufpolieren läßt und dessen lange, offene Maserung der von Eichenholz ähnelt. Wegen seines lebhaften Musters wird Esche oft für dekoratives Spiegelbildfurnier verwendet. Das Holz hat eine helle, cremige Farbe, die mit der Zeit honiggolden nachdunkelt. Häufig massiv für ländliche Möbel oder Drechselarbeiten bei Windsor-Stühlen verwendet.

Beech - Buche

Weltweit vorkommendes Holz, das meist aus Europa oder Nordamerika importiert wurde, obwohl es auch in England wächst. Helles, nahezu farbloses Holz mit dunkelbraunen Punkten, das Beize nur schlecht aufnimmt und eher fleckig wird. Jedoch läßt es sich sehr gut aufpolieren und entwickelt dann eine hellbraune Farbe.

Das Holz ist extrem dicht und außergewöhnlich belastbar. Diese Eigenschaft macht es ideal für Polsterrahmen, bei denen das Holz eng nebeneinander eingeschlagene Polsternägel aufnehmen muß. Buche wird deshalb meist für vollgepolsterte Stühle (*stuffed-over seats*) oder Einlegesitze verwendet. Weiterhin wurde Buche für bemalte, ebonisierte oder vergoldete Möbel benutzt sowie für ländliche und im 20. Jahrhundert auch für billige, massenproduzierte Möbel.

Birch - Birke

In England heimisches Holz, das auch in Europa und Nordamerika verwendet wird. Es ist in verschiedenen Arten bekannt, von einer weichen weißen Sorte über eine härtere rote bis hin zu gelben Arten. Die Maserung macht meistens einen dekorativen, wellenartigen Eindruck, der an Satinholz erinnert. Das Holz wurde meistens massiv für ländliche Möbel verwendet, die härteren Arten außerdem in gebeizter Form, um Mahagoni zu imitieren, oder als Ersatz für Satinholzfurnier.

Bog Oak - Mooreiche

Eiche, die über Jahre im Moor vergraben wurde und dadurch eine fast schwarze Färbung erhielt. Wurde im 17. Jahrhundert für Einlegearbeiten benutzt sowie für geschnitzte, neogotische Möbel des späten 19. Jahrhunderts.

Boxwood - Buchsbaum

Das einzige englische Holz, das im Wasser untergeht. Es hat eine sehr feine Maserung, ist von gelblicher Färbung, sehr hart, teuer und wird im Rahmen der Möbelherstellung ausschließlich für Einlegearbeiten oder Bandintarsien verwendet.

Brazilwood - Brasilholz

Aus Brasilien und von den Ostindischen Inseln importiertes Holz, das meist im 18. und 19. Jahrhundert für Einlegearbeiten und Marketerie verwendet wurde. Das frische Holz hat eine strahlend orangefarbene Tönung mit ochsenblutroten Streifen, die aber rasch zu Hellgelb verblaßt.

Burr - Wurzelholz

Holz, das von Baumwurzeln, rund um die Astlöcher oder aus verkrümmten Ablegern geschnitten wird und wegen seines interessanten Musters und dessen typischer Lichtreflexion meist für dekorative Furniere benutzt wird. Als Massivholz wurde es manchmal für die Sitze ländlicher Stühle verwendet.

Camphor - Kampher

Von den Ostindischen Inseln importiertes Holz, das wegen seiner mottenabweisenden Wirkung vor allem für Kisten und Kommoden zur Aufbewahrung von Kleidungsstücken verwendet wurde. Weiterhin benutzte man es im Bereich der Militärmöbel für Schubladenkommoden oder Schubladenauskleidungen.

Cane - Rohr

Von der Rattan-Palme gewonnenes Material, das seit Mitte des 17. Jahrhunderts von der malayischen Halbinsel nach England importiert wurde. Wird in geflochtener Form für Stuhllehnen und -sitze verwendet.

Cedar - Zeder

Aus Nordamerika und von den Westindischen Inseln importiertes Holz. Hat wie Kampher einen angenehmen Geruch und mottenabweisende Eigenschaften und wird daher hauptsächlich für Möbel verwendet, die zur Aufbewahrung von Kleidung dienen. Das Holz hat eine rötliche Färbung und läßt sich gut aufpolieren. Da es große Ähnlichkeit mit einigen Mahagoniarten hat, wird es häufig mit diesem Holz verwechselt. Zeder hat jedoch ein viel leichteres Gewicht.

Cherry - Kirsche

In England heimisches Holz, das hauptsächlich für ländliche Möbel und Einlegearbeiten verwendet wurde. Kirsche ist halbhart und läßt sich gut zu einem honiggoldenen, leichten Rotbraun mit lebhafter Maserung aufpolieren. Wird häufig von Holzwürmern befallen, die dieses Holz zu bevorzugen scheinen.

Chestnut - Kastanie
Englisches Holz, das als Massivholz für ländliche Möbel wie z.B. Bauerntische verwendet wurde. Es hat eine graubraune Farbe mit wilder, offener Maserung, die der von Eiche ähnlich ist und deshalb häufig verwechselt wird. Entwickelt durch Wachspolitur mit der Zeit eine sehr schöne Farbe und Patina. Es gibt zwei verschiedene Arten: die weißgelbe Roßkastanie (*Aesculus hippocastanum*) und die rötliche Edelkastanie (*Castanea sativa*), deren Holz etwas härter ist.

Coromandel - Koromandel
Von der Koromandelküste importiertes Holz, das für Furniere und Einlegearbeiten, besonders für Randintarsien, verwendet wurde. Koromandel ist fast schwarz mit helleren, gelblichen Streifen, ähnlich wie Palisander, und war im letzten Jahrzehnt des 18. Jahrhunderts und in der Regency-Periode besonders beliebt.

Deal - Nadelhölzer
Englischer Ausdruck für Kiefer und andere Nadelhölzer. Auch allgemein als *Pine* bezeichnet. Der Name stammt von einem holländischen Wort für Teil oder Maß. Nadelholz wird meist nur für den Korpus eines Möbels verwendet, der anschließend bemalt, vergoldet oder furniert wird, oder für Regalbretter. Aber auch für ländliche Möbel (*Country furniture*) wie Kommoden, Tische und Küchenmöbel oder seit dem späten 19. Jahrhundert für billig produziertes Mobiliar.

Ebony - Ebenholz
Ein tropisches Holz von fast schwarzer Farbe, das sehr schwer ist und eine sehr dichte Maserung hat. Das Holz ist sehr teuer und wurde meist für Einlegearbeiten, Bandintarsien oder Furnier von kleineren Flächen verwendet, in massiver Form nur für kleine Gegenstände wie Messergriffe oder Haarbürsten. Da das Holz immer wieder sehr populär war, z.B. zwischen 1860 und 1875, wegen seines Preises aber nicht zur Verfügung stand, wurde es häufig durch Beizen anderer eng gemaserter Hölzer wie z.B. Birnbaum imitiert, besonders für große Flächen.

Elm - Ulme
In England heimisches Holz von hellbrauner Farbe und offener, poröser Maserung, ähnlich der von Eiche. Es wurde fast ausschließlich für ländliches Mobiliar wie Stuhlsitze und Stühle (z.B. Windsor-Stühle), Tische und Truhen verwendet. Ulme entwickelt über die Jahre hinweg eine schöne Patina, wenn es mit Wachs behandelt wird, ist jedoch sehr anfällig für Holzwurm.

Harewood - Ahorn, gebeizt

Hauptsächlich der in England heimische Englische Ahorn oder Bergahorn, der als Furnier geschnitten, anschließend grau oder grün eingefärbt und für dekorative Einlegearbeiten oder Marketerien verwendet wurde. Nach einigen Jahren verblaßt die strahlende Färbung zu einem leichten Grün. Wurde erstmals im 18. Jahrhundert verwendet und erlebte in der Edwardian Period einen erneuten Höhepunkt.

Kingwood - Königsholz

Wurde im 17. Jahrhundert aus Brasilien eingeführt und ist von warmer, brauner Farbe, mit regelmäßig verlaufendem Streifenmuster, das dem von Palisander ähnelt, wobei die schwarze Zeichnung fehlt. Wurde am häufigsten im späten 18. und frühen 19. Jahrhundert verwendet, meist für Band- oder Randintarsien.

Lime - Linde

Ein leichtes, weißgelbes Holz mit sehr gleichmäßiger Maserung, das keine Unregelmäßigkeiten hat. Wurde fast ausschließlich für Schnitzarbeiten, z.b. bei Bilder- oder Spiegelrahmen, verwendet.

Mahogany - Mahagoni

Seit etwa 1724 in England verwendet, nachdem Nußbaum durch Exportverbote der Franzosen, die die Hauptlieferanten von Nußholz waren, knapp geworden war.

Im 18. Jahrhundert wurde das schwere, enggemaserte Holz mit der tief rotbraunen Farbe und dem intensiven Muster größtenteils von den Karibischen Inseln (St. Domingo, Puerto Rico und Jamaika) und der südamerikanischen Küstenregion importiert. Das kubanische Mahagoni (auch als »spanisches« oder »St. Domingo-Mahagoni« bekannt) wurde gegen Mitte des Jahrhunderts in großen Mengen eingeführt. Es war extrem dicht und stark, von tiefem, warmem, dunklem Kastanienbraun und besaß eine elegant gekräuselte Maserung. Dieses Mahagoni dominierte das englische Möbeldesign von der Mitte der Georgian Period bis fast zum Ende des 18. Jahrhunderts und kennzeichnete die Arbeit von Chippendale und seinen Zeitgenossen.

Ab 1770 wurde Mahagoni auch aus Honduras in großen Mengen eingeführt. Diese Art wurde häufig als Baywood bezeichnet. Sie war leichter, von hellerer Farbe und hatte eine weniger lebhafte Maserung als die übrigen Arten. Wegen ihrer geringeren Qualität wurde sie anfangs nur für Innenteile, Schubladenseiten, Böden und furnierte Teile verwendet. Als gutes Mahagoni immer rarer wurde, benutzte man Honduras-Mahagoni nun auch für die Seiten und die weniger sichtbaren Außenteile. Im 19. Jahrhundert ersetzte es schließlich weitgehend das hochwertigere Mahagoni und wurde zur hauptsächlich verwendeten Art.

Mahagoni blieb das wichtigste Holz der Möbelherstellung während des gesamten 19. und bis ins 20. Jahrhundert hinein. Gegen Ende des 19. Jahrhunderts hatte das aus Honduras stammende Mahagoni das Stigma der Minderwertigkeit verloren, da es mittlerweile die einzige noch in großen Mengen erhältliche Art war. Doch auch diese Vorräte liefen langsam aus. Man versuchte sie durch westafrikanische Arten zu ersetzen. Sorten wie Lagos, Sapele und Utile waren zwar noch minderwertiger, es gab sie jedoch in großer Menge. Bei keiner dieser Arten handelt es sich wirklich um Mahagoni, doch sie ähneln diesem in der Struktur und können durch Beizen oder andere Behandlung auf Mahagoni getrimmt werden.

Mahagoni ist das für feine englische Möbel typischste Holz.

Maple - Ahorn

In England seit dem frühen 17. Jahrhundert bekannt, jedoch bis ins frühe 19. Jahrhundert kaum genutzt, außer für Landmöbel (*Country furniture*).

Ein Ableger des amerikanischen Zucker-Ahorns wurde ab etwa 1830 sehr populär und während der gesamten viktorianischen Periode gern als Furnier verwendet. Diese helle honiggelbe Art hat eine sehr dekorative *Burr*-Maserung (auch als Vogelaugenahorn bezeichnet).

Oak - Eiche

Starkes, hartes, schweres und beständiges Holz, das nach dem Fällen fast weiß ist, mit den Jahren jedoch zu einem dunklen Braun mit noch dunklerer Zeichnung nachdunkelt. Eiche wurde vor 1660 meist für gute Möbel verwendet, später jedoch eher für ländliche Möbel (*Country furniture*), für die Unterkonstruktion und für Innenteile. Eine kleine Renaissance erlebte sie im späten 19. Jahrhundert im Zuge des Arts and Crafts Movement. Holzwürmer meiden diese Holzart, abgesehen vom Splintholz, das aus diesem Grunde selten für Möbel verwendet wurde.

Pine - Kiefer, allgemein für Nadelhölzer, siehe **Deal**

Pear - Birne

Warmes, blaßgelbes oder hellbraunes Holz mit sehr dichter Struktur, aber ohne ein bestimmtes Muster. Es wurde hauptsächlich für ländliche Möbel (*Country furniture*), Schnitzereien und Einlegearbeiten benutzt, in schwarzgebeiztem Zustand auch als preiswerter Ersatz für Ebenholz. Es ist sehr anfällig für

Holzwurm, was einer der Gründe ist, weshalb nur wenige der frühen Landmöbel aus Birnbaum erhalten sind.

Poplar - Pappel

Weißgelbes bis graues Holz, eng gemasert und dicht, aber weich. Es wurde für Einlegearbeiten und Landmöbel (*Country furniture*) verwendet.

Rosewood - Palisander

Ein hartes und schweres Holz, das aus Brasilien und Indien importiert wurde. Palisander ist von intensiver Farbe, die zwischen Gelbbraun und Rotbraun nuanciert, und hat eine schwarze Zeichnung. Ist das Holz über Jahre hinweg dem Licht ausgesetzt, nimmt es die Färbung von Nußbaum an. Das besonders in der Regency-Zeit und der viktorianischen Periode beliebte Holz wurde häufig als dekoratives Furnier verwendet, vor allem als Randintarsie, in massiver Form auch für Stühle und Kleinmöbel.

Satinwood - Satinholz

Wurde ab 1740 von den West- und Ostindischen Inseln importiert und war erst ab ca. 1765 in England populär. Um 1785 wurde es durch Adam und Sheraton sehr modern (bis 1820).

In der Edwardian Period zwischen 1895 und 1915 erlebte es durch die Sheraton-Renaissance einen zweiten Höhepunkt. Das Holz hat einen sehr hellen Honigton mit lebhaft schimmernder Zeichnung – daher der Name Satinholz. Wegen des hohen Preises und seiner Brüchigkeit und Rißanfälligkeit wurde es meist als Furnier oder für Einlegearbeiten verwendet. Designer wie Sheraton (1803) bevorzugten die westindische Art, da sie eine interessantere Zeichnung besitzt und nach dem Aufpolieren einen intensiveren Glanz hat.

Sycamore - Bergahorn

Englisches Holz von blaß-gelblicher Farbe, mit feiner, attraktiver Maserung und gesprenkeltem Muster. Bergahorn wurde seit dem Mittelalter im massiver Form verwendet, im 17. Jahrhundert für Marketerien und in der Georgian Period für Furniere.

Tulip wood - Magnolie

Eng gemasertes, rotbraunes, schweres Holz, das ab Mitte des 18. Jahrhunderts für Furniere benutzt wurde, häufig auch für Randintarsien.

Walnut - Nußbaum

Es gibt verschiedene Arten von Nußbaum. Zwei der Haupttypen, *Juglans regia* (Walnuß) und *Juglans nigra* (Schwarznuß), wurden in England um 1550 in großen Mengen angebaut. Beide Arten sind goldbraun mit starker, klarer und dunkler Maserung. Das Holz der Schwarznuß ist, wie der Name schon sagt, dunkler als das der Walnuß.

Vom letzten Drittel des 17. Jahrhunderts bis zu dem Zeitpunkt, als Mahagoni in Mode kam (um 1720), war Nußbaum das am häufigsten verwendete Holz für Qualitätsmöbel. Es wurde sowohl massiv als auch für dekorative Furniere gebraucht. Die Nachfrage nach diesem Holz war im auslaufenden 17. Jahrhundert und in den ersten beiden Dekaden des 18. Jahrhunderts so groß, daß große Mengen aus dem übrigen Europa und den nordamerikanischen Kolonien eingeführt werden mußten.

Burr-Walnuß, dessen Maserung besonders stark gemustert ist, war sehr geschätzt und erfuhr um 1850, wie alle Arten von Nußbaum, eine Renaissance, nachdem es ab ca. 1735 vollkommen aus der Mode gekommen war.

Auch bei Holzwürmern ist das Holz sehr begehrt, und es ist fast unmöglich, ein altes Stück aus Nußbaum zu finden, egal ob massiv oder furniert, das nicht von dieser Plage befallen war.

Yew - Eibe

Eine harte, eng gemaserte Holzart, rotbraun mit gelben Streifen. Es wurde für frühes ländliches Mobiliar und ab dem späten 18. Jahrhundert für hochwertige Landmöbel (*Country furniture*) verwendet. Im 18. Jahrhundert wurde das Holz außerdem zum Teilfurnieren hochwertiger Möbel benutzt. Heute ist es als extrem dünnes Furnier auf Preßspan für minderwertige Reproduktionen viel gebräuchlich.

Teile und Konstruktion eines Stuhles

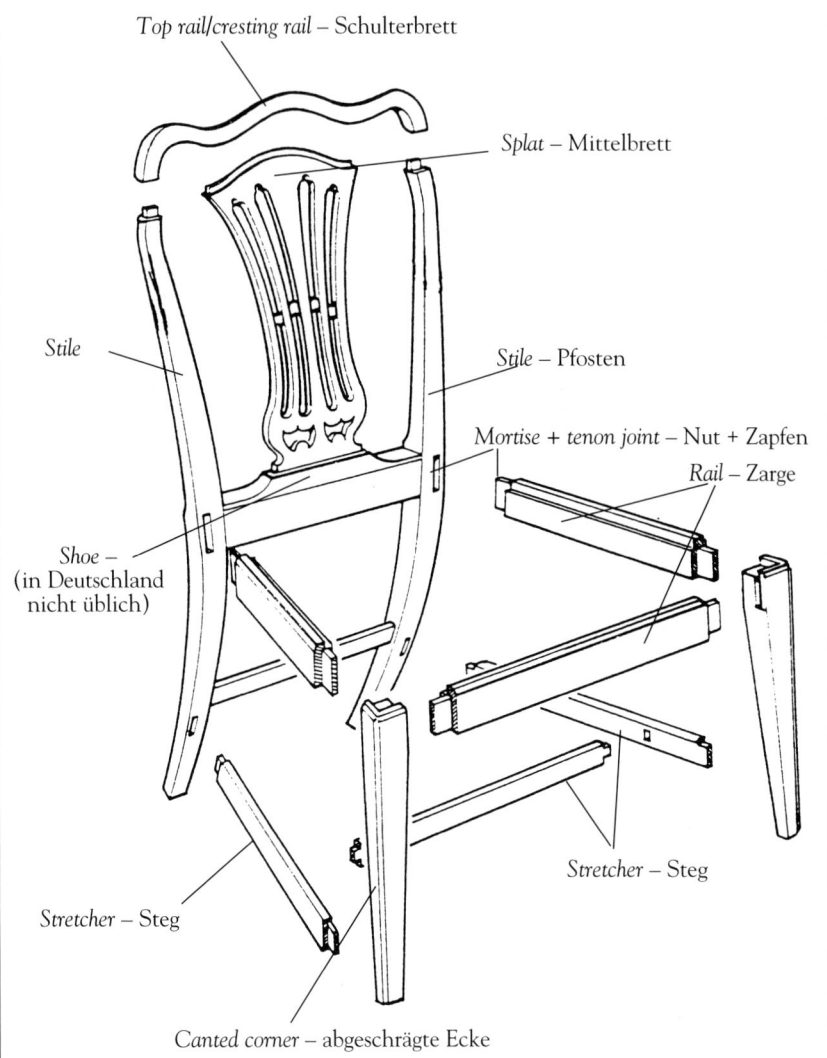

Top rail/cresting rail – Schulterbrett

Splat – Mittelbrett

Stile

Stile – Pfosten

Mortise + tenon joint – Nut + Zapfen

Rail – Zarge

Shoe –
(in Deutschland
nicht üblich)

Stretcher – Steg

Stretcher – Steg

Canted corner – abgeschrägte Ecke

Glossar wichtiger englischer und deutscher Fachbegriffe

Akanthus

Akanthus

Beliebtes Ornament in Form eines stilisierten Akanthusblattes, ursprünglich aus der klassischen antiken Architektur. Findet sich häufig als Schnitzmotiv an Möbeln des 18. und 19. Jahrhunderts.

Akroter (*Antefixae*)

Blatt bzw. Halbblatt, stilisiert. Häufig als Abschlußdekoration bei Möbeln aus der Regency-Zeit, z.B. am Gesims.

Anthemion

Ornamentreihe aus stark stilisierten Geißblattblüten und Blättern aus der antiken Baukunst und Malerei. In der Adam-Periode häufig als Marketerie und als gemalte Dekoration verwendet.

Anthemion

Applied decoration – Aufgesetzte Dekoration

Dekoration, die nicht aus dem massiven Holz gearbeitet ist, sondern separat angefertigt und auf die Oberfläche aufgeleimt wird, z.B. als Schnitzarbeit an einem Stuhlbein oder Fries – oft als Zeichen minderer Qualität betrachtet.

Applied mouldings – siehe Mouldings

Apron – siehe Blende

Arabeske

Verschlungenes Muster von ineinander verflochtenen, stilisierten Blattranken, ursprünglich aus der Antike. Geschnitzte Arabeskendekorationen waren im späten 16., im frühen 17. und wieder im späten 19. Jahrhundert sehr beliebt.

Arabeske

Armchair – Armlehnstuhl

Innerhalb eines Satzes ist der Armlehnstuhl ca. 2 bis 5 cm breiter als die übrigen Stühle und hat offene, d.h. nicht gepolsterte Armlehnen. Z. B. als leichter Sessel vor dem Schreibtisch oder häufig in einem Satz von mehreren Eßzimmerstühlen. Auch *Carver* genannt.

Armchair

Architektentisch

Ein Arbeitstisch zum Lesen, Schreiben oder Zeichnen, meist mit verhältnismäßig großen Abmessungen: ca. 70-90 cm tief und 100-120 cm breit. Vorderbeine und Fries lassen sich vorziehen, um ein Zeichenpult hochzuklappen. Architektentische sind immer von hervorragender Qualität und wurden meist in der zweiten Hälfte des 18. Jahrhunderts und im ersten Viertel des 19. Jahrhunderts hergestellt. Die Tische sind sehr begehrt und dementsprechend teuer.

Art Nouveau – siehe **Jugendstil**

Astragal

Eine Zierleiste, die bei Vitrinen oder verglasten Bücherschränken die einzelnen Glasscheiben voneinander trennt bzw. die Verbindungen verdeckt. Die Leiste ist meist halbrund, gespitzt oder gerillt gearbeitet.

Typische Astragal-Zierleiste in der Tür einer Mahagonivitrine.

Aumbry – Lebensmittelschrank/Almosenschrank

Ursprünglich war damit ein mittelalterlicher Schrank gemeint, in dem man Lebensmittel aufbewahrte, die später an die Armen verteilt wurden. Bald aber beschrieb der Name alle verschließbaren Schränke. Der Begriff *Dole cupboard* wird gleichbedeutend verwendet.

Bachelor's chest

Schubladenkommode mit aufklappbarer Deckplatte, die als Schreib-, Eß- oder Bürstenplatte (*Brushing slide*) diente.

Ball and claw foot – Ball- und Klauenfuß

Geschnitzte Fußform, die im frühen 18. (ab ca. 1710) und im späten 19. Jahrhundert häufig für Tisch- und Stuhlbeine verwendet wurde. Sie stellt eine Adlerklaue dar, die eine Kugel greift. Stammt wahrscheinlich von einem chinesischen Motiv, bei dem eine Drachenklaue eine Perle greift.

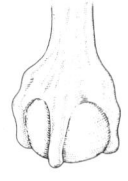

Ball and claw foot

Balloon-back – Ballonrücken
Stuhlrücken, der in seiner Form dem Umriß eines aufgeblasenen Ballons ähnelt. Wurde ca. 1840 entwickelt.

Baluster
Ein in unterschiedlichen Ausformungen, meist aber vasenförmig gedrechseltes Säulchen, das als Tisch- und Stuhlbein Verwendung findet.

Bandelwerk (*Strapwork*)
Dekormotiv aus lebhaft ineinandergeschwungenen flachen Bändern, oft in Verbindung mit Blatt- und Rankenmustern. Dieses Dekor flämischen und deutschen Ursprungs ist typisch für englische Möbel des späten 16. und frühen 17. Jahrhunderts. Es wurde im späten 19. Jahrhundert wieder aufgenommen.

Bandintarsie (*Stringing*)
Schmale Streifen aus kontrastierendem Holz, Metall oder anderen Materialien, die in ein Furnier oder in massives Holz (*Inlaid stringing*) eingelegt sind, als Umrahmung oder Betonung.

Barley twist – Schneckensäule
Gedrechselte Spirale, häufig bei *Gate leg tables* und anderen Tischbeinen aus dem 17. und frühen 18. Jahrhundert. Wurde für Tisch- und Stuhlbeine im späten 19. und frühen 20. Jahrhundert wieder aufgenommen.

Barley twist

Beading – Zierleiste
Schmale Zierleiste, meist aus Holz, die z.B. um eine Schubladenfront läuft, als Teil eines Gesims oder als Profilleiste. Die schlichte Leiste wird *Cockbeading* genannt. Besteht sie aus geschnitzten Kügelchen, nennt man sie *Pearlbeading* (Perlstab).

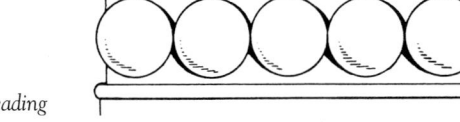

Beading

Bearer – Stützleiste
Leisten, die sich aus dem Korpus eines Möbelstücks als Stützen herausziehen lassen, z. B. für die Schreibklappe eines Klappsekretärs.

Bentwood – Bugholzmöbel
Unter Dampf und Druck geformte Möbel aus Buchenholz. Entwickelt und erfolgreich verwendet von Thonet ab Mitte des 19. Jahrhunderts, besonders für Stühle und Tische.

Berliner Stickerei (*Berlin work*)
Bestickter Stoff, der in der frühviktorianischen Zeit häufig zum Überziehen von Polstermöbeln verwendet wurde. Die ersten Stickereien und Muster stammten aus Deutschland. Ab ca. 1830 wurden sie in großen Mengen nach England importiert. Die beliebtesten Motive waren florale Designs, Obst, Vögel und Schmetterlinge.

Bevel – Schrägkante
Schräger Schnitt am Rande z.b. eines Paneels, um ihm ein Relief bzw. einen dekorativen Effekt zu geben oder um das Paneel in eine genutete Rahmenkonstruktion zu passen.

Birdcage
Wörtlich übersetzt: Vogelkäfig. Es handelt sich dabei um eine Holzkonstruktion unter der Platte eines *Tripods* oder eines anderen Tisches. Der *Birdcage* ermöglicht es, die Tischplatte zu drehen, zu kippen oder von den Beinen abzunehmen, um den Tisch leichter bewegen oder verstauen zu können. Die *Birdcage*-Konstruktion ist ein Pluspunkt bei der Bewertung von *Tripod tables*.

Blendarkaden (*Blind arcading*)
Auf eine ebene Holzfläche aufgesetzte architektonische Zierform in Gestalt von Bögen.

Blende (*Apron*)
Brett, meist dekorativ geschnitzt oder geschnitten, das zwischen den Beinen unterhalb einer Tischplatte oder eines Stuhlsitzes oder als unterer Abschluß einer Kommode angebracht ist.

Blendarkaden

Blind fretwork – Blindschnitzerei
Auf eine ebene Holzfläche aufgesetzte Zierform mit abstrakten geometrischen Mustern und Ornamenten.

Bow front
Waagrechte Konvexkurve über die Gesamtfront eines Möbelstückes, wie z.b. einer Kommode oder eines Eckschrankes. War in der viktorianischen Epoche und der Regency-Zeit besonders populär.

Bow front

Bracket foot – Konsolfuß
Fußform, die ca. 1720 in Mode kam und die den in der Architektur verwendeten Kragstein imitiert. Der Konsolfuß ist eine klassische Fußform, die nie ihre Popularität verloren hat. Sie besteht aus zwei in dekorativer Form geschnittenen flachen Platten, die in Gehrung aneinander angepaßt sind.

Bracket foot

Breakfast table
Rechteckiger Tisch, an dem eine kleine Familie oder eine kleinere Gesellschaft frühstückte, z.b. in der Wohnküche oder im Wintergarten, um den großen Eßtisch nicht benutzen zu müssen. Wurde, wenn nicht gebraucht, mit aufgeklappter Platte an die Wand gestellt.

Breakfront
Bezeichnung für die Front von Kastenmöbeln, deren Mittelteil vor- oder zurücksteht. Häufig bei Bücherschränken und *Sideboards*.

Bronze
Eine Legierung, die zu gleichen Teilen aus Zinn, Zink und Kupfer besteht.

Brown furniture
Fachbezeichnung für schlichte, englische Mahagonimöbel der Georgian und Victorian Period, d.h. von etwa 1730 bis 1890.

Brushing slide
Herausziehbare Platte an Kastenmöbeln, z.b. Kommoden, die als Ablage für Kleiderbürsten oder Schriftstücke diente. Im 18. Jahrhundert diente die Platte auch als Ablage für Schminkartikel oder als Auffangplatte beim Pudern von Perücken. Damit wurde vermieden, daß der Puder auf den Boden oder die Schubladen der Kommode fiel, in der saubere Wäsche aufbewahrt wurde.

Bun foot – Kissenfuß
Elliptisch gewölbte, ballförmige Fußform, die besonders bei Kastenmöbeln im späten 17. Jahrhundert und bei viktorianischen Kastenmöbeln vorkommt.

Bun foot

Bureau
Klappsekretär mit schräger Klappe und mehreren Schubladen im unteren Teil.

Bureau bookcase
Aufsatzsekretär: Klappsekretär mit aufgesetztem Bücherschrank.

Bureau plat
Elegantes Schreibmöbel, das einem Tisch ähnelt und eine waagrechte Reihe von Schubläden im Fries aufweist. Es gibt auch Variationen mit doppelten Außenschubladen, d.h. zwei Schubladen untereinander. Der *Bureau plat* wurde in Frankreich gegen Ende des 17. Jahrhunderts entwickelt.

Butler's tray
Tablett mit festen oder aufklappbaren Seitenteilen. Es wurde mit Tee oder anderen Getränken beladen und auf einem festen oder zusammenklappbaren, niedrigen Gestell abgesetzt, je nachdem, wo es als Ablage benötigt wurde, z.B. auf der Veranda. Ein heute sehr beliebtes und sehr häufig nachgemachtes Möbelstück.

Cabochon

Cabochon – Kartusche
1. Edelsteinschliff.
2. Rundes, nach oben gewölbtes Ornament, das häufig an den Knien von Stühlen und Tischen aus der frühen georgianischen Zeit sowie Mitte bis spätes 19. Jahrhundert vorkommt. Das zentrale Motiv wird umrahmt von reichgeschmücktem Schnitzwerk, meist in Form von Akanthusblättern.

Cabriole leg – Barockfuß
Geschwungenes Bein an Tischen, Stühlen und Gestellen, besonders in der ersten Hälfte des 18. und zweiten Hälfte des 19. Jahrhunderts. Das S-förmige Bein endet meist in einem Huf-, Krallen-, Ball- und Klauenfuß oder in einer Volute, in der viktorianischen Periode gewöhnlich in einer Volute oder Schnecke.

Cabriole leg

Campaign furniture/Military furniture
Diese Möbel kamen um etwa 1795 auf, gehäuft im Bereich der Kastenmöbel. Der bekannteste Typ ist die Kommode. Sie wurden ursprünglich für Offiziere des Militärs, hohe Kolonialverwalter, Schiffsoffiziere und wohlhabende Auswanderer etc. hergestellt, waren mit Eisenecken beschlagen, hatten eiserne Tragegriffe an den Seiten und versenkte Schubladengriffe. Militärmöbel wurden rasch salonfähig, was zur Folge hatte, daß sämtliche Beschläge von nun an aus Messing gemacht wurden. Die Kommoden waren zweiteilig, die Schreibtische dreiteilig, damit man sie leichter transportieren konnte.

Candle slide
Kleine, herausziehbare Platte, meist bei Schreibmöbeln des späten 17. und frühen 18. Jahrhunderts. Sie diente als Ablage für einen Kerzenständer. *Candle slides* wurden häufig so eingebaut, daß die brennenden Kerzen vor einem Spiegel plaziert waren, um das Licht zu verstärken, wie z.B. bei Aufsatzsekretären des frühen 18. Jahrhunderts.

Canted corners
Damit Kastenmöbel, Stuhl- oder Tischbeine feiner und dekorativer wirkten, wurden bei Aufsatzmöbeln und Stuhlbeinen des 18. Jahrhunderts häufig die Ecken abgeschrägt. Oft

dekoriert mit *Reeding, Fluting* oder *Fretwork*. Bei viereckigen Stuhlbeinen, bei denen die innere Ecke abgeschrägt ist, nennt man dies *Champfered*.

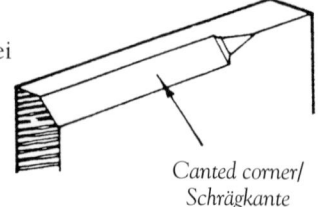

Canted corner/
Schrägkante

Canterbury
Niedriges Gestell, meist mit einer Schublade, das ursprünglich im Musikzimmer stand und zum Aufbewahren von Notenbüchern diente. Heute als Zeitungs- und Zeitschriftenständer verwendet. Der Name stammt laut Thomas Sheraton daher, daß ein Erzbischof von Canterbury als erster ein solches Möbelstück bestellte.

Carver – siehe **Armchair**
Der Name *Carver* stammt daher, daß dieser Stuhl für den Hausherrn bestimmt war, der das Fleischgericht tranchierte (engl. *carve*) und unter seiner Familie oder seinen Gästen verteilte.

Cellarette (Weintruhe)
Eine Truhe mit Deckel, innen mit Blei ausgeschlagen, die zur Aufbewahrung von Weinflaschen im Eßzimmer diente.

Champfered – siehe **Canted corners**

Chesterfield
Sofa mit tiefer Knopfpolsterung, mit Leder oder Stoff bezogen. Beide Armlehnen und Rückenlehnen haben etwa die gleiche Höhe. War im letzten Viertel des 19. Jahrhunderts sehr populär und wird seitdem ununterbrochen und in unterschiedlicher Qualität hergestellt bzw. reproduziert.

Chest of drawers – **Schubladenkommode**

Chinese Chippendale – **Chinesischer Chippendale-Stil**
Beliebte Stilrichtung Mitte des 18. Jahrhunderts, bei dem pseudo-orientalische Formen und Motive verwendet wurden. In Chippendales *Director* sind viele Möbelentwürfe dieser Art enthalten. Er war jedoch weder der einzige Vertreter dieses Stils noch hat er ihn kreiert.

Chiffonier (Chiffonnière)
Eine Art Anrichte: kleiner Schrank mit Türen, darüber eine oder mehrere waagrecht angeordnete Schubläden und ein Regalaufsatz mit meist ein oder zwei Böden.

Chinoiserie
Europäische Interpretation und Umsetzung orientalischer Muster.

Cockbeading – siehe **Beading**
Schlichte Zier- oder Schutzleiste, ab ca. 1730 als Umrandung von Schubladen verwendet.

Colonette
Viertel- oder halbrunde Säule mit vertikalem *Fluting* oder *Reeding.* Häufig an den Vorderecken von Kommoden aus dem späten 18. Jahrhundert zu finden.

Commode (Nachttopfschränkchen)
Kleiner Schrank, oft als Stuhl, Kommode oder Beistelltisch getarnt, der neben dem Bett als Gehäuse diente, um den Nachttopf zu verstecken. Der Begriff kam etwa 1840 auf, vorher wurde er ganz offen als *Pot cupboard* (Nachttopfschrank) bezeichnet.

Commode (Kommode)
Französische Bezeichnung für eine *Chest of drawers,* deren oberste Schublade mehrere Fächer für Artikel der täglichen Toilette sowie meist einen eingebauten, aufklappbaren Spiegel enthält. *Commodes* haben oft eine geschwungene Vorderseite, stammen aus dem 18. Jahrhundert und sind als Luxusmöbel meist von sehr guter Qualität.

Console table – **Konsoltisch**
Kleiner Tisch, meist halbrund, halboval oder mit geschwungenem Umriß, der auf zwei bis drei Beinen oder auf einer geschnitzten Figur (z.B. einem Mohr) steht und oft mit der Rückseite direkt an der Wand befestigt wurde.

Cornice – **Gesims**
Waagrechtes, einfaches oder profiliert hervorspringendes Element, das bei Kastenmöbeln den Abschluß bildet.

Country furniture

Ein Ausdruck für ländliche, aber keineswegs minderwertige Möbel, die zweckmäßig waren und auf Gutshöfen, in Dörfern und kleinen Städten, aber auch in den Großstädten für die weniger wohlhabende Bevölkerung hergestellt wurden. *Country furniture* fertigte man aus einheimischen Hölzern, teilweise aber auch aus Mahagoni. Die Grundformen stammen von den Möbeltypen des späten 17. und vereinfachten Formen des 18. Jahrhunderts. Viele ländliche Möbel beruhen auch auf Entwürfen beispielsweise von Hepplewhite und Sheraton, jedoch in vereinfachter Form. Obwohl es *Country furniture* an edlen Hölzern und ausgewogenen Proportionen mangelt, gewinnen sie doch durch individuellen Charme und Charakter.

Credenza

Eine Art Anrichte oder *Sideboard*, das um ca. 1850 aus dem italienischen Kredenztisch (Altartisch) entwickelt wurde. Die *Credenza* ist meist von waagrecht geschwungener Form mit zwei bis vier Schubladen, die waagrecht in einer Reihe über den Schränken angeordnet sind. Typisches viktorianisches Eßzimmermöbel.

Crest – Bekrönung

Geschnitztes Dekor am oberen Querbrett von Stühlen, häufig im späten 16. und frühen 17. Jahrhundert verwendet.

Cresting rail – Schulterbrett

Im allgemeinen das obere Verbindungs-Querbrett von Stuhllehnen.

Crossbanding (Randintarsie)

Eine verhältnismäßig breite Umrahmung an der Kante von Tischplatten oder der Vorderseite von Kastenmöbeln, aus dem gleichen oder einem anderen Holz gearbeitet, zur dekorativen Betonung der Konturen. *Crossbanding* wurde, wo dies möglich war, gegen die Maserung gesetzt.

Cross-grain moulding – siehe Moulding

Curl

Beschreibt das Muster im Holz, wenn es dort geschnitten wird, wo ein Ast aus dem Stamm wächst. Mahagoni wird häufig an dieser Stelle geschnitten.

Davenport

Neuer Schreibtischtyp der Regency-Zeit. Besteht aus einem Schubladenkasten mit schräger Deckplatte, deren Oberfläche als Schreibunterlage dient. Seine Schubladen werden seitlich herausgezogen. Der Legende nach ist der Davenport nach einem Kapitän benannt, der ihn zum erstenmal in Auftrag gegeben haben soll.

Design Registration Marks, die 1842 bis 1883 vergeben wurden und bei der Datierung hilfreich sein können, da sie das frühestmögliche Herstellungsjahr angeben und man davon ausgehen kann, daß ein Stück sicher innerhalb weniger Jahre nach der Datierung hergestellt wurde. Sie zeigen Jahr, Monat und Tag, an dem ein bestimmtes Design registriert wurde. Bei Möbeln meist an Füßen, Laufrollen, Beschlägen, Manschetten und mechanischen Teilen zu finden.

Demi-lune

Form, die von oben gesehen einen Halbkreis bildet, z.B. bei Konsoltischen, Beistell-, Klapp- und Spieltischen.

D-End table

Großer Eßtisch mit Einlegeplatte und zwei D-förmigen Endtischen. Diese Art Tisch kam Ende des 18. Jahrhunderts auf, war von Anfang an sehr beliebt und ist dies, wenn auch in kleinerem Maße, bis heute geblieben. Vielfältig verwendbar – als zwei getrennte Konsoltische, als runder oder als langer Tisch.

Dental railing – Zahnfries / Zahnschnitt

Zahnähnliche, geometrische Zierleiste am Gesims von Kastenmöbeln, bei der Zahn-Loch-Zahn-Loch-Vorsprünge aneinandergereiht sind. Sehr populär in der zweiten Hälfte des 18. Jahrhunderts und der Edwardian Period.

Dental railing

Design registration marks – (siehe Tabelle Seite 368)

Distressed

Ursprünglich ein Ausdruck unter Antiquitätenhändlern für ein Möbel, das in sehr schlechtem Zustand ist. Seit etwa 1985 bezeichnet man damit jedoch auch (etwas zynisch) Stücke, die absichtlich auf »antik« getrimmt wurden.

Dole cupboard – siehe **Aumbry**

Dovetail – siehe **Schwalbenschwanz**

Dowel – siehe **Dübel**

Dresser – **Anrichte**
Ländliches Möbelstück, meist aus einheimischen Hölzern wie Eiche oder Kiefer gearbeitet, das aus einem Unterteil mit Schubladen, Schränken oder einem offenen Regal oder aus einer Kombination daraus besteht und zu dem meist ein offener Regalaufsatz gehört. Der allgemein benutzte Begriff *Welsh dresser* ist irreführend, da er sich nur auf eine regionale Variante eines Möbelstücks bezieht, das es überall in Großbritannien in vielen unterschiedlichen Variationen gab.

Dresser

Drop-in seat – **Einlegesitz**
Gepolsterter Stuhlsitz, bei dem der Polsterbezug an einem separaten Rahmen befestigt ist, der danach in den Stuhlsitz eingelegt wird. Ist der Polsterbezug direkt über den Stuhlsitzrahmen gezogen und an ihm befestigt, bezeichnet man ihn als *Stuffed-over seat.*

Drop leaf table
Allgemeine Bezeichnung für Tische, die aus einem festen Mittelteil sowie herunterklappbaren, von ausschwenkbaren Beinen gestützten Platten bestehen. Im Gegensatz zum *Gate leg table* hat der *Drop leaf table* Beine, die nicht durch Stege miteinander verbunden sind.

Drum table – **Trommeltisch**
Nach der runden, trommelförmigen, meist drehbaren Tischplatte benannt, die numerierte oder mit Buchstaben bezeichnete Schubladen enthält. Landbesitzer nutzten den Tisch häufig zum Aufbewahren von Pachtverträgen ihrer Bauern, da sie die Schubladen nach Familiennamen oder Monat ordnen konnten. Daher auch der Name *Rent table*. Da der Tisch meist in der Bibliothek stand, bezeichnet man ihn

auch als *Library table*. In der Tischplatte war oft eine Leder-
platte eingelassen.

Dübel *(Dowel)*

Holzstift, der zwei Holzstücke zusammenhält, auch *Peg* genannt. Moderne Dübel sind maschinell hergestellt und rund,
meist gerillt. Alte Dübel hingegen, die bis tief ins 19. Jahrhundert in ländlichen Gegenden hergestellt wurden, sind
schlank und in vier- oder mehreckiger Keilform von Hand
geschnitten. *Pegged* = gedübelt oder mit Dübeln zusammengehalten.

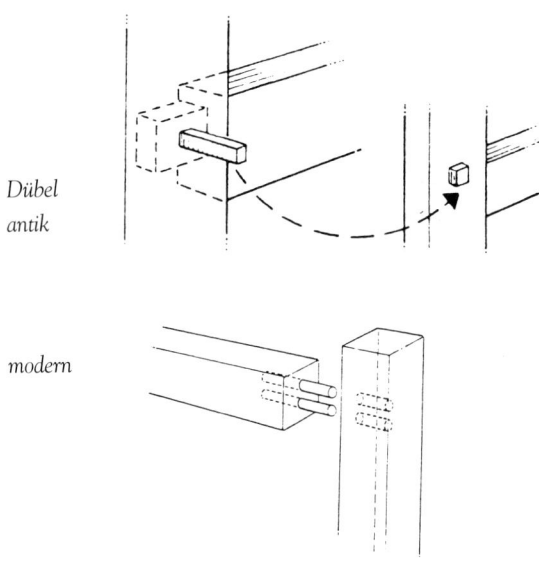

Dübel
antik

modern

Dumb waiter – Stummer Diener

Dreifußtischchen oder Etagere von längerer, rechteckiger
Form mit zwei oder drei übereinanderliegenden Platten, die
oft nach oben hin kleiner werden. Der Stumme Diener wurde von Leuten benutzt, die sich einen echten Diener nicht
leisten konnten oder die Anwesenheit eines Bediensteten
während des Tees oder beim Essen nicht wünschten. Der
Typ mit Dreifußtisch wurde ca. 1740 eingeführt.

Dust board – Staubboden
Dünne Holzplatten, die zwischen die Schubläden einer
Kommode eingebaut wurden, um so zu verhindern, daß
Staub in die Schubfächer eindringt. Bei Möbeln von besse-
rer Qualität.

Ebonised (ebonisiert, geschwärzt)
Effekt, bei dem feinporiges Holz, wie z.b. Birnbaum, schwarz
gebeizt und poliert wurde, um Ebenholz zu imitieren.

Edge Stringing (Randintarsie)
Eine meist sehr schmale Bandintarsie am Rand einer Platte
oder Schubladenfront, um deren Umriß zu betonen oder zu
schützen. Siehe auch Bandintarsie.

Einlegearbeit *(Inlay)*
Dekorationstechnik, wobei Muster aus Holz, Metall, Elfenbein, Perlmutt o.ä. in massives Holz eingelegt werden. Einlegearbeit kann mit dekorativem Furnier kombiniert sein.

Escritoire (Sekretär)
Schreibschrank mit herunterklappbarer Frontklappe, ge-
wöhnlich aus dem späten 17. Jahrhundert. Ähnlich wie bei
Biedermeier-Sekretären verbirgt sich hinter der Klappe eine
Vielzahl von kleinen Fächern und Klappen.

Escutcheon (Schloßblech)
Dekorative Umrandung eines Schlüssellochs, meist aus Messing oder *Ormolu*, aber zeitweise auch aus Leder, Holz, Perlmutt etc. Oft schildförmig.

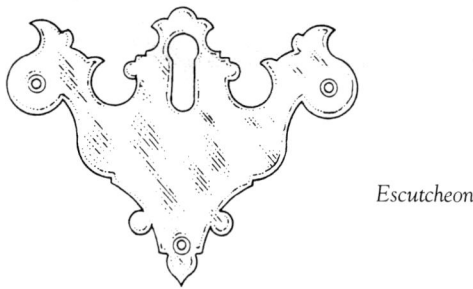

Escutcheon

Faltwerk *(Linenfold)*
Senkrecht angelegter, geschnitzter Dekor als Flächenfüllung
an Möbeln. Wirkt wie in Falten gelegter Leinenstoff. Das
Muster wurde wahrscheinlich in Flandern entwickelt und
war im 16. und 17. Jahrhundert in England sehr beliebt.

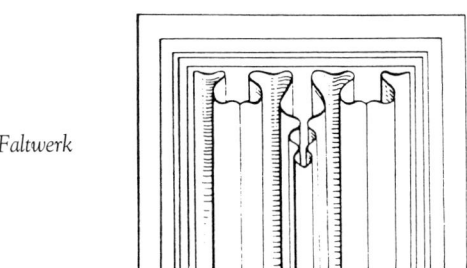

Faltwerk

Feather-banding
Eine Bandintarsie, bei der die Maserung der Intarsie diagonal
zur Maserung des intarsierten Stücks verläuft.

Feston *(Festoon, Swag)*
Dekormotiv in Form einer Girlande oder eines Gehänges aus
Früchten, Blumen, Blättern, Laubwerk und Stoffen. Ge-
schnitzte, gemalte oder aus Marketerie gestaltete Dekoratio-
nen, die ab dem frühen 18. Jahrhundert immer wieder im
Möbelbau vorkommen.

Feston

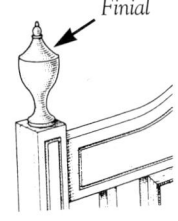

Finial

Finial – Abschluß
Dekorativer, meist spitz zulaufender und gedrechselter Abschluß von Möbeln (aber auch bei Silber oder anderen Gegenständen), der als Krönung an oberster Stelle angebracht
wurde, z.B. die urnenförmigen Ornamente, die manchmal an

den Ecken von edleren Aufsatzsekretären des 18. Jahrhunderts zu finden sind.

Fluting – Kanneluren
Konkave, vertikal verlaufende Ruten oder Riefen zur Dekoration von Tisch-, Stuhlbeinen, Säulen etc.

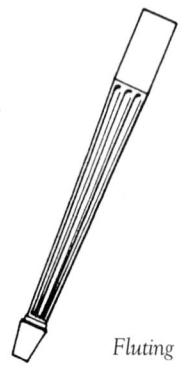

Fluting

French foot (Französischer Fuß) – siehe **Splay foot**

French polish (Ersatz-Schellackpolitur)
Im 19. Jahrhundert entwickelte und später wieder aufgegriffene Möbelpolitur aus Schellackersatz und Methylalkohol, die aufgepinselt wurde und eine hochglänzende Oberfläche bildete. Diese Politur wird heute von guten Restaurateuren zu Recht entfernt und je nach Möbelstück durch Wachs oder echte Schellackpolitur, die mit dem Ballen aufgetragen wird, ersetzt.

Fretwork

Fretwork
Verzierungen, die mit der Laubsäge gearbeitet sind, z.B. das chinesische Muster bei Chippendale-Möbeln. Häufig als dekoratives Element an den erhöhten Rändern von Tabletts oder als Fries eines *Welsh dressers*. *Fretwork* schneidet die volle Holztiefe durch.

Fries (*Frieze*)
In der Architektur Schmuckband oder streifenartiges Feld zum Abschluß, zur Gliederung oder Verzierung einer Fläche, oft unterhalb eines Gesimses. Im Möbelbau oft mit geschnitzten oder gemalten Ornamenten, Marketerien oder mit einer Schublade dekoriert. Ein Fries kann z.B. der waagrechte Rahmen eines Tisches sein, der Schubläden beinhaltet.

Fries

Furnier (*Veneer*)
Dünn geschnittenes oder geschältes Holzblatt, meist längs vom Baumstamm genommen. Furniere, die mit der Säge geschnitten sind, haben eine Stärke von mindestens 3 mm, am Anfang der Furniertechnik (ca. 1670) jedoch eher 5-6 mm. Moderne Schälfurniere, die mit einer Klinge in einem Endloskreis vom Baumstamm geschnitten werden, sind dagegen viel dünner, oft nur 0,5 bis 0,9 mm stark (und meist langweilig in der Maserung). Furnier, das quer zur Maserung geschnitten ist, nennt man Hirnholzfurnier (*Oyster veneer*).

Gadrooning
Geschnitzte, konvexe – manchmal auch konkave – Lappen als Randdekoration bzw. als Teil einer Profilleistendekoration.

Galerie (*Gallery*)
Kleine Messing- oder Holzgeländer am Rande eines Tabletts, Regalbrettes oder Möbelstücks.

Gate leg table – Torbeintisch
Tisch aus einem festen Mittelteil und zwei herunterklappbaren Seitenteilen. In aufgeklapptem Zustand ruhen die Seitenteile auf ausschwenkbaren Beinkonstruktionen, die durch Stege mit dem Hauptteil verbunden sind. Seit dem 17. Jahrhundert eine beliebte Tischform.

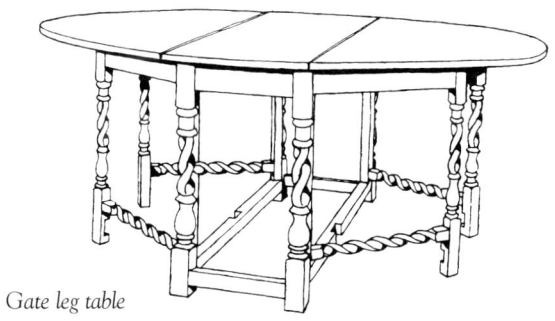

Gate leg table

Gehrungsschnitt (*Mitre*)
Verbindungsschnitt, der zwei Leisten, z.B. eines Rahmens, in einem 45°-Winkel durchschneidet.

353

Gesso

Gipsharzgemisch als Untergrund für eine Vergoldung. Zum Teil wurde die Masse dick aufgetragen, um aus ihr reliefartige Dekorationen zu schnitzen, z.b. bei Bilderrahmen.

Gilding, gilt – Vergoldung

Beschläge, Metallzierleisten, präpariertes Holz und andere Gegenstände wurden, je nach Mode und Qualität, vergoldet. Eine Methode war das Feuervergolden, bei dem das Stück mit einem stark quecksilberhaltigen Gemisch behandelt und anschließend das Blattgold aufgelegt wurde. Durch anschließendes Erhitzen mit einer Flamme verdampfte das Quecksilber, das Gold haftete fest auf der Oberfläche des Objektes. Da dieser Prozeß lebensgefährliche Quecksilberdämpfe freisetzt, ist das Feuervergolden in Deutschland heute nur noch unter strengsten behördlichen Auflagen erlaubt. Eine andere Methode des Vergoldens, die meist bei präpariertem Holz angewandt wird, ist das Aufleimen von Blattgold, das anschließend glattgestrichen und mit einem Achat poliert wird. Diese Methode ist ungefährlich, ihr Ergebnis aber bei weitem nicht so dauerhaft und schön wie beim Feuervergolden.

Hair claw – Tatzenklaue

Geschnitzter Fuß eines Stuhls oder anderen Möbelstücks, der in seiner Form an einen haarigen Tierfuß mit ausgestreckten Krallen erinnert.

Hair claw

Half tester bed

Bett mit einem Baldachin, der nur die halbe Länge oder weniger überdacht, und niedrigem Fußteil.

Harlequin

Ausdruck für einen Satz Stühle, die ungefähr aus der gleichen Zeit stammen und in Muster, Form, Größe, Holz und Ausführung sehr ähnlich sind, jedoch nicht ursprünglich als Satz hergestellt wurden. Ein Harlequin-Set ist im Wert etwas geringer als ein echter Satz.

Herring bone banding

Fischgrätenförmige Bandintarsie, die hauptsächlich bei nußbaumfurnierten Möbeln des frühen 18. Jahrhunderts verwendet wurde und die in der viktorianischen Zeit wieder in Mode kam.

Highboy
Amerikanischer Ausdruck für eine Aufsatzkommode – siehe auch *Tallboy*

Hinge (Angel, Scharnier)
Mechanische Vorrichtung aus zwei Metall- oder Holzplatten, die durch einen Stift verbunden sind, der es ermöglicht, die beiden miteinander verbundenen Teile eines Möbelstücks zu bewegen, z.B. bei einer Tür oder einem Deckel.

Improved (veredelt)
Ausdruck, der unter Händlern und Fachleuten üblich ist, um ein antikes Möbelstück zu beschreiben, das ursprünglich ziemlich einfach war, durch Aufarbeiten, z.b. Schnitzerei, Dekoration, edles Furnier oder Verglasung, jedoch verbessert und wertvoller wurde. Im Prinzip eine Art der Fälschung.

Inlay – siehe Einlegearbeit

Jugendstil
Internationaler Kunststil des späten 19. und frühen 20. Jahrhunderts, mit Höhepunkt zwischen 1895 und 1905. Bei englischen Möbeln wurde der Stil hauptsächlich als oberflächliche Dekoration verwendet, während sich die Grundform der Möbel nicht veränderte. In der Form sind Jugendstilmotive stark organisch, meist pflanzlich.

Knee (Knie)
Oberster, runder, vorstehender Teil eines *Cabriole*-Beines oder eines anderen Möbelbeins.

Kneehole desk
Kleiner Schreibtisch mit Knieöffnung, der im frühen 18. Jahrhundert entwickelt wurde.

Knife box (Besteckkasten)
Kasten mit schrägem Deckel, meist aus reich dekoriertem, mit Intarsien, Einlegearbeiten oder Bandintarsien versehe-

nen Mahagoni, und einem Einsatz mit Löchern, in die die Bestecke einzeln und in senkrechter Position paßten. Diese Kästen wurden meist paarweise hergestellt und fanden ihren Platz auf einem *Sideboard*. In größeren Mengen wurden sie erst im 18. Jahrhundert eingeführt.

Ladder back – Leiterrücken
Stuhlrücken, der einer Leiter ähnelt. Die Form stammt von ländlichen Stühlen und wurde von Hepplewhite aufgenommen, der die Form in Mode brachte und sie salonfähig machte.

Laminated wood siehe **Sperrholz** (*Plywood*)

Library bookcase
Bücherschrank aus zwei oder mehreren Teilen: einem verglasten Aufsatz und einem Unterteil mit Schubläden und/oder Schränken. Häufig ist im Mittelteil eine Schreibschublade (*Secretaire drawer*) eingebaut. Die Schränke haben oft eine *Breakfront*-Einteilung und können bis zu drei Meter hoch und mehr als sechs Meter lang sein.

Library table – siehe **Drum table**

Linenfold – siehe **Faltwerk**

Lowboy
Kleiner Tisch mit zwei oder mehr Schubladen, der als Schmink- oder Beistelltisch an eine Wand gestellt oder gelegentlich auch als kleiner Schreibtisch benutzt wurde. Meist hatten die Tische *Cabriole legs*. Möbeltyp aus dem späten 17. und frühen 18. Jahrhundert.

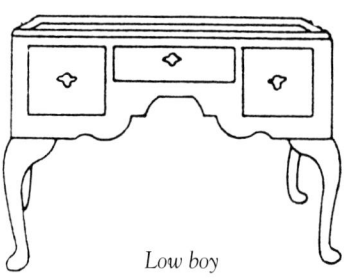

Low boy

Lunette (Lünette)
Halbrundes, manchmal fächerartiges Motiv. Findet sich als geschnitztes, dekoratives Bandornament an Möbeln aus dem späten 16. und dem gesamten 17. Jahrhundert, im späten 18. Jahrhundert auch als Marketerie und in gemalter Form.

Lunette

Marketerie (*Marquetry*)
Dekorative Intarsienarbeit, die im Gegensatz zur Einlegearbeit, die in massives Holz eingelassen ist, als Furnier verwendet wird. Marketerie wird wie ein Mosaik aus verschiedenen Furnieren zusammengesetzt, die zum Teil gefärbt sind und auch mit Elfenbein, Perlmutt und anderen Materialien kombiniert werden. Marketerie kam vom europäischen Festland nach England, besonders aus den Niederlanden des 17. Jahrhunderts.

Marriage
Händler- und Fachausdruck, um ein Möbelstück zu beschreiben, das aus Teilen besteht, die zwar im Stil ähnlich und zur gleichen Zeit entstanden sind, ursprünglich jedoch nicht zusammengehörten. Oft handelt sich bei einer *Marriage* um die harmlose und zweckmäßige Zusammensetzung zweier »artverwandter« Möbelteile, z.B. eines *Dresser*-Unterteils mit einem Aufsatzregal. Teilweise wurden die Möbel zusammengesetzt, um ein wertvolleres Stück herzustellen, wie z.B. bei der Kombination eines Sekretärs und eines Bücherschranks zu einem Aufsatzsekretär. Letztendlich handelt es sich dabei also um Fälschungen, wenn diese Möbel nicht eindeutig als *Marriage* gekennzeichnet sind.

Mitre – siehe **Gehrungsschnitt**

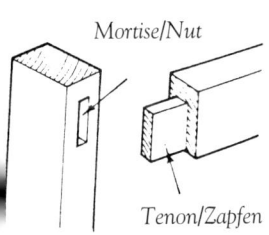

Mortise/Nut

Tenon/Zapfen

Mortise-and-tenon – Nut und Zapfen
Traditionelle Holzverbindung, bei englischen Möbeln seit dem Mittelalter verwendet, bei der eine Holzzunge in einen Schlitz eingeführt und durch einen Dübel oder Holzstift befestigt wird. Seit dem 18. Jahrhundert wird, außer bei ländlichen Möbeln, die Befestigung mit Heißleim und ohne Dübel gemacht.

Mother of pearl – siehe **Perlmutt**

Moulding – Profilierte Leiste
Dekorative Leiste aus massivem Holz, die entweder nur zur Dekoration, als Randabschluß oder als dekoratives Element zum Verdecken einer Verbindung angebracht ist. *Lip moulding* – konvexe, viertelrunde Profilleiste, meist bei Tischen und Kommoden als Randabschluß. *Thumb moulding* – kon-

kave, viertelrunde Profilleiste, ebenfalls meist als Randabschluß an Tischen und Kommoden. *Plinth moulding* – ge-
steppte oder stufenweise aufgebaute, sockelartige Profilleiste.
Cross-grain moulding – Zierleiste aus teurem Hirnholz, Qualitätsmerkmal für wertvolle Möbel.

Moulding

Mule chest
Übergangsmöbelstück, das zwischen Truhe und Kommode
anzusiedeln ist und aussieht wie eine Truhe mit ein oder zwei
Schubläden im unteren Teil. *Mule chests* gab es häufig im 17.
Jahrhundert, als ländliche Möbel bis 1740 und vereinzelt
auch noch später.

Muntin
Waagrechtes oder senkrechtes Verstärkungsbrett in einem
Paneel oder Schubladenboden (letzterer ab ca. 1780).

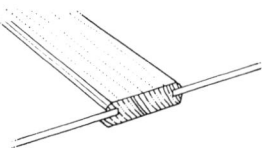

Muntin

Ogee foot – Karniesfuß
S-förmiger Konsolfuß, oben konvex und unten konkav, der
ab ca. 1740 bei Kastenmöbeln von besserer Qualität, z.B. bei
Kommoden, zu finden ist. Der *Ogee*-Schwung kommt aber
auch häufig als Zierleiste vor, wobei er dann als geschwungene Rinn- oder Glockenleiste (oben konkav und unten konvex oder umgekehrt), als Bestandteil eines Gesimses oder als
Umrahmung eines Paneels angebracht ist.

Ogee foot

Ormolu
Feuervergoldete Bronze, bei englischen Möbeln für Beschläge und Zierbeschläge verwendet, z.B. bei feinen Hepplewhi-
te-Möbeln. Vor ca.1750 wurde *Ormolu* aus Frankreich importiert. Nach ca. 1760 wurde es in Birmingham von Matthew
Boulton und anderen hergestellt. Siehe auch *Gilding*.

Oyster veneer – Hirnholzfurnier
Holz, das quer durch einen Ast (entweder genau rechtwink-
lig oder leicht schräg gegen die Faser) geschnitten und als
Furnier verarbeitet ist. Mehrere dieser kleinen, runden Hirn-

holzfurnierstücke wurden nebeneinandergelegt und ergaben ein Muster, das einer geöffneten Auster ähnelt. *Oyster veneer* kommt meist in der Zeit der Nußbaumperiode, zwischen ca. 1680 und 1730, vor.

Oyster veneer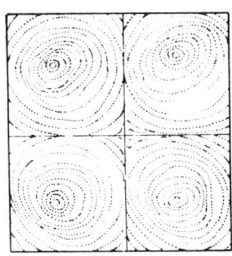

Pad foot – Kissenfuß
Flacher, runder, kissenförmiger Fuß von Stuhl- und Tischbeinen, hauptsächlich an *Cabriole*-Beinen des 18. Jahrhunderts.

Panel and frame construction – siehe **Rahmen- und Füllwandkonstruktion**

Pappmaché
Material aus aufgekochtem Altpapierbrei, dem Leim beigemischt und das anschließend zum Aushärten in Formen gegossen wird. Zur Herstellung kleinerer Gegenstände, wie z.B. Tabletts, aber auch im Möbelbau, z.B. für kleine Beistelltische oder sogar Stühle, bei denen die tragenden Teile allerdings aus Holz oder anderen Materialien gearbeitet werden. Pappmaché ist bekannt seit dem 17. Jahrhundert. Gegenstände aus Pappmaché wurden allerdings erst ab ca. 1830 in größeren Mengen hergestellt, meist schwarz lackiert und mit Perlmutt-Einlegearbeiten dekoriert (ab 1825), mit Bronzepulver als Goldimitat (ab 1802), mit Aluminiumpulver (für Mondschein), mit Blattgold oder mit Ölfarben bemalt.

Parketerie (*Parquetry*)
Geometrisches Muster, das im Furnier zusammengelegt wird und ein dekoratives Paneel ergibt. In der Herstellung und Verwendung ähnlich wie Marketerie, in der Form jedoch streng geometrisch.

Partners' desk
Ein Schreibtisch für zwei Personen. Es gibt sie auch für vier Personen, wobei die Schreibtische dann gewaltige Ausmaße haben. Diese Form ist jedoch sehr selten. Siehe auch *Pedestal desk*.

Patarae
Ovales oder rundes Dekormotiv, das meist eine umrahmte, stilisierte Blüte beinhaltet. Taucht häufig bei den neoklassizistischen Möbeln der Gebrüder Adam und Sheraton als Einlege- oder Schnitzarbeit auf.

Pedestal desk
Zwei Schubladenkästen, über die lose eine Schreibplatte, meist mit Ledereinlage, gelegt wird, die zwei oder drei Schubladen hat.

Pedestal table siehe **Pillar table**

Pediment – Giebel
Dreieckige Zierform zum oberen Abschluß von Gesimsen an Kastenmöbeln. Nach dem Vorbild der klassischen Architektur wurde, vor allem ab Mitte des 18. Jahrhunderts, der in der Mitte durchbrochene sogenannte gesprengte Giebel verwendet. Eine Sonderform stellt der von Chippendale entworfene Schwanenhalsgiebel *(Swan neck pediment)* dar.

Pediment

Peg – siehe Dowel

Pembroke table
Kleiner Klapptisch mit Seitenklappen, die durch aus den Zargen herausschwenkbare Stützen gehalten werden. Pembroke-Tische sind meist sehr gut verarbeitet und aus Mahagoni oder mit Satinholz furniert.

360

Perlmutt (*Mother of pearl*)
Wird aus Austernschalen und anderen Muscheln gewonnen und kann geschnitten, graviert und geätzt werden. Perlmutt wird genutzt für Einlegearbeit und Marketerie.

Pier glass – Pfeilerspiegel
Langer Spiegel, der zwischen zwei Fenstern an einem Tragepfeiler hängt, oft über einem *Pier table*.

Pier table – Pfeilertisch
Schmaler, meist dekorativer Beistelltisch, der konzipiert war, um an einem Tragepfeiler zwischen zwei Fenstern zu stehen.

Pilaster – Halbsäule

Pillar table
Großer Eßtisch aus einzelnen Tischen, die jeweils auf einer Mittelsäule mit Dreifußgestell stehen. Es gibt *Pillar tables* in Variationen von eins bis drei oder sogar mehr Säulen. Zwischen die Einzeltische legte man Platten ein, um den zusammengesetzten Tisch zu verlängern. Dieser Möbeltyp entstand um 1780.

Plinthe

Pin – siehe **Dowel**

Plinthe (*Plinth*)
Geschlossener Abschluß eines Kastenmöbelstücks, der meist der Form eines Bretts mit Profil am oberen Rand entspricht. Eine Plinthe kann aber auch ein kastenartiges, hohes Fußgestell sein.

Plywood – siehe **Sperrholz**

Provenance
Die Geschichte eines Möbelstücks, die voll dokumentiert dessen Echtheit beweist.

Quartetto table
Auch *Nest of tables* genannt. Satz von drei oder vier Beistelltischen, die bis auf die Größe identisch sind. Die Tische können so ineinandergesteckt werden. Das *Quartetto* wird erstmals im späten 18. Jahrhundert hergestellt.

Quatrefoil (Kleeblatt)
Gothisches Dekormotiv, geformt aus vier symmetrischen, stilisierten Blättern.

Rahmen- und Füllwandkonstruktion *(Panel and frame construction)*
Die normale Möbelkonstruktionsart bis zur Mitte des 17. Jahrhunderts (in ländlichen Gegenden bis zur Mitte des 18. Jahrhunderts). In einen Rahmen, der durch Zapfenverbindungen zusammengehalten wurde, fügte man Füllbretter ein.

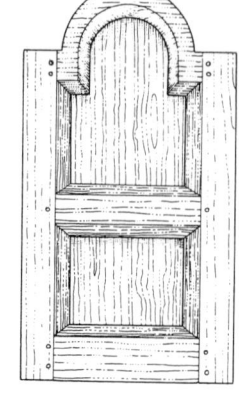

Rahmen- und Füll-wandkonstruktion

Rail – siehe **Zarge**

Reeding (Rillen)
Dekoration aus sehr feiner, konvexer, rinnenförmiger Auskehlung im massiven Holz oder als aufgesetzte Zierleiste am Rand von z.B. Tisch- oder Kastenmöbelplatten, Stuhlbeinen und Stuhlrücken. Sehr beliebt in der Regency-Zeit.

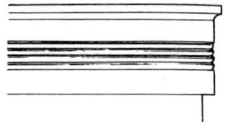

Reeding

Rent table siehe **Drum table**

Rope twist
Dekorativ gedrechseltes Holzstück, z.B. im Stuhlrücken, das einem gedrehten Seil ähnelt und der Legende nach an Admiral Nelsons Sieg bei der Trafalgarschlacht von 1805 erinnern soll.

Rule joint

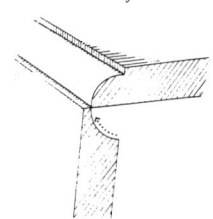

Rule joint
Verbindungsstelle zwischen zwei Platten, z.B. der festen Mittelplatte und der Klappplatte eines *Gate leg tables*, die mit Scharnieren verbunden sind, wobei die eine Platte ein konkaves, die andere ein konvexes Profil hat, so daß kein Spalt entsteht, wenn die Teile zusammengesetzt sind. Ein Qualitätsmerkmal.

Sabre leg – Säbelbein
Säbelförmige Vorderbeine von Stühlen ab ca. 1800. Obwohl nach dem Säbel benannt, ist diese Art von Beinen nicht der Waffe, sondern antiken griechischen Vorbildern nachempfunden.

Schellack *(Shellac)*

Politur aus Harz und einem Produkt, das durch den Stich eines Insekts (*Coccus lacca*) in die Jungtriebe von Bäumen entsteht. Dieser rötlich-braune Stocklack wird alkalisch entfärbt und getrocknet, so daß kleine Flocken entstehen, die entweder blond oder orangefarben sind und in 99 %igem Alkohol aufgelöst werden. So entsteht die Schellackpolitur, die in mühevoller Arbeit mit einem Stoffballen auf die Fläche aufgetragen wird.

Schwalbenschwanz *(Dovetail)*

Holzverbindung aus keilförmigen Vorsprüngen, die ineinandergepaßt sind (offen oder verdeckt). Diese Methode der Holzverbindung war schon in der Antike bekannt, wurde aber allgemein im Möbelbau erst wieder im 17. Jahrhundert in England aufgenommen.

Schwalbenschwanz
verdeckt
offen

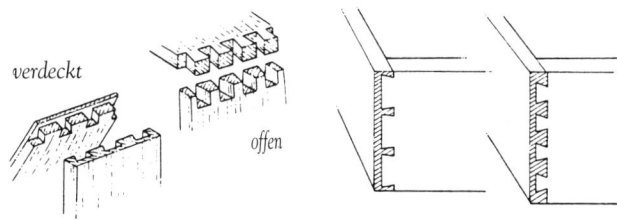

Schwanenhals *(Swan neck)*

Seit ca. 1730 beliebtes Motiv für Möbelbeschläge (besonders für Schubladengriffe aus Messing) oder dekorative Abschlüsse, z.B. als Pediment. Besteht aus zwei sich gegenüberstehenden S-Kurven.

Schwanenhalsgriff

Schwanenhalspediment

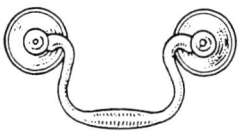

Scroll

Dekormotiv, das einer an beiden Enden leicht zusammenge-
rollten Pergamentrolle ähnelt. Meist als geschnitzte Dekoration aus massivem Holz an Möbeln, die vor der Rokokozeit
entstanden, oder als aufgesetzte Dekoration in der viktorianischen Zeit. Es gibt zwei Hauptvarianten: *C-Scroll* und *S-
Scroll*, d.h. in C- oder in S-Form.

Sekretär *(Secretaire)*

Kastenschreibmöbel aus dem späten 18. und frühen 19. Jahrhundert, das – wenn zugeklappt – wie eine Kommode aussieht. Die Vorderseite der obersten Schublade läßt sich als
Schreibunterlage herunterklappen. Dahinter verbirgt sich eine Vielzahl an Schubläden und Fächern für das Schreibma-
terial. Oft mit einem Bücherschrank zum *Secretaire bookcase*
oder Aufsatzsekretär kombiniert.

Semainier – Pfeilerkommode

Hohe, schlanke Kommode mit sieben Schubläden.

Serpentine – geschwungen

Möbelfrontumriß aus einer konvexen Kurve, die
von zwei konkaven Kurven flankiert wird. Die
Serpentine-Front kommt im späten 18. Jahrhundert bei Kommoden und *Sideboards* besserer Qualität vor.

Serpentine

Shield-back – Schildrücken

Stuhlrückenform, die einem Schild ähnelt und durch Hepplewhite und Sheraton bekannt wurde. Kommt seit ca. 1780
in vielen Variationen vor.

Shoe

1. Bei bestimmten Arten von Stühlen das Verbindungsstück
zwischen dem Mittelbrett und dem Sitzrahmen, z.B. bei Hep-
plewhite-Stühlen. Wurde bei antiken Stühlen als separates
Teil angefertigt, erst später als Bestandteil des Sitzrahmens.
2. Messingmanschette, meist mit Rädern und in der Form
von Dosen oder Löwenpfoten, als Abschluß und Fuß eines
Tischbeins. Besonders in der Regency-Periode benutzt und
seitdem ständig nachgeahmt.

Show-wood – Schauholz
Das sichtbare Holz bei Polstermöbeln.

Sideboard (Anrichte)
Kastenmöbel mit Schubladen und/oder Türen, das im Eßzimmer stand und in dem Tafelsilber, Tischwäsche und Geschirr aufbewahrt wurde. Auf der Platte der Anrichte wurde
beim Essen der jeweils nächste Gang bereitgestellt.

Slats – Leisten
Dünne, parallel verlaufende Bretter, z.B. in einem Stuhlrücken.

Smoker's chair
Volkstümlicher Ausdruck für eine Art *Windsor chair*, bei dem
Arm- und Rückenlehne in einem Schwung und auf gleicher
Höhe sind.

Spade foot

Spade foot – Spatenfuß
Viereckiger, nach unten sich verjüngender Tisch- oder
Stuhlbeinfuß, der häufig bei Sheraton und von Sheraton in-
spirierten Möbeln vorkommt.

Sperrholz (*Plywood*)
Dünne Holzblätter, die abwechselnd quer zur Maserung zusammengeleimt sind, um ein dünnes, aber dafür um so stärkeres Blatt zu bilden, z.B. für *Fretwork* oder für den Rand oder
die Galerie eines Möbelstückes oder Tabletts. Entgegen der
populären Meinung ist *Plywood* keine Erfindung der Neuzeit,
sondern wurde vielmehr schon Mitte bis Ende des 18. Jahrhunderts als verbesserte Alternative (gegenüber massivem
Holz) für hochstehende Tablettränder entwickelt. Gewöhnlich besteht *Plywood* aus drei Holzschichten, die Zahl der
Schichten ist jedoch abhängig vom Verwendungszweck, für
den das Brett hergestellt wurde.

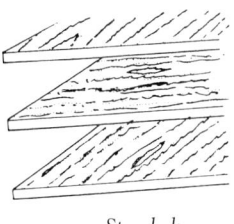

Sperrholz

Splat – Mittelbrett
Vertikales Lehnelement von Stuhlrückenlehnen, das den
Sitz mit dem oberen Querbrett verbindet. Kann massiv, geschnitzt oder durchbrochen sein und ist oft das Hauptdeko-
rationselement eines Stuhles.

Splay base – Französicher Fuß
Im Prinzip handelt es sich hierbei um einen Sockel, da die
Kontur der Verkleidung dieses Teils den angrenzenden Fuß
mit einbezieht und eine Einheit bildet. War hauptsächlich
bei Kastenmöbeln, wie z.B. Kommoden und Sekretären, üblich und immer furniert. Kam durch Hepplewhite gegen Ende des 18. Jahrhunderts auf.

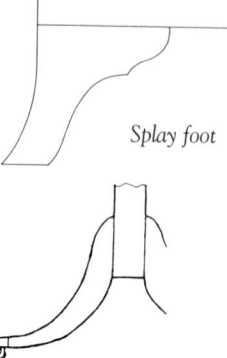

Splay foot

Splay foot – Französischer Konsolfuß
Ein Konsolfuß, der im unteren Teil nach außen gebogen ist.
Hepplewhite hat diese sehr elegante Fußform gegen Ende des
18. Jahrhunderts sehr populär gemacht. Sie blieb bis ca. 1830
in Mode. Auch *French foot* genannt.

Squab – Kissen
Dünnes Kissen, das in der Form eines Sitzes geschnitten ist,
für Stühle mit Holzsitz oder Rohrgeflecht.

Stile – Pfosten
Vertikales Tragelement eines Möbelstückes, z.B. die Außen-
pfosten einer Stuhlrückenlehne.

Strapwork – siehe **Bandelwerk**

Stretcher – Steg
Horizontales Bauelement, das Stuhl- oder Tischbeine miteinander verbindet, um dem Möbelstück größere Stabilität
zu verleihen.

Stringing – siehe **Bandintarsie**

Stuffed-over seat – siehe **Drop-in seat**

Swag – siehe **Feston**

Swan-neck – siehe **Schwanenhals**

Tallboy
Auch *Chest-on-stand* oder *Chest-on-chest* genannt. Besteht
entweder aus einer Kommode, die lose auf einem Gestell
(meist mit Schubladen) steht, oder aus zwei aufeinanderge-
stellten Kommoden (Aufsatzkommode).

Toprail – siehe **Cresting rail**

Trefoil
Gothisches Dekormotiv aus drei stilisierten, symmetrischen Blättern (Kleeblatt), meist als geschnitzte Dekoration an mittelalterlichen, Renaissance- und viktorianischen Möbeln.

Tripod table
Auch *Tea table* genannt. In sehr großen Mengen hergestellter Beistelltisch, meist aus einer runden Platte auf einer Säule, die wiederum auf drei geschwungenen (meist *Cabriole-*) Beinen steht. Der Dreifußtisch erfreute sich seit seiner Entwicklung um ca. 1720 bis 1730 sehr großer Beliebtheit. Hauptsächlich aus Eiche oder Mahagoni.

Veneer – siehe **Furnier**

Volute
Schneckenförmige Einrollung, d.h. spiralförmig eingerolltes Ornament oder Bauelement, z.B. an Stuhlarmlehnen.

Wellington chest
Schmale (ca.50 bis 60 cm breite) Kommode mit sechs bis acht oder mehr Schubläden, die durch eine vertikal verlaufende, aufklappbare Seitenleiste zentral verriegelt werden kann.

Welsh dresser – siehe **Dresser**

Zarge *(Rail)*
Horizontales, rahmenartiges Verbindungsstück zwischen den vertikalen Elementen eines Möbelstücks, z.B. den Beinen eines Stuhles, oder zwischen den horizontalen und vertikalen Elementen, z.B. zwischen Tischplatte und Beinen.

Design Registration Marks
in Gebrauch 1842–1883

Beispiel:
Ein Objekt, zwischen 1842 und
1867 hergestellt,
markiert wie folgt:
(12.11.1852)

Beispiel:
Ein Objekt, zwischen 1868 und
1883 hergestellt,
markiert wie folgt:
(22.10.1875)

Warenart

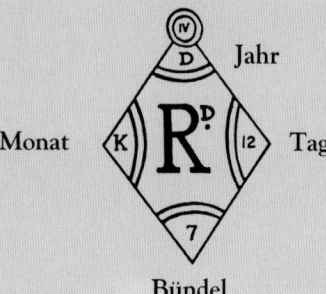

Jahr

Monat

Tag

Bündel

Warenart

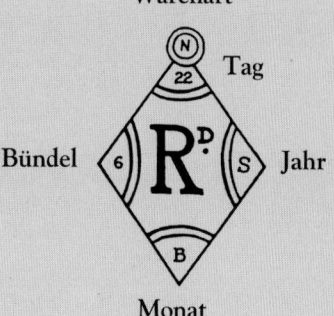

Tag

Bündel

Jahr

Monat

Monat		1842		54		66		78	
Januar	C	1842	X	54	J	66	Q	78	D
Februar	G	43	H	55	E	67	T	79	Y
März	W	44	C	56	L	68	X	80	J
April	H	45	A	57	K	69	H	81	E
Mai	E	46	I	58	B	70	O	82	L
Juni	M	47	F	59	M	71	A	83	K
Juli	I	48	U	60	Z	72	I		
August	R	49	S	61	R	73	F		
September	D	50	V	62	O	74	U		
Oktober	B	51	P	63	G	75	S		
November	K	52	D	64	N	76	V		
Dezember	A	53	Y	65	W	77	P		

Übersicht der Herrscher und Perioden					
Datum	Britischer Herrscher	Britische Periode	Deutsche Periode	Britischer Stil	Haupt-Holzart
1509-1547 1547-1553 1553-1558	Henry VIII Edward VI Mary I	Tudor	Renaissance bis ca. 1650	Gothic bis ca. 1540	Eiche bis ca. 1670
1558-1603	Elizabeth I	Elizabethan		Renaissance bis ca. 1620	
1603-1625	James I	Jacobean			
1625-1649	Charles I	Carolean		Baroque bis ca. 1730	
1649-1660	Oliver Cromwell	Cromwellian o. Parliamentary	Barock bis ca. 1730		
1660-1685	Charles II	Carolean o. Restoration o. Stuart			Nußbaum bis ca. 1725
1685-1688	James II				
1689-1694	William III + Mary II	William + Mary			
1694-1702	William III				
1702-1714	Anne	Queen Anne			
1714-1727	George I	Early Georgian bis 1740			Mahagoni
1727-1760	George II	Mid Georgian bis 1780	Rokoko bis ca. 1770	Rococo bis ca. 1760	
1760-1811	George III	Late Georgian bis 1820	Klassizismus bis ca. 1800	Neoclassicism bis ca. 1795	Mahagoni und Satinholz ca. 1785-1800
1811-1820	George, Prinz-regent	Regency ab ca. 1800	Empire und Biedermeier bis ca. 1830	Empire bis ca. 1815	Mahagoni und Palisander ca. 1800-1835
1820-1830	George IV			Regency bis ca. 1835	
1830-1837	William IV	William IV	Historismus bis ca. 1870	Eclectic Revivals bis ca. 1870	Mahagoni und Nußbaum ca. 1850-1875
1837-1901	Victoria	Victorian	Gründerzeit bis ca. 1895	Arts and Crafts bis ca. 1890	Eiche
1901-1910	Edward VII	Edwardian	Jugendstil	Art Nouveau ab ca. 1890 Sheraton Revival ca. 1890-1920	Mahagoni

LITERATUR

Bücher

Andrews, John: *British Antique Furniture*. Woodbridge 1995

Aslin, Elizabeth: *19th Century English Furniture*. London 1962

Beard, Geoffrey: *The National Trust Book of English Furniture*. Harmondsworth 1985

Beard, Geoffrey; Goodison, Judith: *English Furniture 1500 – 1840*. Oxford 1987

Butler, Robin: *The Arthur Negus Guide to English Furniture*. London 1981

Burgess, Fred W.: *Antique Furniture*. London 1915

Cescinsky, Herbert: *The Gentle Art of Faking Furniture*. New York 1967

Chippendale, Thomas: *The Gentleman and Cabinet-Maker's Director*. London 1754 (Reprint 1971)

Churchill, Henrietta Spencer: *Classic English Interiors*. London 1994

Coleridge, Anthony: *Chippendale Furniture: the Work of Thomas Chippendale and His Contemporaries in the Rococo Style*. London 1968

Collard, Frances: *Regency Furniture*. London 1985

Crawley, W.: *Is it Genuine?* London 1971

Edwards, Clive D.: *Victorian Furniture – Technology & Design*. Manchester 1993

Edwards, Clive D.: *Twentieth Century Furniture – Materials, Manufacture and Markets*. Manchester 1994

Edwards, Herbert C. R.; Ramsey, L. G. G.: *The Connoisseur Period Guides to the Houses, Decoration, Furnishings and Chattels of the Classic Periods*. 6 Bände, London 1956 – 1958

Edwards, Ralph: *The Shorter Dictionary of English Furniture*. London 1969

Fastnedge, Ralph: *English Furniture Styles from 1500 – 1850*. London 1970

Fleming, John: *The Penguin Dictionary of Decorative Arts*. London 1977

Gloag, John: *English Furniture*. London 1946

Hayward, Charles H.: *Antique or Fake*. London 1970

Hepplewhite, George: *The Cabinet-Maker and Upholsterer's Guide*. London 1788 (Reprint 1970)

Hope, Thomas: *Household Furniture and Interior Decoration*. London 1807 (Facsimile 1971)

Joyce, Ernest: *Techniques of Furniture Making*. London 1980

Lipps, Holger: *Englische Möbel.* München 1973

Musgrave, Clifford: *Adam and Hepplewhite Furniture and other Neo-Classical Furniture.* London 1966

Musgrave, Clifford: *Regency Furniture 1800 – 1830.* London 1961

Sheraton, Thomas: *The Cabinet-Maker and Upholsterer´s Drawing Book.* London 1791 (Reprint 1970)

Sparkes, I.: *The English Country Chair.* Bourne End 1973

Ward-Jackson, Peter: *English Furniture Designs of the 18th Century.* London 1958

Wills, Geoffrey: *English Furniture 1760 – 1900.* London 1971

Wittington, S.; Stevens, C. Claxton: *18th Century English Furniture.* London 1987

Zeitschriften

Antiques Bulletin
The Antique Collector
Architectural Review
Connoisseur
Furniture History Society Journal

DANK

Den folgenden Personen und Institutionen sei für ihre großzügige Unterstützung besonders gedankt:
Abteilung für Holzarbeiten im Victoria and Albert Museum, London; The Art Loss Register, London; Dr. Geoffrey Beard, Bath; Jeremy Garfield-Davies, London; Martin Dommers, München; Eil-Druck-Service, München; Monika Engesser, München; Dr. Jeffrey Fairley, München; Annegret Jakob, München; Valerie Lewis, Kent; Mallett & Son (Antiques) Ltd., London; Jackie Mann, London; Millers Publications Ltd., Kent; Auktionshaus Ursula Nusser, München; Phillips International Auctioneers, Oxford und London; Dr. R. Sangl, Bayerisches Nationalmuseum, München; Lutz Schmökel, München; Alister Sharman, München; Klaus und Sabine Spindler, Restaurierungswerkstatt Spindler, München; Ingeborg Stille, München; M. Turpin, Fine Antiques, London; Michael Wynell-Mayow, Oxford.

BILDNACHWEIS

Der Autor dankt folgenden Museen, Galerien, Kunsthäusern und Verlagen für die freundliche Unterstützung mit Fotomaterial:

Miller´s Publications Ltd., Tenterden, Kent, (England, Tel.: 01580 766 411): 19, 28, 34, 37, 40, 59, 103, 108 unten, 109, 120, 183, 191, 193, 199, 206 oben, 209 oben.

Miller´s Publications Ltd. und Dreweatt Neate, Fine Arts Auctioneers, Banbury, Oxon (England): 24, 30, 84, 108 oben, 122, 123, 168, 177, 203, 207.

Phillips International Auctioneers: 25, 29, 38, 44, 61, 63, 130, 131, 138, 180, 184, 192, 202, 206 unten, 208, 209 unten, 215.

Turpin, Antiques, (Bruton Street) London: 98, 115, 137, 139, 143 rechts und links.

Trustees of the Geffrye Museum, London: 14/15, 20, 23, 27, 31, 36, 43, 51, 56, 57, 159, 224.

Mallett and Son (Antiques) Ltd., (New Bond Street) London: 7, 66, 69, 88 oben, 91, 92, 105, 106, 113, 132, 134, 140, 141, 155, 241, 303 , 298.

England Antiques, München: (Fotograf Tom Kohues, München) 33, 62, 80, 81, 86 oben und unten, 89, 94 oben und unten, 97, 101, 104, 107, 111, 127 rechts und links, 135, 144, 147, 148, 150, 151, 157, 160 oben, 172 unten, 173 oben, 178 oben, 181, 190, 196, 219, 228 oben, 231 unten, 228 unten, 227 unten, 256, 257, 269, 265 oben, 280, 300; (Fotograf Ernst Hofstetter, München) 125, 145, 174, 211, 218, 231 unten, 228 unten.

In Privatbesitz:

(Fotograf Tom Kohues, München) 13, 65, 88 unten, 89, 117, 118, 119, 121, 129, 142, 146, 149, 160 unten, 172 oben, 179, 223, 226, 231 oben, 230, 260, 271, 262, 263, 306, 186

(Fotograf Ernst Hofstetter, München) 175, 259, 312

98, 171, 288 oben, 273, 289 unten links und unten rechts, 290 oben und Mitte, 291, 280 oben, 338, 280 Mitte und unten, 347

Auktionshaus Nusser, München: 67, 95, 110 unten links und rechts, 116, 152, 178 unten, 205, 221, 225, 272,

Bridgeman Art Library, (Garway Road) London: 47 (Collection Victoria & Albert Museum, London), 71 (Privatbesitz), 74/75 (»The Cholmondeley Family« von William Hogarth, 1697 - 1764, Privatbesitz),156 (Victoria & Albert Museum, London), 162/163 (Stapelton Collection), 164/165 (Mallett and Son Antiques Ltd., London), 189 (Brighton Royal Pavilion, Prince Regent´s Bed), 194/195 (»3 ladies in a drawing room« von Pieter Christoffel Wonder, 1780-1852, Christie's Images), 200/201 (Die Familie von Alfrederick Smith Hatch von J. Eastman Johnson, 1824 - 1906; Metropolitan Museum of Art, New York), 254/255 (Mr. Rickett´s Rückkehr von der Jagd von Edward Bird, 1722 - 1819, City of Bristol Museum and Art Gallery)

Alister Sharman Antiquitäten, München: (Fotograf: Ernst Hofstetter, München) 169 (Fotograf: Tom Kohues, München) 173 unten, 204, 227 oben

Handel, München: (Fotograf: Tom Kohues, München) 229, 270, 275, 284, 286, 292; 276, 277, 294, 279, 278, 324, 283, 288 Mitte und unten, 289 oben und Mitte, 290 unten

Umschlagfotos:

Vorne Mitte, vorne links unten: Privatbesitz;

Vorne links oben, rechts oben und rechts unten; hinten rechts unten: England Antiques, München

Hinten links oben: Alister Sharman Antiquitäten, München

Personen- und Namensregister

SACHREGISTER

MÖBEL UND MÖBELTEILE

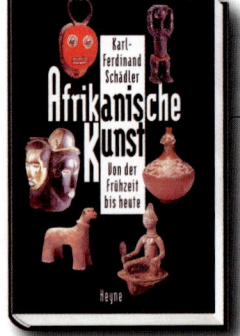